中和 ◎ 著

中國的誕生

修訂版

復旦大學 出版社

目录 CONTENTS

前言 …………………………………………………………… 1

第一卷

第一章　西方思想对人类文明道路与世界历史的主要思考 ………… 3
　一、黑格尔 ………………………………………………… 3
　二、马克思 ………………………………………………… 5
　三、韦伯 …………………………………………………… 11
　四、雅斯贝斯 ……………………………………………… 12
　五、技术崇拜与技术批判 ………………………………… 14
　六、民主崇拜与民主批判 ………………………………… 21
　七、自由、平等与正义 …………………………………… 26

第二章　两种生产与历史研究的新视野 ………………………… 33
　一、两种生产 ……………………………………………… 34
　二、人口生产的社会意义 ………………………………… 37
　三、人口生产与权威 ……………………………………… 44
　四、两种生产与人类理性 ………………………………… 52
　五、物质生产与技术化 …………………………………… 57
　六、人口生产与伦理化 …………………………………… 62

七、文明的停滞或可持续发展 ································ 69

第二卷

第一章　父精母血
　　——龙、凤崇拜 ·· 79
一、凤是什么 ·· 79
二、龙是什么 ·· 83
三、"前中国时代"的龙凤文化区域 ·········· 87
四、早期龙凤文化的考古学特征 ··············· 92
五、龙凤崇拜与中国文明的诞生 ··············· 94
附论：酒、爵及与龙凤崇拜的关系 ··········· 100

第二章　中国诞生的地理学进程
　　——从龙飞凤舞到龙凤呈祥 ··············· 106
一、龙飞凤舞：前中国时代的文明状况 ····· 107
二、龙凤呈祥 ··· 114
附论：中国农业时代的城市发展道路与启示 ········ 129

第三章　中国诞生的技术化进程
　　——从技术统治到抵制技术 ··············· 149
一、中国农业时代的技术进步轨迹 ··········· 149
二、技术进步的社会地位 ························ 161
三、技术统治与技术的意识形态化 ··········· 164

第四章　中国诞生的土地制度与生产组织形式的演进
　　——兼论井田制是小农经济时代小农的空想 ········ 170
一、商代 ·· 170

二、西周 …………………………………………………… 174
三、春秋战国——小农经济的诞生 …………………… 179
附论：井田制是小农经济时代小农的空想 …………… 184

第五章 中国诞生的政治学进程
——从有限王权到无限王权 ………………………… 189
一、传说时代的禅让——族际民主 …………………… 190
二、夏商时代——龙、凤文化族群分别垄断华夏联盟最高权力的时代 ……………………………………………… 195
三、西周——大国时代的开启与家族伦理化时代 …… 204
四、帝国时代与家庭伦理化时代 ……………………… 210

第六章 中国文化的生活智慧与社会理想 …………… 224
一、中国文化的和平主义精神 ………………………… 224
二、以家庭伦理为基础的伦理主义文化 ……………… 229
三、对自然的谦卑与永续利用 ………………………… 247

第七章 中国道路及其世界历史意义 ………………… 250
一、西方文明道路及其帝国主义品格 ………………… 251
二、中国文明道路及其和平主义品格 ………………… 272
三、中国道路的可能路径 ……………………………… 276

后记 ………………………………………………………… 294

# 前 言

民族历史意识与世界历史意识

中国文明是人类文明史上少有的几种伟大的民族文化之一。这既由于它悠久的历史及其在历史上的强大，更由于它独特的历史经验与文化创造。中国文明不仅有完全独立的起源、成长与成熟的过程，而且在此后的漫长岁月中，经久地保持其在成熟期获得的精神品格，自主从容地在东方绵延，直到近代西方工业文明与之相遇。虽然古老的中国文明不可避免地受到新兴的西方工业文明的强烈冲击，但中国文化的正脉并未受到根本动摇。相反，中国文化的各种品格却在最近一个世纪以来与西方工业文明相互激荡磨砺的过程中，通过内在的文化反思与外在的文明比较不断得到呈现。随着从西方发端的现代工业文明日益展露出其自身难以克服的病症，很多理论家都期待古老的中国文明能够重新焕发，以其固有的文化品格弥补当代工业文明的缺陷，引领人类文明达至新的境域。

但是，由于没有实现对中国文明发展道路的真正理论自觉，理论家们的期待主要还是一种美好的期许。因此，清晰地展现中国文明的发展道路与文化品格，具体地说，中国文明经历了怎样的发展道路以及这种道路的历史逻辑，中国文明具有哪些文化品格以及这种品格的历史必然性，并以此为基础，探析中国文明道路及其精神品格对于当代工业文明的意义与启示，既是当代中国思想的首要任务，也是当代中国思想对人类文明应有的贡献。

人们非常有理由表示强烈的疑惑,为什么具有强大历史传统的中国文明居然没有达到对自身发展道路与文化品格的理论自觉。实际上,不仅中国文明如此,其他人类文明也莫不如此。在工业时代之前,世界各主要农业文明都是特定地理环境的产物,其生存与精神状况极其深刻地受到特定地理环境的束缚和影响。虽然不同地域的文明之间存在着或频或疏的交流,但各主要区域性文明之间的关系本质上一直是外在的。因而,在农业时代,人类文明还只能产生与特定地理环境相关联的民族历史意识。而且,这种区域性的民族历史意识实际上都是各区域性文明发展即将终结之际的产物——中国的第一本历史著作叫《春秋》,据说它是孔子对鲁国《春秋》改编的结果——它倾向于把最终实现或获得的思想成就当作不仅是天经地义的,而且是由来已久的,这就使民族历史意识从根本上屏蔽了对民族文化发展道路的真理性思考。

随着工业时代的到来,人类历史相应地从民族历史时代进入世界历史时代。马克思很早就有一个对人类历史发展的洞见,即明确意识到"历史向世界历史的转变"。虽然在马克思生活的时代,全球化运动才刚刚千里扬帆,但他已经直觉到人类的历史状况正在经历这样的转变,即从农业时代的那种各主要文明区域之间缺乏大规模、经常性紧密联系的相对孤立的状况——民族历史时代,跨越到各文明区域之间日益地建立起大规模、经常性紧密联系的全球一体化时代——世界历史时代。与这种历史发展状况相一致,人类的自我认识也必然相应地从民族历史时代的"民族历史意识"转变为世界历史时代的"世界历史意识"。所谓"世界历史意识",也就是对包括农业时代各民族历史在内的全部人类历史及其发展规律的某种理论自觉。可以肯定地说,包括马克思及其思想前辈(尤其是黑格尔)在内的工业时代的思想家们的主要努力,都可以归结为试图从某个侧面直接或间接地实现对世界历史意识的某种自觉或揭露。很多思想家尤其是伟大的思想家都会有毕其功于一役的豪情,自觉或不自觉地认为他们已经足够充分地洞察和把握了世界历史意识,认为世界历史规律已经在他们的思想中得到了充分的呈现,从而宣告"世界历史"(将以某种可以预期的确定的方式)的"终结"。虽然,也有人宣称,他所发现的世界历史规律就是历史其实是没有规律的,这实际上构成了另类的世界历史思想。人类思想的这种乐观主义显然一方面基于对人类理性的高度自信,另一方面还基于这样确定的历史经验:人类在民族历史时代曾经普遍地达到过某种各有特色、各自稳定的民族历史意识,而民族历史意识的呈现标志着民族历史的终结。

农业时代的历史经验启示我们,正如民族历史表现为一个逐步展开的过程,因而民族历史意识的呈现只在民族历史已经充分展开即其走向终结之际才能实现一样,人类的"世界历史"也必然有一个逐步展开的过程,当世界历史还远没有充分展开的时候,世界历史意识是不可能真正得到呈现的,无论志向远大的思想家们如何自豪地一次次宣称世界历史的终结。只有当工业时代的人类文明既获得了一种具有充分稳定性与可持续性的生产、生活方式,也达成了一种与这种生产、生活方式相适应的具有最大普遍性的生活与价值信念时,真正的世界历史意识才会最终呈现出来。那将意味着世界历史的终结。当然,这丝毫不意味着世界历史意识是一个与现实的世界历史进程无关的外在的先验意识,因而思想家们可以通过纯粹的理论反思在未来的某个世界历史即将终结的特定时刻现成地予以捕捉和宣布。相反,正如世界历史的终结一定是此前世界历史大规模波澜壮阔展开的结果一样,世界历史意识也是世界历史时代的思想家们对现实的世界历史进程不断予以批判性、建设性思考的结果。世界历史时代所有伟大思想家们的思想都将以某种方式在未来的世界历史意识中得到某种程度的体现。

而所有世界历史时代的思想家都不可能凭空开启他们对世界历史的思考,他们无一例外地都注定要以他们生活于其中、深入其骨髓的民族历史观念作为其思想的基本资源与起点,这就使他们对世界历史的思考不可避免地要打上民族历史意识的烙印。当马克思早期基于欧洲主要资本主义国家的历史经验来理解世界"历史必然性",并把它作为一切民族都必然要承受的"铁的自然规律"时,他的思想被批评为具有强烈欧洲中心论倾向的欧洲史观就是必然而且合理的。马克思如此,其他思想家也莫不如此。但这样一个基本事实的存在,即世界历史时代的思想家都必然在特定程度上受到其各自民族历史意识的影响,完全不应该让我们对世界历史意识的呈现感到沮丧。相反,它告诉我们,正如世界历史进程必定是世界各主要农业文明在世界历史时代共同参与的结果一样——虽然有主动被动之分,有主角配角之别,但这些分别并不是恒定不变的——世界历史意识也应该是世界历史时代的思想家基于其各自的民族历史意识立场,对世界历史进程进行批判性、建设性思考的结果。虽然他们的思考一定会表现出各自民族历史意识的偏颇,但世界历史意识的呈现正是通过这些诸多的"偏颇"性思考及其相互激荡为自己开辟道路的。

西方是工业文明的先锋,也是世界历史时代的开创者,当下已有的对人类历史道路与世界历史意识的真理性思考绝大部分都是西方思想的贡献。这些以西方民族历史意识为起点、以工业时代的社会生活为背景的西方思想不仅构成当代思想的主流,而且也是东方社会重新认识自身文化历史传统的前提与基础。离开这些西方思想,我们可能无法开启任何有意义的对中国文化传统的思考与讨论。这就印证了马克思的一句名言:"人体解剖对于猴体解剖是一把钥匙。低等动物身上表露的高等动物的征兆,反而只有在高等动物本身已被认识之后才能理解。"①但是,中国有很多学者把这种状况归结为西方文化的话语霸权,他们认为,应该构建或发明出另外一套尽量与西方思想无关的本土话语体系,这样就可以克服西方思想的霸权。这种想法很类似于那种试图提着自己头发脱离地球的妄想。工业时代西方思想的本质,乃是对由西方开创的、至今仍由西方主导的、让世界所有民族都置身其中、因而具有世界历史意义的社会生活的理论表达。我们已经毋庸置疑地被投置于世界历史之中,我们就不可能撇开西方思想而展开任何具有现实意义的世界历史思考,就像我们不可能撇开西方社会而进行任何有现实意义的世界历史实践一样。

这当然并不意味着我们就只能永远简单地套用西方思想。虽然我们是被动地进入世界历史时代,而且长期扮演世界历史的配角,但经过一个多世纪的艰苦努力,我们的状况正在或已经发生重大改变。可以肯定的是,我们不仅完全可以通过学习西方——当然是结合自身历史实际的创造性学习,使我们从世界历史进程的被动参与者转变为开创性引领者,而且我们完全

---

① 《马克思恩格斯全集》第 46 卷(上),人民出版社,1979 年,第 43 页。

可以通过工业时代西方思想的中介,在达成对中国历史传统与中国民族历史意识的新把握的同时,为凝聚之中的世界历史意识贡献中国要素,使之展现出应有的中国色彩。只有这样,我们才谈得上对人类历史的新的伟大贡献,也才谈得上中华文明的伟大复兴。

可以肯定,世界历史不可能仅仅是西方文明的历史,世界历史也不会单独终结于西方世界,东方文明的历史经验必将成为世界历史意识的重要来源。揭示中国文明道路与中国民族历史意识经由中华民族在世界历史时代的创造性世界历史实践必然具有的世界历史意义,是当下中国思想的主要任务。

第一卷

第一章 西方思想对人类文明道路与世界历史的主要思考

一、黑格尔

虽然18世纪的很多西方思想家,如维科、伏尔泰、康德以及赫尔德就已经有关于东西文明比较研究的意识或世界历史思想的萌芽,但这里把黑格尔视为文明比较研究或世界历史思想的第一个重要思想家。在《历史哲学》一书中,黑格尔不仅系统地表述了其世界历史思想,而且对东西文明进行了比较研究。

黑格尔认为理性是世界历史的主宰。理性不仅将自己的目标展开在"自然宇宙"中,而且也展开在"精神宇宙"即世界历史的现象中。而理性的本质是自由,所以,"世界历史无非是自由意识的进展"[1]。

基于这种对世界历史的理解,黑格尔这样描述世界历史进程:"历史有一个决定的东方,就是亚细亚。那个外界的物质的太阳便在这里升起,而在西方沉没,那个自觉的太阳也是在这里升起,散播一种更为高贵的光明……东方从古到今只知道有'一个'是自由的,希腊和罗马世界知道'有些'是自由的,日耳曼世界知道'全体'是自由的。"[2]黑格尔把古代东方社会称为世界历史的"幼年时期","在东方的国家生活里,我们看到了一种实现了的理性

---

[1] 黑格尔:《历史哲学》,王造时译,上海书店出版社,2006年,第17页。
[2] 同上书,第96页。

自由,逐渐发展而没有进展成为主观的自由"①,但"这一个人的自由只是放纵、粗野,热情的兽性冲动,或者是热情的一种柔和的驯服,而这种柔和驯服自身只是自然界的一种偶然现象或者一种放纵恣肆。所以这一个人只是一个专制君主,不是一个自由人"②。和他的思想前辈赫尔德一样,黑格尔明确意识到东方社会的停滞:"一种终古如此的固定的东西代替了一种真正的历史的东西,中国和印度可以说还在历史的局外。"③黑格尔把古希腊称为世界历史的"青年时代",古罗马则是"壮年时代",而他生活的日尔曼世界则代表世界历史的"老年时代"。"'精神'的'老年时代'却是完满的成熟和力量,这时期它和自己又重新回到统一。"④"由于以精神原则为基础的普遍决定的效力,思想的帝国便现实地产生出来了。教会和国家的对峙消失了,精神存在于世俗的事物之中,并且使后者开展为一种独立的有机的存在……自由已经有了方法来实现它的概念和真理,这便是世界历史的目标。"⑤黑格尔对世界历史进程从幼年到老年的论断,使他成为单线发展历史观的开山鼻祖。

黑格尔把人类历史进程描述为自由的进步与展开,这无疑是一个伟大的世界历史思想。但是,他把精神活动理解为社会生活的基础,这被马克思批评为"头足倒置"的历史观。这决定了黑格尔不可能达成对历史发展道路的深入把握,而只能沉迷于他自我设计的精神发展或概念演绎之中。黑格尔对东西方文明尤其是中国文明的具体判断总体上都有直观、空疏和武断的缺点。

黑格尔也谈到世界历史的地理基础。"大海邀请人类从事征服,从事掠夺,但是同时也鼓励人类追求利润,从事商业。平凡的土地、平凡的平原流域把人类束缚在土壤上,把他卷入无穷的依赖性里边,但是大海却挟着人类超越了那些思想和行动的有限的圈子。"⑥黑格尔的这种历史地理思想对后来的中国学术界产生了深远的影响。几乎整个20世纪,中国学术界对中国

---

① 黑格尔:《历史哲学》,王造时译,第97页。
② 同上书,第16页。
③ 同上书,第110页。
④ 同上书,第100页。
⑤ 同上书,第101页。
⑥ 同上书,第84页。

文明的自我反思与批判都直接或间接地以此为基础。大河文明、内陆型文明被认为是中国文明的基本特征，也是中国文明保守、停滞、专制等一系列文明特点或病症的总根源。与之相对的是西方的海洋文明或海洋型文明，它被说成是开放、进步、民主的地理基础。这种观点的极致是20世纪80年代的《河殇》，大河本来是文明之母，却被指认为文明之殇。黑格尔这种对历史的地理基础的把握完全缺乏对地理与文明之间实际存在的内在关联的深入揭示，是一种粗暴而肤浅的西方优越论。

二、马克思

马克思是世界历史时代迄今最重要的思想家。他破除了黑格尔及其他一切对于历史的神秘主义、唯心主义理解，第一次把历史建立在实践即社会物质生产的基础上。马克思说，"全部社会生活在本质上是实践的"，"凡是把理论引向神秘主义的神秘东西，都能在人的实践中以及对这个实践的理解中得到合理的解决"①。马克思把实践主要理解为社会物质生产，"一切人类生存的第一个前提也就是一切历史的第一个前提，这个前提就是：人们为了能够'创造历史'，必须能够生活。但是为了生活，首先就需要衣、食、住以及其他东西。因此第一个历史活动就是生产满足这些需要的资料，即生产物质生活本身"②。"人们在自己生活的社会生产中发生一定的、必然的、不以他们的意志为转移的关系，即同他们的物质生产力的一定发展阶段相适应的生产关系。这些生产关系的总和构成社会的经济结构，即有法律和政治的上层建筑竖立其上并有一定的社会意识形式与之相适应的现实基础。物质生活的生产方式制约着整个社会生活、政治生活和精神生活的过程。不是人们的意识决定人们的存在，相反，是人们的社会存在决定人们的意识。社会的物质生产力发展到一定阶段，便同它们一直在其中运动的现存生产关系或财产关系（这只是生产关系的法律用语）发生矛盾。于

---

① 《马克思恩格斯选集》第2版第1卷，人民出版社，1995年，第56页。
② 《马克思恩格斯全集》第3卷，人民出版社，1960年，第31页。

是这些关系便由生产力的发展形式变成生产力的桎梏。那时社会革命的时代就到来了。随着经济基础的变更,全部庞大的上层建筑也或慢或快地发生变革。"[1]这就是马克思创立的以物质生产为基础的历史唯物主义学说的基本思想。

唯物史观是马克思最伟大的思想成就。唯物史观一经问世,就成为社会历史研究领域中具有强大影响力的理论范式。在马克思之后,任何对世界历史意识的有价值的思考都不能无视马克思的这一思想创造,物质生产的性质与技术发展的状况成为理解所有人类历史的坚强基石。以历史唯物主义为理论武器,马克思第一次对工业文明展开了具有深远影响的社会批判。一方面,马克思意识到工业资本主义实现了财富的巨大增长,他把财富增长的原因归结为技术进步与社会化大生产。另一方面,马克思认为,以生产资料私人占有为基础的工业资本主义必然导致社会不公。他发明的剩余价值学说特别指认私人资本实际上是掠夺与剥削的结果。马克思尤其认为,工业资本主义不仅是不公正的,而且其效率也是阶段性的。由于生产资料的私人占有与社会化大生产之间存在不可克服的矛盾,这种矛盾必然造成周期性经济危机。经济危机不仅严重影响社会的财富增长,而且将演变为全面的政治危机,并最终导致工业资本主义的灭亡。马克思预言,在工业资本主义废墟上建立的将是一个完美的理想社会,他称之为共产主义。共产主义将超越以往民族历史的局限性,是"人类历史"的真正开始,其基本特点是生产资料由私人占有变成社会公有。由于共产主义克服了生产资料的私人占有与社会化大生产组织形式之间的矛盾,所以共产主义既是高效率的,也是公正的。马克思设想,那是一个财富不断涌流因而能充分满足每个人的需要即实行按需分配的社会。

由于物质生产在工业时代的早期发展阶段所具有的极端重要性,马克思的理论思考具有一定的历史性。首先,人类社会从来就存在多种性质的社会关系,但既不是所有的社会关系都能够归结为"生产关系",也不是生产关系之外的其他社会关系就不具有重要意义。例如,家庭关系可能是人类

---

[1]《马克思恩格斯选集》第2版第2卷,人民出版社,1995年,第32—33页。

第一章　西方思想对人类文明道路与世界历史的主要思考

社会迄今为止最具有永恒性与重要性的社会关系,也是最基本的社会关系,但它完全不能归结为生产关系,而且很少受到生产关系变动的影响。其次,人类文明的相当一部分思想或意识形态也主要不是物质生产的产物,如美感、羞耻感、道德感。最原始的物质生产阶段就开始有美的追求,但很多时候完全看不出这种追求与物质生产的关系,如很多原始民族喜欢用彩色泥巴化妆。再比如,完全不是为了御寒,甚至最野蛮的民族都不嫌麻烦地以某种方式遮掩生殖器;物质生产无论怎样落后或先进的民族,父母对于子女的爱都是同样的。而且,并不是物质生产越发达的民族、地域或时代,就越具有美感、羞耻感与道德感。再次,尽管农业社会不是马克思理论研究的重点,关于社会发展阶段的理论也不是他的主要思想成就,由于唯物史观实际上要为历史研究提供一个普遍的框架,因此马克思的著作中并不缺乏关于历史发展阶段的论述。在 1849 年的《雇佣劳动与资本》中,马克思说:"古代社会、封建社会和资产阶级社会都是这样的生产关系的总和,而其中每一个生产关系的总和同时标志着人类历史发展中的一个特殊阶段。"① 在 1859 年的《〈政治经济学批判〉序言》中,马克思又说:"大体说来,亚细亚的、古代的、封建的和现代资产阶级的生产方式可以看作是社会经济形态演进的几个时代。"② 但是,马克思的这些观点所引起的争论比澄清的事实可能要多得多。虽然马克思、恩格斯本人曾经强调,"我们的历史观首先是进行研究工作的指南,并不是按照黑格尔学派的方式构造体系的方法"③,但伟大的思想通常容易变成教条。马克思的思想后继者可能主要按照西方文明的历史经验,试图把整个人类文明史划分为这样依次递进的几个发展阶段,即原始社会、奴隶社会、封建社会、资本主义社会,以及将来可能要实现的共产主义社会。但是,传统的马克思主义者至今不仅没有对农业时代各主要文明的历史发展进程给出一个有说服力的解释,而且尤其缺乏对当代工业社会的建设性批判。最后,马克思对工业资本主义的批判主要指向生产资料的私人占有,即少部分人占有生产资料而大部分人不占有生产资料,他期望通过生产资

---

① 《马克思恩格斯选集》第 1 卷,人民出版社,1972 年,第 363 页。
② 《马克思恩格斯选集》第 2 卷,人民出版社,1972 年,第 83 页。
③ 《马克思恩格斯全集》第 37 卷,人民出版社,1971 年,第 432 页。

料的公有化来消除社会分裂,实现社会公正。马克思虽然意识到生产资料由少部分人占有和支配是阶段性的,不过,他对于大生产形式本身的有限性由于时代的限制而缺乏洞察。工业时代以来的技术进步与财富增长即使没有从根本上恶化人类的生存境遇,至少人们已经可以有这样合理的判断和预期:财富增长可能很快就要达到其尽头。

不过,马克思晚年有些很不同于他早年的思考。马克思晚年的学术思考主要是通过对东方社会尤其是俄国农村公社的历史与现状的新观察展开的。

马克思早年对东方社会的判断主要可以归结为两点,第一点是停滞。马克思认为,农村公社是东方社会的基本单位。农村公社这种"共同体是实体,而个人则只不过是实体的附属物,或者是实体的纯粹天然的组成部分"[1],国家凌驾于这种共同体之上,是土地财产的更高或唯一的所有者。农村公社的特征是农业和手工业相结合,生活自给自足。"这些自给自足的公社不断地按照同一形式把自己再生产出来。当它们偶然遭到破坏时,会在同一地点以同一名称再建立起来,这种公社的简单的生产机体,为揭示下面这个秘密提供了一把钥匙:亚洲各国不断瓦解、不断重建和经常改朝换代,与此截然相反,亚洲的社会却没有变化。这种社会的基本经济要素的结构,不为政治领域中的风暴所触动。"他说,中国像一个"保存在密闭棺材里的木乃伊",而"印度社会根本没有历史"[2]。第二点是专制主义。"这些田园风味的农村公社不管看起来怎样祥和无害,却始终是东方专制制度的牢固基础,它们使人的头脑局限在极小的范围内,成为迷信的驯服工具,成为传统规则的奴隶,表现不出任何伟大的作为和历史首创精神。"[3]因此,马克思虽然对印度所遭受的侵略表达了道义层面上的同情,却认为西方资本主义力量对东方传统社会的冲击与改造,使得农村公社的灭亡不可避免。马克思认为:"英国在印度要完成双重的使命:一个是破坏的使命,即消灭旧的亚洲式的

---

[1]《马克思恩格斯全集》第46卷(上),人民出版社,1979年,第474页。
[2]《马克思恩格斯全集》第23卷,人民出版社,1972年,第396—397页。
[3]《马克思恩格斯选集》第2版第1卷,第765页。

第一章　西方思想对人类文明道路与世界历史的主要思考

社会；另一个是重建的使命，即在亚洲为西方式的社会奠定物质基础。"①因此，东方社会必须经过西方资本主义的残酷洗礼才能获得重生，"资产阶级，由于一切生产工具的迅速改进，由于交通的极其便利，把一切民族甚至最野蛮的民族都卷到文明中来了……它迫使一切民族——如果它们不想灭亡的话——采用资产阶级的生产方式；它迫使它们在自己那里推行所谓的文明，即变成资产者。一句话，它按照自己的面貌为自己创造出一个世界"。而且，"正像它使农村从属于城市一样，它使未开化和半开化的国家从属于文明的国家，使农民的民族从属于资产阶级的民族，使东方从属于西方"②。

但是，马克思晚年对东方社会的态度发生了重大转变。他谴责英国在东印度对农村公社的破坏，"那里的土地公有制是由于英国的野蛮行为才被消灭的，这种行为不是使当地人民前进，而是使他们后退"③。"英国人在东印度就进行过让公社自杀的尝试；他们得到的结果不过是破坏了当地的农业，使荒年更加频繁，饥馑更加严重。"④马克思把农村公社比喻为"下金蛋的母鸡"，他呼吁俄国的革命者挽救俄国公社，他甚至预言农村公社是俄国社会新生的支点。他说："要挽救俄国公社，就必须有俄国革命……如果革命在适当的时刻发生，如果它能把自己的一切力量集中起来以保证农村公社的自由发展，那么，农村公社就会很快地变为俄国社会新生的因素，变为优于其他还处在资本主义制度奴役下的国家的因素。"⑤换言之，"它可以不通过资本主义制度的卡夫丁峡谷，而占有资本主义制度所创造的一切积极成果……如果它在现在的形式下事先被置于正常条件之下，那它就能够成为现代社会所趋向的那种经济制度的**直接出发点**，不必自杀就可以获得新的生命"⑥。之所以如此，是因为"农业公社制度所固有的**二重性**能够赋予它强大的生命力。它摆脱了牢固然而狭窄的血缘亲属关系的束缚，并以土地公有制以及公有制所造成的各种社会联系为自己的稳固基础；同时，各个家庭

---

① 《马克思恩格斯选集》第2版第1卷，第765页。
② 同上书，第276—277页。
③ 《马克思恩格斯选集》第3版第3卷，人民出版社，2012年，第834页。
④ 同上书，第837页。
⑤ 同上书，第832页。
⑥ 同上书，第837页。

单独占有房屋和园地、小地块耕作和私人占有产品,促进了那种与较原始的公社机体不相容的个性的发展"①。他甚至以这样的口吻谈到日耳曼农村公社:"由于它继承了原型的特征,所以,在整个中世纪时期,成了人民自由和人民生活的唯一中心。"②马克思虽然仍然谈到由于"公社与公社之间的生活缺乏联系",因而造就了一种"与世隔绝的小天地","这种与世隔绝的小天地就使一种**或多或少集权**的专制制度凌驾于公社之上";但他同时指出,无须对这种专制因素过分担心,因为"在今天,这个障碍是很容易消除的。也许只要用各公社自己选出的农民代表会议代替乡这一政府机关就行了,这种会议将成为维护它们利益的经济机关和行政机关"③。

很多理论家倾向于把马克思晚年的这种思想转变解读为从普遍史观转变为特殊史观,认为马克思晚年放弃对历史普遍规律与共同发展道路的信念,形成了一种特殊史观,其源头可以追溯到魏特夫。在1957年出版并引起广泛关注和争论的《东方专制主义》一书中,魏特夫在梳理马克思社会历史思想演进轨迹的基础上,明确地把马克思晚年思想转变认定为从"普遍主义的历史概念"或"单线的社会发展概念"到谴责普遍主义历史概念的转变。但是这种解读明显过于表象。马克思晚年并没有放弃对普遍主义历史观的信念,因为他坚信,世界历史将以某种确定的方式终结。马克思指出:"在俄国公社面前,资本主义正经历着危机,这种危机只能随着资本主义的消灭,随着现代社会回复到'古代'类型的公有制而告终。"④

马克思晚年思想转变的实质应该理解为,随着他对东方社会认识的不断深入,他觉得他之前确立的关于世界历史的很多观点都需要作进一步的"修改"。(在马克思1872年为德文版《共产党宣言》写的序言中,他已经公开承认他以前的学说"在细节上需要作一些'修改'")这种"修改"的结果显然不应该仅仅是他对于东方(俄国)社会观点的某些重大改变——这是一个既成的事实,而应该是他在超出其早先的"欧洲(西欧)历史"视野之后,从一

---

① 《马克思恩格斯选集》第3版第3卷,第836页。
② 同上书,第835页。
③ 《马克思恩格斯选集》第2版第3卷,人民出版社,1995年,第766页。
④ 同上书,第763页。

种建基于东西方文明在内的、更高的(尽管必然还只是特定发展阶段的因而不很充分的)"世界历史"视野获得的某种新的"世界历史概念"。由于更深刻地植根于全部人类历史,这种新的世界历史概念必然表现为对他早期"世界历史概念"的"扬弃",即既保留早期思想的一切思想精华,又克服其早期思想中由于局限于欧洲视野所导致的种种理论偏颇。因而这是马克思思想发展的一次伟大自我超越。可以合理地想象,他晚年的思考如果得以充分展开,应该更具有或趋近于"世界历史意识"的面貌与性质。遗憾的是,马克思没有来得及充分展开他的思想,给思想史研究家们留下巨大的争论与想象空间。

三、韦伯

如果马克思是通过物质生产即生产力的进步来说明文明进步的根本原因,那么韦伯则试图用人类行为的"理性化"来表征文明前进的步伐。韦伯认为,理性化是人类历史发展的共同本质。韦伯的宗教社会学即以研究世界各主要农业文明的理性化进程,尤其是新的高级宗教如何在发展过程中逐步减少巫术和迷信成分,进化出一种普遍的伦理信仰为主题。受弗雷泽的影响,韦伯相信巫术、禁忌也包括合理性行为,但他更强调高级宗教是由宗教先知创立,先知以自己超凡的品格和魅力吸引人们,提出预言和道德戒律,展示一种生活态度并赋予其神圣的意义和价值,让大众去追求和模仿。韦伯虽然非常敏锐地注意到前资本主义时代各高级宗教(基督教、佛教、儒教)的主要特点是其理性化表现为伦理化,即提出了系统化、理性化的伦理教义与道德学说,但是,他没有具体指出人类如何从巫术走向伦理宗教的内在历史逻辑,而是简单归结为宗教先知们的思想创造,这就有理由让历史唯物主义者感到不满。

韦伯非常关注各高级伦理宗教如何影响人的经济行为,并试图以此来论证西方文明与资本主义之间的内在关联。《新教伦理与资本主义精神》是其最有影响的代表作之一。韦伯区分了几种不同的合理性行动,最主要的是目的合理性行动(即通过对外部事物的情形和其他人的举止期待,并利用这种期待作为条件或手段,以实现自己合乎理性所争取的目的理性行动)与价值合理性行动[为了某种绝对价值或自觉信仰(真善美)而采取的行动,这种行动并不考虑有无现实的成效]。这就是我们通常所说的技术理性与价值理性,韦伯认为,目的合理性(技术理性)具有更高程度的合理性。在社会行动的基础上,他区分了两种类型的社会结构,即"共同体化"社会结构与"社会化"社会结构。前者指在一种社会关系中,社会行动的调节建立在感觉到参加者们的共同属性上,如感情与传统,家庭是典型的共同体化社会关系。后者是指在一种社会关系中,社会行动的调节建立在以理性为动机的利益的平衡或利益的结合上,通过讨价还价达成的合乎理性的契约关系是典型的社会化关系。

韦伯既不认为所有的行为都是经济行为,也不认为所有的关系都是生产关系。即使是对于经济行为与经济关系,韦伯也不满足于马克思对生产实践与生产关系的传统分析,他对人的经济行为按合理化程度的高低进行了细密的区分,对行为产生的社会关系结构也进行了更加深入的讨论。韦伯尤其注意到建立在情感基础上的家庭关系的特殊性,虽然他不认为这种基于情感或伦理的价值合理性行为具有最高的合理性。在韦伯的理论思考中,我们看到一种深刻的内在分裂。他一方面对工业资本主义的目的合理性或技术理性大加赞美,赋予其最高的合理性,同时又对价值合理性的失落深感担忧。"寻求上帝的天国的狂热逐渐转变为冷静的经济德性,宗教的根慢慢枯死,让位于世俗的功利主义"[①],财富逐渐异化为奴役人的"铁的牢笼"。

韦伯区分了两种理性,由于他对两种活动的理解过于偏狭,他没有明确意识到两种理性各自的社会生活基础,这使他不可能找到克服两种理性内在分裂的现实道路。

四、雅斯贝斯

雅斯贝斯试图自觉抛弃从世界历史意识萌发以来西方人从来就有的西

[①] 马克斯·韦伯:《新教伦理与资本主义精神》,于晓等译,生活·读书·新知三联书店,1987年,第138页。

第一章　西方思想对人类文明道路与世界历史的主要思考

方中心论。雅斯贝斯反对黑格尔提出的把东方和西方看作是精神从低级到高级递进发展的序列的观点,认为古代中国、古代印度、古代西方不是同一序列的不同发展阶段,而是"同时代的、毫无联系地并列存在着的一个整体"①,他把这个时代称为"轴心时代"。雅斯贝斯指出,在经历了史前和古代文明之后,在公元前500年左右的时期内,或公元前800年—前200年的精神过程中,在世界范围内集中出现了一些很不平常的历史事件,"在中国,孔子和老子非常活跃,中国所有的哲学流派,包括墨子、庄子、列子和诸子百家都出现了。像中国一样,印度出现了《奥义书》和佛陀,探究了从怀疑主义、唯物主义,到诡辩派、虚无主义的全部范围的哲学可能性。伊朗的琐罗亚斯德传授一种挑战性的观点,认为人世生活就是一场善与恶的斗争。在巴勒斯坦,从以利亚经由以赛亚和耶利米到以赛亚第二,先知们纷纷涌现。希腊贤哲如云,其中有荷马,哲学家巴门尼德、赫拉克利特和柏拉图,许多悲剧作者,以及修昔底德和阿基米德。在这数世纪内,这些名字所包含的一切,几乎同时在中国、印度和西方这三个互不知晓的地区发展起来"②。这一时期因此成为世界历史的"轴心"。从那以后,人类有了进行历史自我理解的普遍框架。直到近代,"人类一直靠轴心时代所产生的思考与创造的一切而生存,每一次新的飞跃都回顾这一时期,并被它重燃火焰"③。在所有地方,轴心时代结束了几千年的古代文明,"前轴心期文化,像巴比伦文化、埃及文化、印度河流域文化和中国土著文化,其本身规模可能十分宏大,但却没有显示出某种觉醒的意识。古代文化的某些因素进入了轴心期,并成为新开端的组成部分,只有这些因素才得以保存下来。与轴心期光辉的人性相比,以前古老的文化十分陌生,似乎罩上了面纱"④。

　　轴心时代理论的意义其实主要并不在于结束西方文明中心论的成见——在农业时代,西方中心论显然是个彻头彻尾的伪命题,在工业时代,西方中心论至今仍是一个不容置疑的事实。轴心时代理论告诉我们,世界

---

① 卡尔·雅斯贝斯:《历史的起源与目标》,魏楚雄、俞新天译,华夏出版社,1989年,第18页。
② 同上书,第8页。
③ 同上书,第14页。
④ 同上书,第13页。

各主要古典文明的发展似乎存在某种共同的节奏,它们不但不是匀速前进的,而且只有轴心时代这一个真正的思想高潮,轴心时代是整个农业时代的精神制高点。这实际上昭示了这样一个长期被忽视的历史事实:各个古典文明都在其远未走向灭亡或向现代社会转型之前早就先行地"历史终结"了,而且农业时代的文明终结既具共性——都表现为对人性或善恶的关注,又各有特色——各文明对人性与善恶的理解各有偏重。

这就提示我们思考这样的问题:轴心时代的本质是什么?它为什么会如此那般地到来?轴心时代的那些伟大思想即民族历史意识的诞生对于世界历史时代的人类历史意识的形成有什么启示与意义?雅斯贝斯认为,轴心时代的意义是"超越的突破",即意识到人类自身的有限性,在对超越性存在的探索中体验绝对。由于这种突破,使文化由原始阶段跃迁至高级阶段。他的这种思考显然不能让人满意。雅斯贝斯虽然直觉到文明发展存在某种节奏,但和他的思想前辈们一样,他不理解前轴心时代的意义,对前轴心时代"古老的文化十分陌生",因而没有揭示农业文明从前轴心时代到轴心时代文化转变的内在逻辑与历史真相,他甚至没有明确意识到轴心时代就是农业时代的"历史终结"这样一个重大的历史事实。

五、技术崇拜与技术批判

科学技术的飞速进步及其导致的财富急剧增长,是工业时代到来以后最让人印象深刻与欢欣鼓舞的重大社会现象。马克思在《共产党宣言》中指出:"资产阶级在它的不到一百年的阶级统治中所创造的生产力,比过去一切世代创造的全部生产力还要多,还要大。自然力的征服,机器的采用,化学在工业和农业中的应用,轮船的行驶,铁路的通行,电报的使用,整个整个大陆的开垦,河川的通航,仿佛用法术从地下呼唤出来的大量人口——过去哪一个世纪料想到在社会劳动里蕴藏有这样的生产力呢?"[①]100多年之后的今天,技术与财富的发展状况都远不是马克思当年可以比拟与想象的。

① 《马克思恩格斯文集》第2卷,人民出版社,2009年,第36页。

第一章　西方思想对人类文明道路与世界历史的主要思考

关于技术进步,有这样一组数据可以作为参照:"人类知识在十九世纪时,五十年增加一倍;二十世纪初,三十年增加一倍;二十世纪五十年代,十年就增加一倍;七十年代,五年就增加一倍;八十年代又缩短为三年;九十年代的速度更快。与此同时,知识的更新也在加速,十八世纪为八十年至九十年;十九世纪末二十世纪初为三十年;最近半个多世纪为五年至十年。而且,知识转化为生产力的速度也越来越快,上世纪初一般需要二十年至三十年,六七十年代的激光与半导体从发现到应用只有两年至三年;上世纪末的信息产品的更新换代甚至只有几个月! 人类可以夸耀这一百年来我们的技术进步是自人类诞生以来几百万年总和的多少倍……"①虽然这些数据的准确性不无可疑,但技术进步本身却不可疑。

　　技术进步及其巨大的财富效应导致了技术崇拜与技术统治的政治呼声。培根是工业时代技术统治论的先驱,"知识就是力量"是他的名言,激励了一代又一代的青年学子奋发向上。培根认为,科学技术是社会发展的唯一动力,应该让具有科学知识的人统治国家。他专门写了一本《新大西岛》的著作,描绘了一个技术统治的乌托邦。技术崇拜的另一个代表人物是凡勃伦(1857—1929),他认为技术专家体现了理性、关心社会福利、大公无私这些价值,因而能够建立不同于自私自利的资本的新价值体系,所以社会发展的趋势要求技术专家摆脱资本所有者的束缚,成为整个社会生活的管理者。哈维斯科特(1890—1970)则是技术统治的激进实践家,他领导的"技术统治联合会"具有明显的政党性质,其纲领以夺取国家政权为目标,主张"科学专政"。丹尼尔·贝尔在《意识形态的终结》与《后工业社会的来临》两本著作中,着重探讨了西方政治思想与社会(技术和经济)结构的变迁,认为现代西方社会正在向"后工业社会"演进,技术性决策将在社会中发挥重大作用,传统意识形态不可避免地将为技术治国论所取代。"后工业社会"理论又被称为"温和技术统治论",主张统治阶层应该是掌握理论知识的科学家,而不是一般的工程师与专业人员。总的来说,技术统治论者相信,技术进步是解决所有社会问题的钥匙,并且认为,由具有专业知识的技术专家按照理

---

① 陈兴成:《现代性、技术统治与生态政治》,《书屋》2003 年第 10 期。

性的原则来治理国家可以克服资本统治导致的社会不公正。

技术统治论者明显赋予了技术太多的荣誉。

技术统治在工业时代并没有成为现实,工业时代的政府领袖主要并不是富于技术创造的发明家,工业时代的政府虽然鼓励技术进步,热衷财富增长,但绝大多数时候没有出现在技术发明与财富增长的前线。

尤其是在当下,技术批判的呼声早已超过技术统治的呼声。马克思之后的相当一部分社会批判思想都表现为技术批判。由于技术进步及与之相关的财富增长是工业时代迄今最让人服膺的社会成就,因此技术批判实际上可以视为对工业时代社会批判的深入。

从20世纪开始的科学技术批判主要从两个方向展开。其中之一是西方马克思主义的科学技术批判思想。

马尔库塞反对技术中立化的说法,他说:"不仅技术理性的应用,而且技术本身就是(对人和自然的)统治,就是方法的、科学的、筹划好了的和正在筹划着的统治。统治的既定目的和利益,不是后来追加的和从技术之外强加的;它们早已包含在技术设备的结构中。"[1]这就使生产力在生产关系面前有了一种新的状态和地位,即生产力所发挥的作用从政治方面来说现在已经不再是对有效的合法性进行批判的基础,它本身变成了合法性的基础,"那种引导人们不断地、更加有效地去控制自然的科学方法,借助于对自然的控制也为人对人的不断地变得更加有效的统治提供了纯粹的概念和工具……今天,统治不仅借助于技术,而且作为技术而永久化和扩大;而技术给扩张性的政治权力——它把一切文化领域囊括于自身——提供了巨大的合法性。在这个宇宙中,技术也给人的不自由提供了巨大的合理性,并且证明,人要成为自己的主人,要决定自己的生活,在技术上是不可能的。因为这种不自由既不表现为不合理的,又不表现为政治的,而是表现为对扩大舒适生活和提高劳动生产率的技术设备的屈从"[2]。

但科学技术的这种"发展趋势对作为整体的这个宇宙产生了一种灾难

---

[1] 尤尔根·哈贝马斯:《作为"意识形态"的技术与科学》,李黎、郭官义译,学林出版社,1999年,第40页。

[2] 同上书,第42页。

第一章　西方思想对人类文明道路与世界历史的主要思考

性的影响。……如果情况果真如此,那么能够消除这种灾难性的联系的进步方法的变化,也将会影响科学结构本身,即影响科学的规划。在保持它的合理特征的情况下,它的假说就可能在一个根本不同的经验联系中(即在一个和平的世界的经验联系中)得到发展;因此,科学将获得根本不同的自然概念,并确认根本不同的事实"①。马尔库塞因而期待一种新的科学,"它将展现一个本质上新的人类现实的可能性,即在实现了根本需要的基础上生活在自由时间里。在这些条件下,科学的设计将自由地趋于超功利的目的,将自由地趋于超越统治的必要性和奢侈性的'生活艺术'"②。马尔库塞预言:"科学和技术的历史成就已经使得价值向技术任务的转化(价值的物理化)成为可能。结果,至关紧要的是用技术的术语把价值重新定义为技术过程中的要素。这些新的目的,作为技术的目的,将在设计中,在机械化的构造中,而不只是在机械的使用中发挥作用。而且,这些新的目的甚至表现在构造科学假设上,纯科学理论上。"③他甚至说:"工业文明已经达到了这样的程度……科学本身已经能够使终极原因成为科学的正当领地。"④对科学的这种执念,使马尔库塞从一个科学技术的批判者转变成一个科学技术统治论者。

但哈贝马斯对马尔库塞关于新科学的设想明确表示质疑。哈贝马斯指出,"如果说技术的发展遵循一种同目的理性的和能够得到有效控制的活动的结构相一致的逻辑,即同劳动的结构相一致的逻辑,那么,只要人的自然组织没有发生变化,只要我们还必须依靠社会劳动和借助于代替劳动的工具来维持我们的生活,人们也就看不出,我们怎样能够为了取得另外一种性质的技术而抛弃技术,抛弃我们现有的技术。"⑤既然马尔库塞所期待的另一种更加人道或艺术的科学是不可能的,而且,体现在目的理性活动系统中科学和技术的合理性正在扩大成为当下时代的生活方式,成为生活世界的"历

---

① 尤尔根·哈贝马斯:《作为"意识形态"的技术与科学》,李黎、郭官义译,第43页。
② 赫伯特·马尔库塞:《单向度的人》,张峰、吕世平译,重庆出版社,1988年,第195页。
③ 同上书,第196页。
④ 同上。
⑤ 尤尔根·哈贝马斯:《作为"意识形态"的技术与科学》,李黎、郭官义译,第44页。

史总体性",那么,社会批判理论的任务首先就要描绘和解释这个过程。哈贝马斯认为,这需要构建一个新的理论解释模型,他也为此构建了一个理论解释模型。

哈贝马斯的新的解释模型的出发点是"劳动和相互作用之间的根本区别"。他把劳动或目的理性的活动理解为工具的活动,或者合理的选择,或者两者的结合。工具的活动按照技术规则来进行,技术规则在任何情况下都包含着对可观察到的事件的有条件的预测。哈贝马斯把以符号或语言为媒介的相互作用称为交往活动。相互作用是按照必须遵守的规范进行的,必须遵守的规范规定着相互的行为期待。基于劳动和相互作用的区分,哈贝马斯又进一步"在社会或社会文化生活世界的制度框架和受社会或社会文化生活世界束缚的目的理性活动的子系统之间作一般区别。只要人们的行为是由制度框架决定的,那么这些行为就得受具有法律效力的和相互限制的行为期待的指导和强制。只要人们的行为是由目的理性活动的子系统决定的,那么,它们就要遵循工具的活动模式和战略的活动模式"①。

在此基础上,哈贝马斯认为,"传统社会"(只在一定限度内才容忍技术的更新和组织的改进)是这样一种社会,它们的制度框架是建立在对整个现实——宇宙和社会——所做的神话的、宗教的、形而上学的解释的毋庸置疑的合法性基础上的。只要目的理性活动的子系统的发展保持在文化传统的合法的和有效的范围内,传统社会就能存在下去。这说明了制度框架的优越性。但资本主义的生产方式能够保证目的理性活动的子系统不断发展,从而动摇了传统社会的制度框架在生产力面前的传统优越性。

资本主义的生产方式由于确立了一种使目的理性活动的子系统能够持续发展的经济机制,资本主义就以一种新的方式解决了统治的合法性问题。资本主义统治的合法性不再是得自文化传统的天国,而是从社会劳动的根基上获得的。换句话说,过去传统的统治是政治的统治,只是随着资本主义的出现,制度框架的合理性才直接同社会劳动系统联系在一起。

---

① 尤尔根·哈贝马斯:《作为"意识形态"的技术与科学》,李黎、郭官义译,第50页。

第一章　西方思想对人类文明道路与世界历史的主要思考

　　哈贝马斯赞扬马克思在19世纪中叶实现了从生产关系方面来认识资本主义的制度框架,并且对等价交换的合法性进行了批判。"劳动价值学说撕下了(资产阶级宣扬的)自由的外衣,而自由的劳动契约的法律关系就是披着这件外衣掩盖了给雇佣劳动关系奠定基础的社会权力关系。"①但哈贝马斯随后又指出,19世纪的后25年,先进资本主义国家出现了两大引人注目的发展趋势。第一是国家对经济发展过程的持续性干预,这种干预的后果是公平交换的意识形态的瓦解,补偿纲领代替了自由交换的意识形态。所谓补偿纲领,"就是把资产阶级的功绩意识形态(按劳付酬的意识形态)要素同最低的福利保障联系起来,即同保障劳动岗位和保障稳定的收入联系起来"②。这就使人们不能再(像马克思那样)用生产关系直接地批判统治制度了。第二个重大趋势是技术的科学化,科学和技术成为第一位的生产力。由于科学技术成为剩余价值的独立来源,运用劳动价值学说的条件也不存在了。

　　这两大发展趋势的后果,是作为第一位的生产力的科学技术——国家掌管着的科技进步本身——已经成为统治的合法性基础。而统治的这种新的合法性形式,已经丧失了意识形态的旧形态。"新旧意识形态的差别就在于:新的意识形态把辩护的标准与共同生活的组织加以分离,即同相互作用的规范的规则加以分离。从这种意义上说,是把辩护的标准非政治化,代之而来的是把辩护的标准同目的理性活动的子系统的功能紧密地联系在一起。"③

　　由于生产力的进步不再是解放的潜力,所以"制度框架层面上的合理化,只有在以语言为中介的相互作用的媒介中,即只有通过消除对交往的限制才能实现。在认识到了目的理性活动的进步的子系统在社会文化方面所起的反作用的情况下,关于适合人们愿望的、指明行为导向的原则和规范的公开的、不受限制的和摆脱了统治的讨论,才是合理化实现的唯一手段"④。

---

① 尤尔根·哈贝马斯:《作为"意识形态"的技术与科学》,李黎、郭官义译,第57页。
② 同上书,第60页。
③ 同上书,第70页。
④ 同上书,第76页。

哈贝马斯因而呼吁就生活实践的目的进行自由的讨论。在他后来系统展开的交往行为理论中，哈贝马斯强调语言在交往行为中的基础地位，希望通过话语共识和民主政治来实现社会的合理化，构建理想的交往共同体甚至世界公民社会。哈贝马斯在很大程度上弱化了对资本主义的社会批判，他贡献了一个福柯所说的"交往的马托邦"。

法兰克福学派尤其是马尔库塞的科学技术批判思想最主要的理论贡献在于提醒我们，由于技术理性与价值理性存在着直接冲突，当下这种样式的技术还不是技术的最佳或最符合人性的状态。但是，由于他们对技术理性与价值理性冲突的本质缺乏深入思考，他们的技术批判思想并没有找到解决问题的现实出路。

海德格尔则展开了技术批判理论的另一维度。他首先把技术确定为一种解蔽方式，然后进一步指出，"现代技术中起支配作用的解蔽乃是一种促逼，此种促逼向自然提出蛮横要求，要求自然提供本身能够被开采和贮藏的能量"[①]。在现代技术的促逼之下，自然就沦落为摆置和订造的地位，技术的产物或订造物则表现为"持存"，即丧失了丰富个性的备用品。在这一过程中，人也受到促逼，"唯就人本身受到促逼，去开采自然能量而言，这种订造着的解蔽才能进行"[②]。那么，这种促逼着人去促逼自然的力量是什么呢？海德格尔称之为"座架"。

关于"座架"，海德格尔说："座架意味着对那种摆置的聚集，这种摆置摆置着人，也即促逼着人，使人以订造方式把现实当作持存物来解蔽。座架意味着那种解蔽方式，此种解蔽方式在现代技术之本质中起着支配作用，而其本身不是什么技术因素。"[③]座架是天道的展现方式，是人的天命。

这就使海德格尔对人类文明的未来表现出强烈的悲观主义态度。海德格尔指出，除了原子弹的危险之外，"技术带来的更大的危险，我想在今日已发展至生物物理的层面，在可预见的将来，也就是说，根据人的器官特征构造出人来，一旦人类有所需要，就能造出敏捷的人、迟钝的人和聪明的人，乃

[①] 孙周兴选编：《海德格尔选集》（下），上海三联出版社，1996年，第932页。
[②] 同上书，第936页。
[③] 同上书，第938页。

至傻瓜"①。他的这一预言已经基本成为现实,虽然有些人并不认为这是危险。海德格尔希望通过"思"与"诗"来摆脱座架的天命,但他自己也对此没有充分的信心,他哀叹"只有一个上帝可以救我们"。

海德格尔对当代技术进行了一套极具形而上学色彩的解释,但是他与同时代的其他理论家一样,把工业文明在当下所获得的技术成就与样式当作技术发展的最后状态,当作人类的"天命",看不到技术有一个从粗暴的大技术到人性化的小技术的发展过程,从而陷入并不一定必要的对技术发展前途的悲观主义。

六、民主崇拜与民主批判

从洛克开始的西方民主政治理论的基本精神,是首次确立了"主权在民"的原则,这可以说是一场政治学理论的哥白尼革命,它颠覆了此前传统时代所确立的"君权神授"观念,揭示了"权力为民"的虚伪性,第一次从根本上把公权力的合法性建立在人民大众的基础上,从而开启了公民社会条件下政治生活的新时代,使昔日高高在上、只由少数人操纵的政治生活成为寻常百姓也可以主动参与的大众事务。政治生活的平民化无疑是工业时代所取得的最伟大的政治进步。

民主政治是工业时代备受推崇的制度选择,被当代社会的大部分政治理论家誉为具有普遍与永恒意义的"普适价值"。哈耶克这样总结民主的三个好处:(1)民主乃是人类有史以来所发现的唯一的和平变革的方法;(2)尽管民主本身还不是自由,但民主是个人自由的最重要的保障,较之其他政治制度形式,民主政治制度更能产生自由;(3)民主制度的存在,对人们普遍了解公共事务有巨大影响。民主作为一种意见形成过程,其主要优点并不在于它是一种遴选统治者的方法,而在于使大部分人都积极参与其中。在《我为什么不是一个保守主义者?》一文中,哈耶克说:"我并不认为多数统

---

① 转引自周立斌:《从"物化"到"座架"——试论海德格尔现代技术批判理论的哲学轨迹》,《东北大学学报(社会科学版)》2007年第2期。

治是一种目的,相反,我认为它仅仅是一种手段,甚或可以认为它是我们所必须加以选择的诸种统治形式中所具危害最小的一种。但我相信,当保守主义把我们这个时代的一切弊端都归罪于民主制度时,他们实际上是在自欺欺人。因为毋须置疑,首恶乃是无限政府,这意味着任何人都无资格行使无限权力。"他进一步指出,"当权力为多数人所控制时,人们才开始认为对政府权力限制被认为是没有必要的。在这个意义上,民主制度和无限政府的确存在着某种联系。但我们所要反对的并不是民主制度,而是无限政府。""无论如何,与任何其他制度的优点相比,民主作为一种和平变革和政治教育的手段具有更大且更多的优点"①。作为当代最有影响力的民主政治理论家之一,哈耶克虽然对民主有所保留,认为民主只是手段,并不是目的或自由本身,但他毫不怀疑民主是一种具有永久价值的制度安排。

虽然民主政治在当代社会一路高歌猛进、所向披靡,但从当代民主政治确立以来,一直就不缺乏对这种民主政治的深刻担忧与质疑。对民主政治恒久性的最深刻理论怀疑出自托克维尔。在《论美国的民主》一书中,托克维尔以美国社会——工业时代民主政治的典范——为蓝本,深入地分析了民主社会的文化心理状况,尤其是对民主社会的未来进行了极其独到的猜想。关于民主社会的文化心理,托克维尔认为,民主制度有强烈的反传统、反历史的心理倾向,"它使人对古老的东西产生一种本能的反感"②。民主社会虽然不是没有宗教信仰,但是民主社会的宗教信仰在不断走向世俗化,因而只有一种很弱的超验感。不稳定性和流动性是民主社会给人的基本感受。民主社会的核心经验,是经久的变革和无根状态产生的一种汹涌澎湃的向着诸多不同方向奔突的文化,其中充斥着由于固定的均衡感的丧失和恒定秩序的崩溃而造成的扭曲幻影。随着历史和超验感从民主社会的想象力中淡出,民主社会的人们就不得不面对许多焦虑和压力,面对挥之不去而让人极其痛苦的不确定性,从而使心理紊乱成为民主社会的流行病。托克维尔描述了这种流行病的三大症状:"个人日益严重的精神孤独,导致社会

---

① 弗里德利希·冯·哈耶克:《自由秩序原理》,邓正来译,生活·读书·新知三联书店,1997年,第195页。
② 托克维尔:《论美国的民主》(下卷),董果良译,商务印书馆,1988年,第594页。

第一章　西方思想对人类文明道路与世界历史的主要思考

想象力的贫乏与普遍的社会冷漠（'至于其他同类，即使站在他们的身旁，他们也不屑一顾。他们虽与这些人接触，但并不以为这些人存在'）；对无政府状态和无秩序状态的恐惧，导致对秩序的强迫性的企求；作为不稳定的平等社会形态中所感受到的认同性的焦虑和不确定性的结果，对于差异的日益加剧的缺乏容忍性特别表现为对他者的畏惧和妒忌，以及近乎反常的压抑感。"①因而，民主社会把财产当作一种为社会及心理方面异化的个人提供心理安全的符号，金钱变成民主人的重要身份标志②。托克维尔深刻地意识到，这种追求变化尤其是物质享受的民主激情将使与生俱来、根深蒂固的"人类灵性"面临窒息的威胁。

由于民主社会是一个以个人主义与利己主义为特征的在道德上无所适从的时代，这使托克维尔在寻求道德秩序的新源泉和保卫自由——他认为温思罗普对自由的定义即这种自由是"只追求公正和善良的自由……它通过服从权威来保持"，是"绝妙的定义"——的新手段时最终归于失败。托克维尔认为，"最糟糕的前景是民主对形式——行为的准则，政治的适当秩序，甚至社会礼仪——的轻视，很容易导致对支撑这些准则并将成为权力观念基础的道德原则的蔑视"，"功利原则也许将替代秩序的所有其他原则"，这样的政治后果将是毁灭性的③。因此，托克维尔最终揭示的不幸前景，是对于民主的任性狂热，尤其是追求平等所造成的无意识的文化革命不仅不会加强作为首要价值的自由，反而将极大地削弱这种价值。在托克维尔看来，民主最终具有自我毁灭性。在《论美国的民主》一书的结论部分，托克维尔相当确信中央集权化是历史的主要趋势，他说："在展现于眼前的民主时代，个人独立和地方自由将永远是件艺术品，而中央集权的政府则是自然的事情。"④

在托克维尔对民主社会中央集权化发展路径的描述中，与他早期注重

---

① 雷蒙·阿隆、丹尼尔·贝尔等：《托克维尔与民主精神》，陆象金、金烨译，社会科学文献出版社，2008年，第25页。
② 托克维尔：《论美国的民主》（上卷），董果良译，商务印书馆，1988年，第56页。
③ 托克维尔：《论美国的民主》（下卷），董果良译，第669—700页。
④ 同上书，第674页。

民主社会的文化心理不同,他晚期更加强调经济因素的重要性。托克维尔认为,政治和社会的集权化进程基于一场不可抗拒和不可逆转的经济革命。他描述了财产从土地转化为流动资本的政治后果、工业制度的成长以何种方式为政府提供愈来愈多的干预经济生活的机会、资本主义所建立的人与人之间的"新而复杂的关系"如何大大地加强了政府的调节功能,他的所有这些描述成为对现代国家起源的技术解释具有启蒙意义的开山之作①。

托克维尔最具建设性的思想,是把中央集权描绘为民主社会经济、文化发展的必然结果,虽然他对这种专制或集权的性质抱有非常不好的预期。托克维尔预言,这种新的专制制度比以往历史已知的都更广泛、更强大,人们在其中享受完美的平等和虚幻的自由的同时,却陷于一种"严密的、温和的、平稳的奴役"之中。托克维尔用拟人化的语气这样描绘作为民主社会未来的集权统治:"他用一张其中织有详尽的、细微的、全面的和划一的规则的密网盖住整个社会生活","他并不践踏人的意志,但他软化、驯服、指挥人的意志……他什么也不破坏,只是阻止新生事物。他不实行暴政,但限制和压制人,使人精神颓靡,意志消沉、麻木不仁,最后使每个民族变成一群胆小而会干活的牲畜,而政府则是牧人"②。那是一个没有信仰、没有自由的噩梦世界。

托克维尔对民主与人类未来的这种悲观预期的原因,首先,应该是由于在他生活的那个时代,工业文明还是一头初生牛犊,"民主的想象力不承认任何限制,民主的民族将永远不断创新,其动力在于整个社会坚信旨在追求更加美好的生活的变革不仅是不可避免的,而且是无限的"③。如果托克维尔也像现时代的思想家一样能够意识到工业时代"追求美好生活"的有限性,他很可能就会改变想法。其次,是因为托克维尔没有找到他所说的根深蒂固、与生俱来的"人类灵性"即道德价值或自由的真正根源。托克维尔把自由与道德法则或宗教信仰联系起来:"我一向认为,人要是没有信仰,就必

---

① 托克维尔:《论美国的民主》(下卷),董果良译,第841—872页。
② 同上书,第870页。
③ 雷蒙·阿隆、丹尼尔·贝尔等:《托克维尔与民主精神》,陆象金、金烨译,第39页。

第一章 西方思想对人类文明道路与世界历史的主要思考

然受人奴役；而要想有自由，就必须信奉宗教。"①宗教尤其是道德宗教并不是人类与生俱来或从来就有的，但是，我们却不能设想在宗教诞生之前，人类的生活一直是不道德的。再次，是因为托克维尔不明了当代民主制度的目标与边界。不仅托克维尔，迄今几乎所有的理论家都没有对民主制度的目标与边界问题展开过真正建设性的思考。当以哈耶克为代表的民主政治理论家把民主视为"我们所必须加以选择的诸种统治形式中所具危害最小的一种"，或者"保守主义把我们这个时代的一切弊端都归罪于民主制度"的时候，当代民主政治的守护者与"保守主义者"的共同缺点是夸大了现代民主对于社会生活所具有的普遍性意义，即夸大了民主的社会功能，没有把当代民主看作是主要为解决现时代的特定问题而进行的一种制度选择。我们这里仅仅需要指出这一点，即"让大多数人参与其中"的"作为一种意见形成过程"的当代民主制度，它关心的核心问题总是以经济问题为主，它能够产生重大积极影响的领域也从来局限在经济生活领域。民主政治占主导地位的时代，通常是技术进步处于上升时期即经济生活不具有确定性，因而需要社会的大部分成员共同努力、共同参与的时代。对于那些已经具有充分确定性的社会生活领域，民主就很少置问。无论多么野心勃勃的民主政治从来就没有把家庭生活及其伦理准则作为其讨论的主要问题。而一旦民主社会试图把家庭伦理作为其民主或讨论的对象时，通常都只会导致道德紊乱与道德失范。当然，民主为了更好地实现财富增长，必然会某种程度地忽略或挑战既定的道德伦理原则，从而使社会的伦理道德处于下滑状态，这也是"保守主义把我们这个时代的一切弊端都归罪于民主制度"的主要原因。但是，人类根深蒂固、与生俱来的灵性或道德原则的根源既不是经常可能处于变动状态的经济生活，也不会被民主时代经济生活的不确定性完全窒息或颠覆——虽然会受到经济生活的重大影响，相反，人类的道德原则或人性另有其根源，并始终对人类的逐利性经济行为构成强大制约。如果我们把当代民主主要确定为现时代为促进经济增长而进行的制度设计，并且相信"人（类灵）性"不死，那么托克维尔对于后民主时代集权的悲观主义担心就是完

---

① 托克维尔：《论美国的民主》（下卷），董果良译，第 539 页。

全不必要的。

托克维尔之后,海德格尔也表达了对民主制度永久性与道德性的公开质疑。海德格尔认为议会民主制度已经与技术一道成为奴役人的工具,在回答《明镜周刊》的采访时,他说:"我认为今天的一个关键问题是,如何能够为技术时代安排出一个——而且是什么的一个——政治制度来。我为这个问题提不出答案。我不认为答案就是民主制度。"[1]不过,海德格尔实际上通过他的政治行动给出了答案,即集权制度将取代民主制度。但是,特定的历史境遇使他碰到的那个集权——纳粹政权过于缺乏正义,是个恶的集权。

对民主永恒论最有力的质疑可能是,民主并不是工业时代才开始突然出现的一种全新制度发明。即使不是在所有早期农业社会中人类学家都发现了原始民主制度,民主制度至少肯定不是工业时代西方文明的首创。如果民主曾经是人类文明有过甚至是**普遍**有过的制度发明,但是后来又被**普遍而且长期**地放弃了,我们就有非常坚强的理由怀疑民主制度的永恒性——"主权在民"原则除外——宁愿相信它不过是特定历史时代的制度安排。

不过,如果把民主制度的基本信念理解为让所有人尽可能平等而且自主地生活,并且主权在民,那民主就因为表达了人类对实质性平等的渴望而具有永恒的意义。实质性平等一向是社会生活的最高理想。

七、自由、平等与正义

什么是社会公平正义以及如何实现社会公平正义是政治伦理学的永恒主题。关于这个话题历来有太多的意见和观点,就当代理论发展与社会生活的实际情形来说,至少有两种理论倾向值得在这里给予特别关注。

工业时代西方社会政治思想的首要价值追求是自由,而自由通常被理

---

[1] 海德格尔:《只有一个上帝能救渡我们》,熊伟译,见孙周兴选编:《海德格尔选集》(下),第1303页。

第一章 西方思想对人类文明道路与世界历史的主要思考

解为尽可能少地受到限制和束缚。由于工业时代迄今尤其是其早期的主要关注是技术进步与财富增长,所以自由主义在早期即古典自由主义阶段主要表现为自由放任的经济思想与功利主义的伦理思想,这两者互为表里。但是,经济上的自由放任必然导致社会贫富两极分化,所以功利主义会受到这样的批评与指责,即为了追求社会总体经济福利最大化,容忍社会的(大)部分人受到(少)部分人的奴役,这就使自由主义走向其自身的对立面。两次世界大战之后,古典自由主义黯然失色,主张政府对经济进行干预的凯恩斯主义大行其道。凯恩斯主义包含这样一种明显的伦理价值取向,即过分的贫富差距是不公正的,因而主张通过政府对经济生活的干预来缩小社会的贫富差距。至20世纪七八十年代,随着"福利国家"政策的破产,主要西方国家纷纷放弃凯恩斯主义,传统自由主义思想重新得势,这就是当下在西方甚至是整个世界占主导地位的新自由主义。

新自由主义最有影响的代表人物是哈耶克。哈耶克首先明确主张自由化,强调自由市场、自由经营,反对国家干预经济生活,尤其认为私有制是自由的根本保障。哈耶克提出:"只是由于生产资料掌握在**许多个**独立行动的人的手里,才没有人有控制我们的全权,我们才能够以个人的身份来决定我们要做的事情。如果所有的生产资料都落到一个人手里,不管它在名义上是属于整个'社会'的,还是属于独裁者的,谁行使这个管理权,谁就有全权控制我们。"①但是,哈耶克显然知道不可能让每个人都成为掌握生产资料的资本家,那么,生产资料到底应该掌握在哪些个人手中,即生产资料如何分配才是"正义"的呢?哈耶克认为"正义"与"平等"是紧密联系在一起的。但哈耶克所说的"平等",是在自由和法治秩序之下的"机会平等"。他严格区分了"机会平等"与"结果平等",并认为"机会平等"体现了个人自由,是真正的平等,也是自由的唯一保证,"结果平等"则导致不同的奴役形式。哈耶克一生都在用他的"机会平等"理念来对抗集体主义或社会主义试图"使人们平等"的观念和行为。在哈耶克看来,要求"结果"或"实质性"的平等,把一

---

① 弗里德里希·奥古斯特·哈耶克:《通往奴役之路》,王明毅、冯兴元等译,中国社会科学出版社,1997年,第101页。

切都拉平,不仅意味着各种奴役和控制,而且也是不公正的。他认为,"个人主义的主要原则是,任何人或集团都无权决定另外一个人的情形应该怎样,并且认为这是自由的一个非常必要的条件,决不能为了满足我们的公平意识和妒忌心理而牺牲掉这样的条件。按照个人主义的这种观点,通过不许人们凭借身外所具有的优势获得利益(比如出身在一个父母比一般人更有知识或更明智的家庭里),来使得所有的个人都从同一水平上开始,也显然是不公正的。这里,个人主义确实比社会主义更少'个人主义',因为它承认家庭像个人一样是一个合法的单位,至于其他集团比如语言或宗教团体也一样,他们通过共同努力能够成功地为他们的成员保持不同于社会其他成员的物质或伦理水准"[①]。

哈耶克这里最具真理性的想法是认为生产资料是个人自由的重要保证。但是,如果生产资料只是掌握在"许多个"而不是"每一个"独立行动的个人手中,那么,那些不掌握生产资料的个人的自由就很容易成为镜花水月。当哈耶克说一个无产者可以宁愿饿死,也有不接受有产者劳动条件的自由时,自由就显得极其苍白无力。而且,当社会的一部分成员只有饿死的"自由"时,哈耶克所说的法治与秩序早就荡然无存了。而且,从来就没有听说过有那么一个为了自由而宁愿饿死的劳工,在他饿死之前,早就变成小偷、劫匪或革命家了。如果设想当下有一个人宁愿饿死也不接受资本家的劳动条件,他可能并不会因此被人们当作"自由战士"来纪念,而通常会受到无能、懒惰、怪癖之类的耻笑。人们决不会把他的事迹与伯夷、叔齐不食周粟饿死首阳山等同起来。

实质性平等实际上是任何时代、任何地域人类社会的理想与追求,是最高程度的社会正义。虽不能至,心向往之。虽然完美无缺的实质性平等注定是无法实现的乌托邦,但显然正是人们对实质性平等"知其不可而为之"的执着追求,而不是人们自以为聪明的自暴自弃,才是人类文明不断走向或实现更大程度社会正义的真正动力。

美国思想家罗尔斯的《正义论》集中体现了当代思想对实质性平等的建

[①] A·哈耶克:《个人主义与经济秩序》,邓正来译,北京经济学院出版社,1989年,第29—30页。

设性思考。罗尔斯指出,"正义的主要问题是社会的基本结构,或更准确地说,是社会主要制度分配基本权利和义务,决定由社会合作产生的利益之划分的方式。所谓主要制度,我的理解是政治结构和主要的经济和社会安排"①。那么,一种社会政治和经济结构或制度,如何安排才算是公平或正义的呢?罗尔斯提出了两个原则。第一个原则是"每个人对与其他人所拥有的最广泛的基本自由体系相容的类似自由体系都应有一种平等的权利";第二个原则是"社会的和经济的不平等应这样安排,使它们(1)被合理地期望适合于每一个人的利益,并且(2)依系于地位和职务向所有人开放"。具体来说,第一个原则是"自由的平等原则",它强调每一个人都"平等"地享受政治自由等各种权利;第二个原则是"差别原则",它强调社会经济的不平等必须能够促使社会中"处境最不利"的成员获得最大的利益,又称为"补偿原则"。罗尔斯不仅设定了"社会正义"的两个原则,而且还设定了这两个原则的次序或等级关系。在他看来,社会正义的两个原则不是不分主次的并列关系,而是按"词典式次序排列"的先后关系,它由第一优先原则(即自由的优先性)和第二优先原则(即正义对于效率和福利的优先性)组成。罗尔斯认为,"这一次序意味着:对第一个原则所要求的平等自由制度的违反不可能因较大的社会经济利益而得到辩护或补偿。财富和收入的分配及权力的等级制,必须同时符合平等公民的自由和机会的自由。"②罗尔斯对正义原则及其关系的这种思考,表明他一方面坚定维护个人的自由权利和机会平等,同时又试图改善那些在社会中处境不利者的经济状况,从而体现了当代思想对"实质性平等"的现实追求。

但是,彻底的自由主义者已经表明,机会平等与实质性平等之间实际上存在着深刻的内在冲突,那么,作为一个理论家,罗尔斯如何在自由原则即机会平等的条件下,为其差别原则即实质性平等寻找理论依据呢?罗尔斯的思想发明是分配或共享"集体资产"。人们虽然都自由或(机会)平等地追求经济利益,但主要由于个人的天赋才能和所处的社会条件的不同,最后的

---

① 约翰·罗尔斯:《正义论》,何怀宏等译,中国社会科学出版社,1988年,第5页。
② 同上书,第57页。

结果大不一样。罗尔斯认为，个人较高的天赋和与生俱来的优越社会条件是个人"偶然"获得的，并不是"道德上"的"应得"，因此应该把这两种资源作为"集体资产"或"共同资产"加以共享。由于天赋与社会条件都是"集体资产"，因此，那些天资聪颖或具有优越社会条件即占有较多"集体资产"的个人就应该对那些天资鲁钝或具有恶劣社会条件即占有较少"集体资产"的个人进行补偿。把天赋与社会条件当作"集体资产"确乎是奇思妙想，但这是一个极易引起争议的思想发明，即使是坚定的集体主义者——更不要说个人主义者，也没有要求对个人的先天秉赋进行分配。

罗尔斯以近乎数学"定理"的形式来表述他关于社会正义的两条基本原则，支撑其社会定理的"公理"则是西方政治理论家关于社会制度一向采用的两个紧密联系的习惯性预设——"原初状态论"和"社会契约说"。罗尔斯的独创性主要在于，他没有把"原初状态"看成是一种曾经出现过的"历史实际状态"，而只是作为一种选择"正义原则"的理想境况。由于"原初状态"并不是一种过去了或可能出现的"历史实际状态"，所以，基于这种理想状态，由罗尔斯呈现出来的两条正义原则才被他表述为具有永恒意义的社会定理。更重要的是，罗尔斯对"原初状态"有非常独到的创意，这就是"无知之幕"。他提出，"正义的原则是在一种无知之幕（veil of ignorance）后被选择的，这可以保证任何人在原则的选择中都不会因自然的机遇或社会环境中的偶然因素得益或受害。由于所有人的处境都是相似的，无人能够设计有利于他的特殊情况的原则，正义的原则是一种公平的协议或契约的结果"①。的确，如果制度的设计者——他们同时也是社会生活的参与者——在制定社会制度时处在完全缺乏对自身有利性或不利性（如社会地位和个人的天赋）信息的"无知之幕"之下，就应该可以避免各自的利益立场，从而建立能够得到普遍认同的"正义"原则。

罗尔斯以"无知之幕"作为原初状态，的确是极富时代意义的思想发明。但"无知之幕"的重要意义主要不在于为一切时代的社会正义预设了一种理想或假想的社会状况。如果"无知之幕"是任何时代的社会正义都必不可少

---

① 约翰·罗尔斯：《正义论》，何怀宏等译，第10页。

的假设，我们就要惊诧，为什么古今中外尤其是轴心时代的以追求社会正义为己任的思想家也没有发现它。罗尔斯以"无知之幕"为起点而生发的关于社会正义的系列宏大思想，之所以在当代出现并产生广泛的社会影响，主要是因为"无知之幕"这一理论预设非常契合当代社会生活的状况。当代社会的显著特点是社会生活的高度不确定性。不仅传统的社会分工被打乱，不断出现新的社会分工，而且各种分工的社会地位也不再是固定不变的，尤其是个人在社会分工中的位置即社会身份（财富、地位）处于前所未有的变化状态，这就使每个人对其未来实际上处于某种"无知之幕"状态。正是有这种实际意义上的"无知之幕"和当代民主政治架构作为现实基础，才造就了罗尔斯正义理论的强大影响力。

但是，社会生活的这种显著的不确定性并不是所有时代都具有的特征，而且，即使在当代社会，生活的不确定性也主要集中表现在经济生活或物质生产领域，或者只有物质生产领域的不确定性才得到主流社会意识的肯定。在物质生活之外的其他领域，尤其是人口生产及其家庭生活领域——正如我们将要详细讨论的，这是人类社会生活的另一重要领域，人们的生活仍然具有高度的确定性，或者虽然因为经济生活不确定性的影响，当代人口生产及其家庭生活的稳定性也受到一定程度的冲击，但是，家庭生活的经常与重大变动从来没有也不会得到社会主流思想的赞美和鼓励。同时，社会政治生活的民主架构也不是所有时代与地域通行的制度安排。尤其是，根据人类生活的历史经验，人类社会生活中凡是需要协商的事项——主要是利益分配，从来就没有真正达成过一致；凡是人类真正达成一致的事项——主要是家庭生活的形式与道德原则，从来就不是协商的结果。历史告诉我们，任何时代的重大利益分配格局从来就不是罗尔斯所说的"公平的协议或契约"的结果，而注定要通过流血或不流血的实力较量。同时，无论多么热爱协商的社会，也从来不会热心到对家庭生活的伦理原则进行协商。实际上，社会生活的善与正义从来不是协商与契约能够实现的，当代民主社会也极少为了善与正义而进行协商。

罗尔斯可视为把农业时代形成的根深蒂固的实质性平等理想（它实际上也是人类任何时代都必然渴望的社会理想）引入工业时代的第一个重要

思想家,因而引起了广泛、深刻的社会共鸣。罗尔斯对功利主义(同时也是对各种自由主义)最有力的批判是强调实质性平等对于效率的优先地位,他明确意识到追求效率必然导致对个人自由与实质性平等的损害。但是,如果整个社会的经济生活在效率方面还有巨大的潜力,那么实质性平等就不会成为制度设计的首要追求。只有在社会生产总体效率提高的现实性基本消失之后,一定意义上的实质性平等才会成为社会制度的现实追求。而且,实质性平等绝不可能通过把最具有个人色彩的"先天性获得"作为"集体资产",从而要求现实生活中的强势群体为弱势群体进行补偿而实现,因为"补偿"必定是迟到的,"补偿"本身已经意味着实质性的不平等。包括罗尔斯在内的所有当代思想家,都既没有洞察到工业时代在现阶段的生产组织形式即生产资料由少数"独立的个人"掌握的历史性,也没有意识到与物质生产同时进行的人口生产对于人类社会具有的重大意义,他们虽然唤起了人们对实质性平等或社会正义的渴望,但没有找到通往这种平等与正义的现实道路。

第二章 两种生产与历史研究的新视野

　　工业时代以来,一方面,以西方文明为主导的经济活动第一次成为全球性的事业,从而使西方文化主导的文化历史研究,首次超越了传统的民族历史眼光,获得了全球性视野。正是这种广阔的全球性视野,使工业时代以来的文化历史研究取得了前所未有的思想成就——前面展示的是这些思想成就的重要组成部分,把人类对自身社会生活与历史发展的认识推进到一个新的高度。另一方面,由于工业时代社会发展阶段及其特点的局限和影响,这种研究也存在重大缺陷。工业时代迄今社会生活的显著特点,是物质生产或经济生活在整个社会生活中居于首要地位,技术进步和财富增长既是整个社会生活的首要追求,也是社会经济生活的显著特征。这就很容易导致工业时代的思想家们产生这样一系列的错觉与误判:以为物质生产或经济生活是社会生活的全部或全部社会生活的唯一基础;把技术进步与财富增长当作是所有时代经济生活的正常状态,并称之为"先进"与"进步";把现阶段为实现技术进步与财富增长的各种基本制度设计和价值观念当作具有恒久意义的社会制度与普世价值。导致这种误判的更深刻的历史根源,应该是人们迄今不仅对农业时代的社会发展道路缺乏总体性把握,更谈不上对其发展道路内在机制的深刻洞察,从而使人们没有把握工业时代社会生活的历史参照。不过,就像农业时代的各种思想是人们对工业时代进行认识的起点一样,工业时代的思想也会反过来深化人们对农业时代的把握。随着当代考古学对早期农业社会生活真相的不断揭露,以及工业时代的各种社会历史研究的不断展开,如果能够克服工业时代社会历史研究的重大缺陷，我们就完全有可能在一个新的思想高度实现对包括农业时代和工业时代在内的全部人类历史及其内在逻辑的新把握。

工业时代迄今所有社会历史研究的共同缺点是：对人口生产及其重大社会意义的遗忘，没有看到人口生产在人类社会生活中从来就具有的至少与物质生产同等重要的基础性意义，看不到人口生产和物质生产一样，是社会存在不可缺少的基石之一；没有从物质生产与人口生产及其相互作用的视角来审视人类的社会生活与文明创造，没有把意识形态置于由人口生产与物质生产共同组成的社会生活的基础上，尤其是没有意识到人类文明中最为根深蒂固的生活形式与价值观念即托克维尔所说的"人类灵性"，实际上只有从人口生产的角度才能得到真正的理解和把握。

一、两种生产

马克思很早就提到两种生产，他说："每日都在重新生产自己生命的人们开始生产另外一些人，即繁殖。这就是夫妻之间的关系，父母和子女之间的关系，也就是**家庭**。这种家庭起初是唯一的社会关系，后来，当需要的增长产生了新的社会关系而人口的增多又产生了新的需要的时候，这种家庭便成为从属的关系了（德国除外）。这时就应该根据现有的经验材料来考察和阐明家庭，而不应该像通常在德国所做的那样，根据'家庭的概念'来考察和阐明家庭。"[①]马克思在这里明确提到两种生产，但是他断定，人口生产的家庭关系从很早的时代开始就已经成为"从属的关系"了，因此要根据"现有的经验的材料"即生产关系来考察和研究家庭。

对两种生产之间关系的这种理解在《共产党宣言》中得到进一步展开。马恩认为，现代的、资产阶级的家庭是建立在资本上面的，因而资产者的家庭要随着资本的消失而消失。而"无产者的一切家庭联系越是由于大工业的发展而被破坏，他们的子女越是由于这种发展而被变成单纯的商品和劳动工具，资产阶级关于家庭和教育、关于父母和子女的亲密关系的空话就越

---

① 《马克思恩格斯选集》第 3 版第 1 卷，人民出版社，2012 年，第 159 页。

是令人作呕"①。马克思认为,"共产主义革命就是同传统的所有制关系实行最彻底的决裂;毫不奇怪,它在自己的发展进程中要同传统的观念实行最彻底的决裂"②。因此,"从宗教的、哲学的和一切意识形态的观点对共产主义提出的种种责难,都不值得详细讨论",因为"人们的观念、观点和概念,一句话,人们的意识,随着人们的生活条件、人们的社会关系、人们的社会存在的改变而改变"③。

换言之,马克思和恩格斯认为,物质生产和人口生产在文明时代不再是两种并列的基本人类活动,婚姻、家庭、伦理、道德等与人口生产相关的关系、制度、思想与价值观念都不是仅仅要受到物质生产发展阶段的影响,而是要直接理解为特定物质生产状况的产物,因而都要随着物质生产条件或社会存在的改变而改变。不过,马克思和恩格斯在《共产党宣言》中没有具体展开关于未来人口生产与家庭生活的具体设想,他们只是表示,共产主义将"废除继承权",对所有儿童实行"公共的、免费的教育"。

但马克思和恩格斯此时的思想缺憾在恩格斯晚年写作的《家庭、私有制与国家的起源》一书中得到了相当程度的弥补。这本书一开头,恩格斯就重申了他们早先共同确立的基本立场:"根据唯物主义观点,历史中的决定性因素,归根结底是直接生活的生产和再生产。但是,生产本身又有两种。一方面是生活资料即食物、衣服、住房以及为此所必需的工具的生产;另一方面是人自身的生产,即种的繁衍。一定历史时代和一定地区内的人们生活于其下的社会制度,受着两种生产的制约:一方面受劳动的发展阶段的制约,另一方面受家庭的发展阶段的制约。劳动越不发展,劳动产品的数量,从而社会的财富越受限制,社会制度就越在较大程度上受血族关系的支配。"但是,在进入阶级国家这种新社会之后,"**家庭制度完全受所有制的支配**,阶级对立和阶级斗争从此自由开展起来,这种阶级对立和阶级斗争构成了直到今日的全部成文史的内容"④。

---

① 《马克思恩格斯选集》第 3 版第 1 卷,第 418 页。
② 同上书,第 421 页。
③ 同上书,第 419—420 页。
④ 《马克思恩格斯选集》第 3 版第 4 卷,人民出版社,2012 年,第 13 页。黑体为引者所加。

关于国家时代的家庭,恩格斯说,专偶制个体家庭的"最后胜利乃是文明时代开始的标志之一。它是建立在丈夫的统治之上的,其明显的目的就是生育有确凿无疑的生父的子女;而确定这种生父之所以必要,是因为子女将来要以亲生的继承人的资格继承他们父亲的财产"①。这种家庭既是私有制的产物,而且内在地包含了各种形式的阶级压迫。"在历史上出现的最初的阶级对立,是同个体婚制下夫妻间的对抗的发展同时发生的,而最初的阶级压迫是同男性对女性的压迫同时发生的。个体婚制是一个伟大的历史的进步,但同时它同奴隶制和私有制一起,却开辟了一个一直继续到今天的时代,在这个时代中,任何进步同时也是相对的退步,因为在这种进步中,一些人的幸福和发展是通过另一些人的痛苦和受压抑而实现的。"②

因此,"妇女解放的第一个先决条件就是一切女性重新回到公共的事业中去;而要达到这一点,又要求消除个体家庭作为社会的经济单位的属性"③。恩格斯预言,在未来的共产主义社会,"随着生产资料转归公有,个体家庭就不再是社会的经济单位了。私人的家务变为社会的事业。孩子的抚养和教育成为公共的事情"④。恩格斯进一步指出,"结婚的充分自由,只有在消灭了资本主义生产和它所造成的财产关系,从而把今日对选择配偶还有巨大影响的一切附加的经济考虑消除以后,才能普遍实现。到那时,除了相互的爱慕以外,就再也不会有别的动机了"⑤。

可见,马克思和恩格斯在他们的著作中虽然分析了人口生产,但却没有把人口生产置于与物质生产同样的社会历史地位。韦伯也注意到家庭关系的重要性,他根据社会行动构建了两种类型的社会结构,即"共同体化"社会

---

① 《马克思恩格斯选集》第3版第4卷,第71页。
② 同上书,第76页。需要说明的是,恩格斯的上述观点与马克思晚年的相关思想完全一致,他在这本书的另一地方直接引用了马克思《摩尔根〈古代社会〉一书摘要》中的这样一段话:"现代家庭在萌芽时,不仅包含着奴隶制,而且也包含着农奴制,因为它从一开始就是同田野耕作的劳役有关的。它以缩影的形式包含了一切后来在社会及其国家中广泛发展起来的对立。"(见《马克思恩格斯选集》第3版第4卷,第67页。)
③ 同上书,第85页。
④ 同上书,第87页。
⑤ 同上书,第93页。

结构与"社会化"社会结构。韦伯把家庭关系归入典型的"共同体化"社会结构,但他没有洞察到家庭关系相对于其他社会结构所具有的特殊性与重要意义。大部分社会历史研究家习惯于把人口生产或家庭关系看作是与物质生产相比社会化程度低得多的"私生活",因而不需要、不值得以研究宏大叙事为己任的社会历史科学予以特别关注。人口生产与家庭生活对人类历史具有的一目了然的重要性长期得不到彰显。

物质生产与人口生产是两种并行不悖的人类生产活动,两者从来不能通约为一种生产,它们各有其任务与目标,也各有其得以进行的规范与准则,两种生产共同构成人类的全部社会生活。不过,两种生产的总体历史地位实际上并不是没有主次的。物质生产显然是为人口生产服务的,而不是相反。人吃饭是为了活着,但活着应该不是只为了吃饭。如果人类的生存完全不需要借助在大自然中进行的物质生产所获得的生活必需品,人类应该会放弃艰辛的劳作,并把大自然完全当作他们的游乐场,但人类应该不会因此而放弃种群的绵延,人类的历史也将是别样的情形。

关于物质生产及其对社会生活的意义,唯物史观总体上已经予以深刻的揭示。由于物质生产与人口生产是紧密纠结、并行不悖的,因而仅仅从物质生产出发来理解社会生活就会产生偏颇。人口生产的主导地位以及两种生产的相互作用是理解整个人类文明史的前提与钥匙。

二、人口生产的社会意义

人口生产具有极其重大的社会意义,人口生产不仅是人类关于社会生活的各种基本价值观念的源头,而且人口生产通过缔造家庭这一最具普遍与恒久历史意义的社会组织形式,同时是人类道德、秩序与正义的基础。

第一,人口生产是人类快乐、平等、自由、永恒与神圣观念的源头。我们很难想象物质生产是上述这些价值观念的源头。物质生产总体上是一种人与自然的关系,在物质生产中,人们艰辛劳作,但自然从不轻易满足人类的愿望。直到现在,人类始终要为财富或生活必需品而艰苦奋斗。正如马克思指出的,如果不是因为"肉体的强制",人们一定会"像逃避瘟疫那样逃避劳动"①。人类在物质生产中不仅要始终受到自然盲目必然性的束缚,而且同时要受到在物质生产中形成的人与人的关系即生产关系的压迫。到目前为止以及可以想象的未来,没有哪一种物质生产关系可以让人感受到与人口生产中两性关系同样的平等。马克思说:"自由王国只是在由必需和外在目的规定要做的劳动终止的地方才开始;因而按照事物的本性来说,它存在于真正物质生产的彼岸。"②而且,物质生产追求效率和利益的本性,使人类在物质生产中既不排斥新的工具,也不追求人际关系即生产关系的持久与永恒。

与物质生产相比较,人口生产总是特别让人感到快乐与幸福。人口生产直接通过两性的欢爱而实现,人类总是主动而且积极地进行人口生产。虽然养育后代不乏艰辛,但那主要是由于物质生产不发达的缘故。由于每个人都天然地拥有进行人口生产所必需的"生产资料",即我们的身体,而且这种生产资料大体来说具有无差别性、自主性,人口生产也是最让人体会到平等与自由(在尽量少受束缚的意义上)的人类活动。仅仅为人口生产而确立的两性关系无疑是人类所有关系中最具有平等性质的社会关系,因为夫妻对于生产的完成即养育后代具有完全同等的重要性——如果不是女性更重要的话。虽然现实生活中的两性关系通常都不平等,但那主要也是由于物质生产的缘故。在所有的人类文明中,几乎每个人都普遍地被赋予自主养育后代的神圣权力,而且人口生产一向是最少受到干涉的人类活动领域。即便是最热心或多事的公共权力,对于人口生产也极少进行干涉。当然,在人口生产出现严重危机的情况下例外。人口生产的正常进行尤其是人类的健康生存,要求人类建立**稳定**的两性关系。在所有的人类文明中,稳定的两性关系总是受到赞美,永恒的爱情是人类文学艺术的共同主题。尤其是,人口生产的生产者及其产品都直接表现为人的肉体存在即人的生命,在所有的人类文明中,人的生命都被赋予最神圣的意义,因此,创造生命也被认为是最神圣的活动,这应该是人类羞耻感、各种生殖崇拜与性禁忌的根源。由

---

① 《马克思恩格斯文集》第 1 卷,人民出版社,2009 年,第 159 页。
② 《马克思恩格斯全集》第 25 卷(下册),人民出版社,1971 年,第 926 页。

于生命的神圣,任何文明社会对于个体生命的剥夺都一向极其慎重。人命关天,死刑被视为最严厉的惩罚。

同样,由于生命的神圣,各个地域、各个时代的人类文明都普遍具有某种形式的终极关怀。人类之所以要进行人口生产,是因为有生命的循环。人类生生不息的同时也意味着要不断经历生死离别的伤痛。死亡始终是人类文明共同的重大关注。如果新生命的孕育和成长总是让人幸福和期待,那么亲人的逝去尤其是意外的亡故就特别让人伤悲。虽然一个很宝贵的物体的破碎与消失也会让人难过,但只有生命的终结才让人感到由衷的悲伤。人类的很多思想,如道德、宗教、哲学、文学、医学,都在很大程度上与对死亡的关注相关联。"慎终追远,民德归厚"(《论语·学而》),中国文化认为对逝者的怀念有利于社会的道德建设。孔子对于生死有很理性的态度,他并不认为人应该长生不死,他说"老而不死谓之贼"(《论语·宪问》),因此,对于长辈的寿终正寝,做到"葬之以礼,祭之以礼"(《论语·为政》)就行了。但他的学生颜回早死,他就哭得极其伤心。道家的庄子试图齐生死,把生死当作是气之聚散,甚至把死亡说成是"偃然寝于巨室"(《庄子·至乐》),但这无非是理论家软弱无力的自我安慰或自欺欺人罢了。医学的主要任务,可以理解为尽量延长个人的寿命。虽然在避免疾病造成个人的早死方面,医学已经取得了重大成就,但如何使人的寿命更长,它的建树就一直非常有限。中国古代的方术与神仙家们的奋斗目标是长生或永生,他们的努力无疑是执着而真诚的,虽然结果都以失败或骗局告终。大体上说,中国文化既不认为死亡之后的世界是一个更真实的世界,更不认为那是一个比人间更美好的世界,因而死亡是一件应该尽量避免的事。中国文化希望在现实生活中达到永生,如果肉体的永生不能实现,那就追求精神的不朽。春秋时鲁国大夫叔孙豹称"立德""立功""立言"为"三不朽"。显然,这三种"不朽"都是指向尘世的。西方文化就不一样,在西方文化的观念中,尘世生活被理解为通往天国、实现永生的一段旅途。与死亡之后的永恒的天国生活相比较,尘世生活不但极其短暂,而且也更少快乐。这大概可以理解为西方文化的超越、超验哲学传统在生死观上的明显痕迹。即使如此,西方文明也从来不认为生命的死亡值得欢欣鼓舞。具体地讨论各种文明的生死观不是这里的任务,这里想要指出的是,每个文明对生死的关切必定根源于人口生产。

由于人们在人口生产中对快乐、平等、自主与稳定的实际经验,才激起人们在物质生产与整个社会生活中对快乐、平等、自由、永恒与神圣的渴望和追求,从而使它们成为普遍的价值追求。

第二,人口生产缔造了家庭这一最具永恒与普遍历史意义的社会组织形式,使人类因此无论在肉体还是精神上都找到了最重要、最永恒的依托与归宿。西方工业文化最深刻的思想误导,是告诉人们社会好像是由各个独立的个人组成的,工业时代的各种思想都建立在个人人格独立或原子化个人的基础上。西方文化的个人主义思想虽然有其深刻的社会历史根源[1],但是,对个人的原子化理解实际上极大地遮蔽了社会生活的真相。社会并不是由各个独立的个人而是由各个独立的家庭组成。任何时代、任何地域,个人从来都不是社会生活的基本单位,家庭才是社会生活的基本实体。每个人都首先而且必然是特定家庭的产物,只有首先经过家庭生活的养育,个人才有机会和能力参与家庭之外的社会生活。家庭既是人生的摇篮,也是生活的港湾。丧失家庭生活或无家可归可能是人生最大的不幸。

在我们目前所知的任何稍有文明气息的社会,家庭都是社会生活得以实现的最基本的社会组织形式。父权制核心家庭的诞生可能有一个漫长的过程,关于这个过程的细节,人类学家一直在努力进行探究。但是,可以基本确定的是,父权制核心家庭的历史大致与人类文明史同步。虽然我们现在仍然可以在有些地方发现母系家庭社会的实例,但我们很难证明父权家庭是由母系家庭演化而来,更难以证明母系家庭曾经普遍存在[2]。总之,不论是母权还是父权,人类的文明化是以人口生产的家庭化即家庭成为社会生活的基本单元为起点。这几乎在每个民族的神话或传说中都有反映,如《旧约》和中国关于女娲伏羲的故事。

人口生产的家庭化首先意味着人类一劳永逸地找到了一条完成种群绵延的最合适因而也最"文明"的道路,它既是文明的起点也是文明的基本标

---

[1] 西方文化的个人主义思想源远流长,从古希腊时代就已经定格了。其历史根源详见本书第七章。
[2] 关于母系社会的研究,具体可参阅拙文《人口生产与母权制》,《复旦学报(社会科学版)》1989年第2期。

志。对于任何种群来说,种群的自我绵延对于种群无疑具有至高无上的意义,由于家庭是文明化的人类种群实现自我绵延的唯一组织形式或制度选择,因而家庭生活制度不仅是人类社会最重要最具恒久历史意义的制度创设,也一定是最符合人性的制度。家庭生活不仅确立了对人类生存最具本质意义的两种社会关系,即夫妻关系和亲子关系,同时也是人类灵性即道德与社会政治权威的根源。

人口生产完全表现为一种人与人之间的关系,这种人与人之间的关系完全不同于马克思所说的生产关系,它既不能通过人与自然的关系得到说明,更不能归结为人与自然的关系。人口生产中产生的人与人之间的关系与物质生产关系具有极其不同的性质,这种关系具有最为内在与恒久的品格。

夫妻关系是由男女双方(或其父母)按照某种原则缔结的后天关系,似乎具有契约的性质。但是,夫妻关系完全不同于经济契约,虽然其中可以有经济因素的考虑。对于夫妻关系的产生,首要的原则是美学原则。两性关系可能是人类美学观念的发源地。女人的美丽温柔、男人的强壮勇敢是他们彼此相爱的基本动因。这种基于美学的相爱原则实际上是所有高等动物都具有的天性。这种原则无疑是为了更好地养育后代或养育更好的后代。男女关系中完全不需要排斥经济因素的考虑,尤其是女子对于男子。一个擅长创造或获得财富的男子通常更能博得女子的欢心。但是,这种经济上的考虑通常是作为美学原则的旁证,即男人在创造财富的过程中展示了他的力量与智慧。而且,只有在不与美学原则冲突时,两性关系在经济上的考虑才是值得赞美的。两性关系虽然建立在美学原则的基础上,但是,只有为了而且能够养育后代的两性关系才会真正得到赞美。夫妻关系虽然具有后天的性质,但它是人类所有后天关系中最为深刻的关系。这种关系由于具有后天的性质因而可以变更或解除,但夫妻关系的解除与变更无疑是人生的重大事项,需要特别慎重。通常情况下,那些未能或不能完成人口生产的两性关系的解除或变更更能得到理解和宽容。正是由于两性关系通常指向后代的养育,使这种起始于以美为起点的契约关系——这使它因此多少具有外在的性质——最终因为代际关系的出现而转化为内在的关系。代际关系是与生俱来、永远无法变易的先天必然关系,它是被先验地给予的。人完全不能选择自己的父母,父母也不能选择自己的子女,虽然子女是他们的创造物。代际关系持续地存在于人的整个生命过程,具有真正恒久与超越生死的意义。代际关系和契约、商讨完全无关,利益也不是代际关系考虑的内容。

由夫妻关系和代际关系凝结而成的家庭关系是人类一切关系中最具有恒久性、神圣性的关系,它不仅对人类的生存具有终极与本原的意义,而且是人类道德观念或人类灵性的源头。

关于什么是人性,古今中外的思想家曾经有过激烈的争论。中国古代的思想家们从各个可能的逻辑向度讨论了人性的各种可能,归结起来,无非是性善(孟子)、性恶(荀子、法家)、非善非恶(告子)、有善有恶(扬雄)。撇开后面的两种意见不谈,孟子讲性善,最有力的证据是说每个人都有"恻隐之心",他为此特别举了一个(年纪大点或成年的)人看见一个小孩子将要掉到井里去的例子——如果是一个小孩子看到另一个小孩子将要掉到井里,应该不一定会有孟子所说的那种心理反应。荀子讲性恶,是说每个人都"好荣恶辱,好利恶害",所以"人之生固小人"。但荀子认为每个人都可以通过道德教育而成为君子,法家则不相信道德说教,他们认为只有严刑峻法才能遏制住人性的恶。中国古代的性恶论思想有些类似于工业时代的经济学家们的"经济人"假设。"经济人"也是趋利避害、损人利己的。经济学们也不相信道德说教,他们主张通过市场制度来激发人们的劳动积极性,从而增加社会的总体福利。

如果对性善或性恶论的证据稍加分析,不难发现,性善论是说一个人会对其他人的苦难产生同情,这种同情感实际上是一种"类"意识的觉醒,即意识到自己与对方是同类,这种由同类而引起的同情,实际上构成我们通常所说的人道主义的基础。人道主义可以视为人类的最基本的善。从基于同类意识的人道主义观念开始,人类还会产生基于同一种族、同一家族以及同一家庭的各种道德与伦理观念,它们构成人类善的基本谱系,而家庭生活的基本观念构成人类最高的善。除了这些基于人口生产的善的谱系之外,人类还有一些其他的附加善,如基于同一宗教、同一政党、同一集体等,但这些附加的善首先是不具有普遍性,而且通常是以人口生产的某种善为参照,因而总的来说,不如人口生产的善那么牢固和可靠。性恶论则是说人在很多时候,尤其是在现实的物质利益面前会与他人发生争执。不过,即使是彻底的性善论者也从来没有天真到认为,人与人之间尤其是没有血缘关系的人与人之间,不会因为物质利益而发生冲突,而彻底的性恶论者也不会认为,人们在物质利益面前是完全六亲不认的,更没有任何一个理论家公开怀疑过,家庭内部成员之间尤其是代际关系之间所固有的善。

这就是说,人性的善或美好的人性是通过把他人当作自己的同类或家人表现出来的。而且,凡是认为通过教育可以克服性恶的理论或宗教,其教育的基本导向要么是弘扬基于家庭生活的基本伦理原则(如儒家),要么是弘扬基于族或类意识的宗教(如基督教、伊斯兰教、佛教)或人道主义精神。无论是家庭、种族还是人类,都主要是人类人口生产所导致的某种或大或小的实体。这就极其直接地提示我们,人口生产或家庭生活是人性善的源头与集中体现,物质生产及其利益追求则是人性恶的根本原因。

有一些经济理论家通过假设种种特定的情景,证明物质生产中也可以有合作和双赢,似乎物质生产中也可以产生利他主义与道德感。但是,物质生产虽然可以产生合作,但物质生产中的合作要么出于被迫,要么出于利益上的算计,而且物质生产中最牢固的合作从来只表现为家庭合作。物质生产所确立的关系既不是自由的,也不是恒久的,因而物质生产所确立的关系可以经常变更,而且这种生产关系的变更即使不是受到赞美,也很少受到责备。可以肯定的是,物质生产的关系不可能成为人类道德与善的源头。

"人是目的"是康德最伟大的伦理命题,只有在人口生产中,人才真正成为目的。为了进行物质生产,人必须顺物之性,亦即被物化。人的物化并不是资本主义生产所特有的现象,而是任何时代的物质生产都必然导致的结果,只是程度不同而已。因此,在物质生产形成的各种社会关系即生产关系中,人就不可避免地被当作获取财富或利益的工具与手段,其极端形式是奴隶制。在奴隶制下,一部分人直接被当作会说话的工具。物质生产所要求的分工和必然造成的分化是人类差别与不平等的根源。与物质生产完全不同,人口生产是人类的自我复制或再生产,它本质上是以人为目的并把人当作目的的人类活动。在人口生产中产生的人与人的关系，必然是互为目的的人伦关系，这种关系天然地具有善的性质。人口生产的基本关系是夫妻关系，夫妻是五伦之首，这种关系的达成从来都建立在爱的基础上，夫妻并不是彼此的手段，他们把对方当作自己生命的一部分。他们相爱的结晶也从来不是某一方的专属，而必然被彼此认为是他们生命的共同延续。在由夫妻关系导致的代际关系中，子女从来不是父母的手段，也不被父母认为是手段。无论何时何地的父母，为了养育、照顾和保护子女，总是无怨无悔、不顾艰辛，甚至不惜生命。在通过家庭生活而实现的人口生产或种族绵延的过程中，上一代总是甘愿为下一代作出牺牲。当然，在条件允许的情况下，社会也会要求下一代对上一代给予适当的回报。但总的来说，任何时代的主流价值观都一定会把下一代的生存和发展放在首要地位。正是上一代（在奉献与死去双重意义上）的牺牲成就了人类种群的正常绵延，这就使人口生产成为人类集体主义尤其是利他主义的源头，家庭生活则是其最集中的体现。

三、人口生产与权威

任何稳定的社会组织都离不开权威。作为人类最具稳定性的社会组织形式，家庭不仅具有权威，而且应该是人类社会公共权威与服从意识的源头。家庭的权威主要表现为代际权威。上一代的无私奉献及其传递的生存智慧造就了这种权威的合法性。代际关系虽然是一种不平等的关系，没有上一代的权威与下一代的服从，家庭就要分崩离析，但代际权威从来就不损害家庭的温暖，代际之间的不平等也总是人们最能够接受的不平等。代际权威以爱或善以及智慧为基础，具有最高程度的合理性。正是家庭代际权威的这种性质使家庭成为人类生活最具稳定性与普遍性的社会组织形式。家庭除了孕育代际权威或父子间权威外，也同时形成代内权威即兄弟间权威。比弟弟年长的哥哥通常更有力量与识见，因此我们经常看到年幼的弟弟屁颠屁颠地跟在哥哥后面跑，听他颐指气使。与父子间权威相比较，兄弟间权威的特点是其合法性基础主要不是爱与善，因而不稳定，容易产生争执——协商是争执的必要前奏,打架是其通常的结果。我们经常会看到年少的兄弟打架之后哭哭啼啼地来到父母面前申诉,但父子之间打架就让人匪夷所思——虽然有儿子虐待老子甚至弑父的情形。兄弟间权威通常只存在于人生的青少年时代,当年龄增长,体力与识见的差距不再,尤其是各自组建家庭,兄弟间权威就日渐消亡。

家庭生活导致的这两种权威成为人类社会公共权力的两种基本类型,即父子型权威与兄弟型权威。根据人类已往的历史经验,在文明处于上升时期或缺乏稳定性的生活时代,兄弟型权威是通常的制度选择;当文明进入成熟、停滞或稳定状态,兄弟型权威就会被父子型权威所取代。中国早期社会或夏商时代的公共权力尤其是夏商王权是典型的兄弟型权威。当时的天下万国是形成中的统一华夏民族的各个兄弟血缘家族,王是方国联盟或华夏联盟的领袖,其权威建立在力量与知识的基础上。《诗经·商颂·殷武》说:"昔有成汤,自彼氐羌,莫敢不来享,莫敢不来王,曰商是常。"这里的两个"莫敢"表现的是商王国的强大。在整个商代,殷墟是甲骨文的唯一出土地点——甲骨文集中体现了当时人们的各种与生产有关的知识状况,完全没有任何道德说教的内容,这表明商王国是当时华夏文明的知识中心。在兄弟型权威时代,如果统治集团的实力受到重创或不能解决重大技术难题,其合法性就会丧失,如太康失国与夏桀被放逐。从西周开始,父子型权威开始取代兄弟型权威。西周时代的各种制度与思想都以道德人伦为基调。但西周应该视为从兄弟型权威到父子型权威的过渡时期。要到秦汉帝国建立、儒家思想成为帝国时代的指导思想之后,父子型权威即君主集权制度才稳定地成为帝国时代的制度选择,一直到近代。由于君主集权以父子间权威为范型,人们总是期待或渴望公共权力即皇权能够秉承父权的爱与善的品格。如果公共权力对它的人民特别关心呵护,人们就认为它是仁慈或正义的;相反,人们就认为它是暴戾或邪恶的。同样,一个公共权力的执行者也应该同时具有为大众奉献与牺牲的品格和才能。正因为如此,在一切进入稳定时代的农业文明,所有公共权力都公开宣称或把自己粉饰成为父权,但暴政总是会被推翻。

对于政治权威的这两种类型,战国时代的诸多思想家尤其是孟子已经有明确的自觉。孟子称之为霸道与王道。孟子曰:"以力假仁者霸,霸必有大国;以德行仁者王,王不待大。汤以七十里,文王以百里。以力服人者,非心服也,力不赡也;以德服人者,中心悦而诚服也"(《孟子·公孙丑上》)。因此,"仁人无敌于天下"(《孟子·尽心下》)。当然,孟子这里省略了霸道中的知识因素。力量不是凭空而来的,任何时候,知识就是力量。

关于权威的类型,韦伯的阐述是工业时代最有创见的。韦伯把权威分成三种类型:(1)卡里斯玛型,又称个人魅力型。个人魅力型权威建立在对具有超常禀赋或神性人物的信仰与追随之上。(2)传统型,又称家长制。这种权威建立在神圣化的传统习俗尤其是伦理信念之上,在这种意义上服从个人,是因为这个人是传统和习俗的代表;传统型权威与个人魅力型权威都建立在对个人权威的信仰与服从的基础之上,中国的思想界通常把它们说成是"人治"。(3)理法型。理法型权威建立在对现有的具有合理性的社会规范的遵从之上。在这种权威形式下,个人的权力已经由合理性的规范体系予以合法化。社会成员服从掌握权力的某个人,只意味着对现有法规的服从,而不是服从某个人的主观意志。理法型权威又被称为法制。按照韦伯的观点,个人魅力型权威的特点是具有革命性,它无视既定的一切规则,却可能成为新规则的源泉。但魅力型权威不可能持久,它要么滑入传统型,要么被理性化。传统型权威的特点是注重实质的合理性,即社会成员间收入的平等与生活的改善,而不注重形式化的法律和制度。韦伯认为,理法型权威是合理化程度最高的权威类型,特别有利于技术与经济进步,但它会日益窒息人类灵性,因此韦伯非常期待某种个人魅力型权威能够对它进行改造。

韦伯上述思考的主要缺点有三个方面:第一,其魅力型权威不仅过于强调少数个人对历史的作用,而且他所说的个人即先知或神性人物的特点也是完全不可预期的。韦伯让我们产生这样一种感觉,似乎那些莫名其妙的先知是横空出世的,这就容易让人们在面临困惑的历史时刻,陷入对先知或神性人物的"戈多式"等待①。韦伯对"个人魅力"的这种神秘主义理解使

---

① 《等待戈多》是西方荒诞派戏剧的代表作之一。全剧讲述人们等待一个叫戈多的人,但戈多是什么样子,有什么特点,人们完全一无所知。

我们对历史与未来都产生一种不可克服的茫然,这与其强调的文明的理性化形成深刻的内在紧张。第二,韦伯没有对传统型权威所依据的"传统"进行具体说明,即传统是如何形成的,为什么会形成这种传统而不是那种传统。任何"传统"都有一个形成的过程,而且传统并不是此前的一切,而是对此前社会生活的特定方向性或价值选择的结果。同时,按照其理性化学说,"传统"应该具有历史的合理性,是人类理性化过程中的一个环节,但韦伯既没有告诉我们"传统"本身的合理性是什么,也没有说明这种合理性是如何丧失的。尤其是,他无疑夸大了传统型权威的随意与任性。实际上,传统与任性完全是不相容的。一个讲究传统的人通常很刻板,随性则必然意味着对传统的忽略。第三,韦伯指出,理法型权威建立在形式化法律规则的基础上,而且特别注重经济生活的效率,是最讲究理性原则的。但是,任何形式化的法律与规则都是特定社会生活的产物,因此,重要的不仅在于指出形式化法律规则是权威的合法性基础,更在于指出这种形式化法律规则的具体性质及其存在的历史性与必然性。韦伯虽然指出,传统型权威也有法律与规则,但由于他对神圣性"传统"的形成与实质缺乏研究的缘故,他认为那种法律规则仅仅是根据传统与习俗,所以其合理性程度不及理法型权威所依据的抽象化法律规则。

韦伯所说的个人魅力型权威只在其革命性即开创一种新型权威时代的意义上才是真实存在的。任何权威,要么主要表现为兄弟型权威,要么主要表现为父子型权威。韦伯所说的传统型权威是典型的父子型权威,传统型权威所依据的神圣性传统主要指特定历史条件下人口生产即种族繁衍尤其是家庭生活的道德准则。由于伦理生活的善是直接呈现而不是商讨的结果(按中国传统的说法,叫"天经地义"),所以传统型权威的特点是决断而不是任性。传统型权威是农业社会走向稳定之后的普遍选择。这种权威类型通常又被称为"集权",即权力的集中,但并不是魏特夫所说的"极权"①,即极端或不受约束的权力。传统型权威以守护某种(基于人口生产的)特定伦理原

---

① 魏特夫在他的名著《东方专制主义》一书中,把东方传统社会的王权指认为是完全任性的权力,他认为,统治者可以依据其个人爱好任意制定法律,这种对传统时代的观念无疑是浅薄的。

则(如家庭伦理、种族伦理)所指向的稳定的生活方式与价值观念即韦伯所说的"神圣的传统"为职守。由于权力的目标是明确而稳定的,并且达致目标的方法与手段也是确定不移的,所以它表现为决断,虽然决断经常表现为武断。传统型权威并不必然排斥平等与自由——虽然社会生活中的平等与自由总是历史的、相对的。

韦伯所说的理法型权威实际上指在当代工业社会占主导地位、建立在当代民主与法制基础上的政治权威。这是一种典型的建立在力量与知识基础上的兄弟型权威,是早期工业时代必然的权威类型选择。当代政治思想的主要特征是主张平等,强调用民主或协商的方式制定各种(主要与经济生活有关的)法律与社会准则,其目标是韦伯指出的追求社会的财富增长。实际上,工业时代迄今,政治生活中的形式化民主追求,始终与经济生活中的市场经济和等价交换原则互为表里。但是,无论是民主还是市场经济、等价交换,其实质都是实力与知识,属于孟子所说的"霸道"。

等价交换原则是西方工业时代思想家发明的最美妙、最具欺骗性或理想性的理论。它首先宣称交换双方是平等的,因而交易是自愿进行的。但是历史的实际情形是,只有在交换双方的实力是基本对等的,即对方不会也不敢欺负,自愿交易才会真正发生。如果双方实力相差悬殊,而且没有第三方对实力强大的一方加以制约,即强者认为其霸道行为可能不会受到惩罚,那么实际发生的即使不是公然抢劫,也一定是强买强卖。这是被人类历史无数次证明了的真理。真正自愿进行的交易远不如被迫进行的交易多。大多数时候,弱者有交易的自由,却不能自由到拒绝交易。我们不会忘记,中西之间的"自由贸易"曾经是以战争作为先导的。其次,它宣称所有交换都是"等价交换",所以双方不仅都不吃亏,而且各取所需,因而是双赢。但是,等价交换中除了"等价"即抽象的价格相等之外,还有什么是相等的,即使最具有想象力的经济学家也一直说不清道不明。马克思曾经试图这样确立交易的合理性,他认为物品交换的实质是等量社会劳动的交换,所以双方都不吃亏,只有劳动与资本即工人与资本家之间的交换不公平,总是工人吃亏。他的这个说法假定所有可以用于交换的物品都是劳动的结果,而且不同的劳动可以换算成某种公认的劳动时间来加以计量。但是,人类从来就不拒绝不劳而获，人类生存需要的大部分财富都不应该看成是人类劳动的结果，而应该谦虚地承认主要是大自然的赐予。而且，要把不同的劳动换算成某种公认的"社会必要劳动"可行性不大。因此，另外一些"直率"的经济学家就主张交易的价格是双方讨价还价或博弈的结果。"博弈"这个词的发明很能体现当代经济学家的智慧，它极其深刻地把人类在物质生产领域中的所有交往直称为以实力为后盾的棋局。下过棋的人都知道，和棋是很少的，通常只发生在实力相当的对手之间。而且，即使是和棋，总是双方都奄奄一息了，所以完全谈不上双赢。由于交换几乎总是建立在实力（科学技术或知识被称为软实力）的基础上，而实力通常是不对等的，所以交换的结果必然导致财富的相对集中。民主与协商也是如此，民主时代的所有形式化法律制度并不是罗尔斯所说的"平等"协商的结果，而是所有利益相关者实力"博弈"的产物，它虽然建立在利益相关者共同参与的基础上——如果被动参与也算参与的话，但规则总是更多地反映实力强大一方的利益诉求，实力弱小的一方通常只能被动地接受规则。

工业时代早期的这种兄弟型权威通过对知识与力量的表扬，对人类的知识与技术状况产生了极大的促进，使人类的物质生产水平或财富状况经过农业时代的长期停顿之后跃进到一个新的高度，这是迄今工业时代取得的最伟大成就。平等、民主和等价交换都是当下工业时代表扬先进、鞭策后进的理论创设与制度技巧。

不过，如果完全简单地把工业时代的民主、市场经济、等价交换仅仅理解为资本的诡计和欺骗，那就没有尽到思想的责任。实际上，当代民主、市场经济与等价交换理论，都可以理解为人口生产导致的实质性平等与自主观念，在工业时代物质生产中的理论表达与向往。等价交换理论不仅直接假定交易过程在起点上的平等，而且直接认定交易的结果也实质性平等。当代民主通过确立"主权在民"原则，允许每个（成年）人参与社会政治生活，实现了个体对公共生活的"平等"参与或自主性意愿表达。虽然价值规律的许诺绝大部分时候都只是纯粹的理论假设，但当代民主制度所许诺的个人对于社会公共事务的平等参与和自主表达却在一定程度上是真实的。这无疑是工业时代在政治生活方面的重大成就。不过，迄今为止的工业时代,实际上是工业文明的早期即技术化工业时代,它的主要目标与任务是实现社会的技术进步和财富增长,这个目标的达成必然鼓励并扩大社会的差异化,从而与人们对于实质性平等的追求背道而驰。

由于当代民主以及与之相匹配的制度最多鼓励或允许某种意义上的机会平等,明确反对实质性平等,在这个意义上,我把当代民主称为形式化民主。

当代政治思想的主要倾向,是把大众对公共(政治)生活的参与和影响程度,尤其是是否通过平等协商来决定社会公共事务,作为判断一个社会民主化程度的主要标志,这种对民主的理解实际上是片面的和不充分的。

把民主理解为人们对自己的生活拥有自主与自决的权力,不受或少受他人干涉,正是在这个意义上,我们说民主的本质就是自由。而人们的生活至少包括这样三个层面:为养育后代而展开的两性之间的婚姻家庭生活、为生产生活必需品而进行的物质生产劳动以及建立在这二者基础之上并为之服务的公共政治生活。有史以来,人们的婚姻家庭生活一直是最具有稳定性与自主性的生活,除了必要的禁忌与公认的道德原则之外,很少受到干涉;劳动生产领域的情形就很复杂,首先是生产劳动的实现形式在历史时代经常发生变化,既有家庭经济出现之前的大集体庄园经济,也有家庭经济衰落之后的现代社会化大生产。在这些不同的经济时代,人们的劳动自主性存在着极其巨大的差别。显而易见的是,家庭经济时代是劳动自主性最高的时代,人们在生产中很少依赖家庭之外的社会合作,对公共权力也只承担有限而确定的义务。但在非家庭经济时代尤其是当代,社会化大生产使生产的进行依赖于广泛而深刻的社会合作,从而使生产的自主性大大降低。由于公共政治生活是以前面两者为基础并为之服务的,所以历来只需要很少一部分人以之为职业。直到现在,热心公共政治生活的仍然只是少部分人。农业时代公共政治生活的重大缺点并不是制度性地排斥大众参与——在中国,绝大多数的本土男子都有机会通过某种推选或科举考试参与社会的公共管理——而是通过确立"君权神授"观念,把最高权力世袭垄断在特定血缘家族内,从而造成了公共权力普遍的傲慢——虽然这种权力也特别热衷于宣扬和标榜"民维邦本""爱民如子""执政为民"。工业时代政治生活的重大进步是颠覆了"君权神授"观念,确立了"主权在民"原则,从而极大地克服了权力的傲慢,使公共权力开始放下身段,开启其从统治向"服务"的艰难转变。但是,在当代工业社会,社会化大生产使人们在物质生产中高度缺乏自主性,从而在很大程度上抵消了政治生活民主化所取得的民主与自由。

实际上,就像平等已经被理论家们正确地区分为机会平等与结果平等一样,民主也可以分为形式化民主与实质性民主。形式化民主倡导机会平等以实现大规模经济合作,其主要功能是通过激励人们对于财富与效率的追求,实现整个社会的技术进步与经济增长。它必然扩大人与人之间的社会差异并容忍强者对弱者的制度性奴役,是文明发展的早期阶段即技术化时代的制度选择,只具有有限的善。实质性民主通过主要以消除或减少家庭之外的社会合作为目标的系列制度创设,让人们实现最大限度的自主生存,从而达到消除或减少差异的社会目标,实现最大可能的结果平等,是文明发展的高级阶段,具有更高的善。不过,只有在效率或经济增长不再可能的情况下,实质性民主才会成为制度安排的现实追求。

因此,当福山在《历史的终结与最后的人》中把以市场经济和形式化平等为主要特征的当代工业社会说成"历史的终结"时,他就显得很短视。同时,对人类未来的悲观绝望也完全没有必要。人类的灵性不会窒息,道德的根也不会枯死。虽然物质生产的巨大现实利益会召唤人类的野性与创造性,使人类暂时用力量与知识的原则代替伦理与善的原则,把形式化民主说成是民主的永恒形式,无视人们对差异化的厌恶或对实质性平等的追求,但是人类的生生不息一定会在适当的时候让人类重新回到伦理与善的正轨。与之相适应,某种更高水平的实质性平等也将成为现实。实际上,人类农业文明尤其是中国文明的历史就是一部完整的从力量或知识原则走向伦理与道德原则的历史。从技术化——对财富与技术进步的追求,到伦理化——对道德与善的坚守,是所有农业文明的共同经历。工业文明也将在更高的水平上再现这一历史发展过程。

四、两种生产与人类理性

虽然人并不总是理性的，但都自以为是理性的。人文社会科学有一个坚定的信念，那就是认定人总体上是理性的，理性是人之为人的存在方式，因而人类文明也应该是理性的，理性是理解人类文明的重要范畴。由于西方文明从古希腊时代开始就把理性作为最重要的理论范畴，对理性的思考和把握也贯穿西方学术思想的始终，而且在所有的古代文明中，只有西方文明率先走出农业时代，至今一直是人类文明的引领和表率，因而具体分析西方思想在不同历史发展阶段对理性的理解和把握，对于从总体上理解人类文明就具有很重要的意义。

赫拉克利特的"逻各斯"可以视为古希腊理性概念的前驱，他说："过去、现在、未来永远是一团永恒的活火，在一定的分寸上燃烧，在一定的分寸上熄灭"，这里的分寸就是逻各斯，意指现象世界背后所固有的客观规律，万物生于它又复归于它的终极性存在。赫拉克利特的思想在柏拉图那里得到系统发挥和完善。柏拉图在本体论意义上把世界分为理念世界和现象世界，认为理念世界是本原，现象世界是其派生物。他同时也把理性原则应用于认识领域，认为理性不仅指存在于人之外的客观理性——客观世界是有规律的，而且指内在于人性之中的认识这种客观理性的认识能力——主观理性。主观理性又区分为以善的理念为对象的理性和以数理学科观念为对象的理智。柏拉图对主观理性的这种二元区分开启了此后西方哲学对理性二元分析的先河，而且在包括柏拉图在内的主要古希腊思想家那里，他们实际上都认为理性的目标主要是确定什么是善或美德，"知识即美德"的教导也主要昭示了这一点。对理性的这种道德化方向的理解意味着道德在社会生活中的主导地位或科学的次要地位。

在之后从罗马时代开端到中世纪臻于成熟的基督教神学那里，全知全能的上帝似乎实现了两种理性的统一。但可以肯定的是，上帝主要是赏善罚恶的主宰，而不是科学新知的发布者，因而神学对科学只具有非常有限的宽容，正如恩格斯指出的，科学是神学的婢女。但在中世纪，人们认为这种状况完全是天经地义的。

从近代启蒙运动开始,科学开始挣脱神学的束缚,科学的地位不断得到提升。近代思想家们普遍强调科学知识的中立性,主张科学知识与伦理道德相切割。培根"知识就是力量"的口号把知识定义为人们征服和改造自然所需要的科学知识,从那之后,通过理性获得科学知识,通过科学实现人的自由和解放,就成为现代性和现代文明的核心信念。这一核心信念标志着科学技术在社会生活中的地位开始上升。培根之后,休谟明确主张区分事实判断与价值判断,并认为由事实判断不能推出价值判断,这就是著名的"休谟法则"。休谟法则得到包括康德、韦伯、实证主义者、法兰克福学派在内的诸多重要思想家和重要学术流派的理论跟进。康德进一步区分了事实领域与价值领域、纯粹理性与价值理性,用纯粹理性指涉现象,用价值理性指涉自在之物。实证主义者认为,科学是一个抽象、直观的知识体系,它使用描述命题,确认原则上可以证实或证伪的事实,而价值则与目的相关,它使用命令命题,表达人的主观意向,提出不能证实或证伪、没有真假的种种愿望和规定。逻辑实证主义者罗素和维特根斯坦甚至干脆认为价值理性是不存在的,是一些纯粹没有意义的"形而上学"。韦伯则提出了工具理性和价值理性的概念。所谓工具理性就是用理性的办法看什么工具最有效,以便达成我们无论是否合理的目的。工具理性看重什么工具最有效,如何运用手段达到目的,对手段和目的的价值取向则不关心。价值理性是"通过有意识地对一个特定的举止——伦理的、美学的、宗教的或作任何其他阐释的——无条件的固有价值的纯粹信仰,不管是否取得成就"[①]。韦伯明确指出,现代化就是理性化,也就是工具理性化。他一方面认为工具理性具有最高的合理性,同时又感叹价值理性的枯萎。韦伯的上述观点得到法兰克福学派的直接继承,并作为其社会批判理论的出发点。

法兰克福学派对技术理性的反思和批判,意味着理论家们开始怀疑近代以来人们对理性的这种科学技术化方向的认定是否可靠,亦即人们对科学技术与人类解放关系的坚定信念开始动摇。以胡塞尔和海德格尔等人为

---

① 马克斯·韦伯:《经济与社会》(上卷),林荣远译,商务印书馆,1997年,第56页。

代表的一大批西方现代思想家都公开批判当代科学技术与人文价值的分裂。胡塞尔坚定地认为,"形而上学,即关于最高的和最终的问题的科学,应享有科学皇后的荣誉,它的精神决定了一切其他的科学所提供的知识的最终意义"①。由于理性在近代被分裂了,工具理性的片面发展导致了对自由理想的遗忘,"科学观念被实证地简化为纯粹事实的科学。科学的危机表现为科学丧失了生活意义"②。

那为什么会出现这种状况呢?

他们认为,欧洲科学的危机、近代理性主义危机是与近代思想的二元对立思维方式紧密联系在一起的,近代理性主义的危机即理性的分裂是主客二元对立思维方式的产物。按照这种观点,虽然从古希腊思想对理性自身二元结构的理论分析开始,理性就具有主客二元对立的特征,但是,主客二元对立思维方式的形成是从近代哲学开始的。胡塞尔分析说:"伽利略在从几何的观点和从感性可见的和可数学化的东西的观点出发考虑世界的时候,抽象掉了作为过着人的生活的人的主体,抽象掉了一切精神的东西,一切在人的实践中物所附有的文化特性。这种抽象的结果使事物成为纯粹的物体,这些物体被当作具体的实在的对象,它们的总体被认为就是世界,它们成为研究的题材。人们可以说,作为实在的自我封闭的物体世界的自然观是通过伽利略才第一次宣告产生的。"③海德格尔则说:"直到笛卡尔时代,任何一个自为地存在着的物都被看作主体;但现在,'我'成了别具一格的主体,其他的物都根据'我'这个主体才作为其本身而得到规定。因为它们——在数学上——只有通过与最高原理及其'主体'(我)的因果关系才获得它的物性。所以,它们本质上是作为一个它者处于与主体的关系中,作为客体与主体相对待。物本身成了'客体'。"④由此可见,主客二分思维方式是一种对象性思维方式,在这种思维方式中,主体与客体是彼此外在分离的,客体是指主体之外的他物、他人,主体是具有理性认识能力的个人,理性是

---

① 倪梁康选编:《胡塞尔选集》(下),上海三联书店,1997年,985页。
② 同上书,第981页。
③ 同上书,第1038页。
④ 孙周兴选编:《海德格尔选集》(下),上海三联书店,1996年,第882页。

联系主客体的中介,进行理性认识的目的就是主体借助于理性去获得关于客体的真理性认识。这种思维方式的显著特点是把理性看作是主体对客体的一种纯粹的认知能力,把理性科学技术化,形成了以工具理性为主导的工具理性主义,从而导致近代理性主义危机和科学危机。

但是,把西方当代文明具有的最显著特点(理性的**分裂**或工具理性主义)这样一个极其巨大的社会历史现象,归因于主客二分这种特定的思维方式,显然不能让任何一个历史唯物主义者感到满意。首要的问题并不在于指证或批判理性的**分裂**这一事实本身,因为理性从一开始就内在具有的二元结构表明,理性从来就是**分列**的,即理性始终表现为工具理性与价值理性这两种形式(虽然不同的理论家会有不同说法,但实质都一样),问题的关键,首先在于说明理性**分列**的社会生活基础。但理性的**分列**并不必然同时意味着理性的**分裂**,即工具理性与价值理性关系的紧张。因此,具体地、历史地讨论和说明两种理性在不同历史发展阶段的社会地位及其消长,即理性如何从**分列**走向**分裂**是社会历史科学的重要任务。

虽然海德格尔试图证明理性在柏拉图之前的古希腊时代曾经是统一的,柏拉图对理性的分析是近代理性**分裂**的源头祸水,但他的证明必定是软弱无力的。与其说赫拉克利特的"逻各斯"代表理性的统一,不如说那是人类思想的早期或不成熟形式。理性的**分列**——或两种理性的区分——之所以是必然的,是因为人类的社会生活从来就包括两种最基本的既相互联系却又显著区别的生产活动,这就是物质生产和人口生产。正如马克思指出的,物质生产并不单纯生产出物质产品,它同时也生产出各种社会关系、观念和制度。但物质生产本质上作为一种人和自然的关系,它最重要的精神产品是生产出特定时代人们关于外部世界的各种正确或不怎么正确的知识,以及建立在这些知识基础上的工具与技术,这就是理论家们通常所说的技术理性或工具理性。工具理性以有效性为首要目标,由于人类的知识总体上有不断增长的态势,工具理性也具有相对不稳定的性质;技术理性的重大变化通常会引起生产组织形式的相应变化,而且标志着人类文明的重大进步。同样,人口生产不仅生产出人口,同时也生产出各种关系、观念与制度。与物质生产不一样的是,人类的繁衍以人口生产的家庭化作为人类文明化的起点和基本标志——在整个文明时代,人口生产始终以家庭化的方式实现。人口生产对技术的排斥和家庭作为人口生产形式的高度稳定性,必然导致人口生产的核心价值观念的高度稳定,人口生产所生产的最基本的价值信念是家庭生活的伦理观念,即对夫妻关系、父子关系、兄弟关系的基本期待。在所有的人类文明中,家庭生活的基本观念具有高度的共通性和根本的重要性,构成最核心的人类价值信念。人口生产除了导致家庭伦理观念,也同时导致在各个文明中大致相同的家族观念、种族意识和类意识。由于不同的文明或文明在不同时代,可能既要面对不同的种族结构或种族生存背景,也要面对不同的物质生产的技术条件,这就会使不同的文明或文明在不同阶段对于家庭、家族、种族和类意识的相对重要性有非常不同的理解。比如说,对于种族单一的文明,虽然也会产生种族意识,但种族观念通常不会显得很重要;在非家庭经济时代,家庭伦理则会受到来自生产关系的重大袭扰。正是人们对家庭、家族、种族和类意识的相对重要性的总体性理解,构成了理论家们通常所说的价值理性。简言之,是因为两种生产的实质性差别,才必然产生两种理性的区分,理性的分列是人类文明的必然情形。

　　虽然理性注定是分列的,但理性的分列并不必然意味着理性的分裂或两种理性相互关系的紧张。可以肯定的是,虽然柏拉图第一次明确地表述了理性的分列,并把善的理念置于知识之上,但他并不认为两种理性的这种关系有什么不妥或紧张。根源于柏拉图思想的中世纪基督教神学,本质上是一种关于善恶的伦理学,其凌驾于科学之上,把科学当作婢女。但在中世纪,理论家们也不认为这中间有什么紧张。两种理性关系的紧张始于科学精神想要突破神学伦理精神的束缚。以罗马广场对布鲁诺的火刑为代表的一系列力度递减的宗教迫害,表征了传统基督教神学伦理的式微和现代科学精神的崛起,而且,思想家们在好几个世纪内一直都欢呼科学对于神学的胜利。直到20世纪,才有相当一部分理论家开始对工具理性对于价值理性的强势挤压表示忧心忡忡,并把当下的这种社会历史状况称为理性的分裂。由此可见,理性的分裂并不是泛指两种理性地位的不平等,而是特指工具理性对于价值理性的压迫。这实际上暗示了人们对于两种理性相互关系的一种价值判断,即价值理性才是人类理性的坚强内核,工具理性应该受到价值理性的约束。这一价值判断所具有的显而易见的合理性,无疑植根于人类社会生活的一个基本实际,即在人类的两种生产中,人口生产或种的绵延无疑要比物质生产具有更重要的地位,物质生产是为人口生产服务的,而不是相反。

但在人类历史的某些特定发展阶段,工具理性会得到大力张扬,其目标是生产技术的巨大进步。但工具理性或技术进步的限度是不能从根本上动摇人口生产的家庭形式与家庭生活的核心价值信念,家庭生活的基本伦理价值既是人类文明化的基本标志,也是人类文明的底线。技术理性的发展只有在能增进家庭生活的幸福时,才会最终受到鼓励,技术进步的最终目标和边界也通常是技术的家庭化,从而使技术进步最直接地服务于家庭生活,实现技术理性与价值理性的统一。

五、物质生产与技术化

虽然人口生产是人类善与道德的根源,人类文明的起点也是人口生产的家庭化,但是,人类的生存一刻也离不开自然界提供的物质生活资料,而且,人类生存所需要的物质生活资料主要是通过生产劳动的方式获得的。如果人口生产的家庭化形式是人类文明化的标志,那么物质生产的状况与水平就是衡量人类文明化程度的标尺。

由于自然肉体分工的原因,男性在物质生产中注定要占主导地位。人类学家在一些原始人群中发现了母系社会的存在,其社会世系以母系而不是父系来计算,女性比男性在社会生活中的地位也更高。母系社会产生的原因,很有可能是为了解决人口生产在某些时代和地点曾经出现过的危机。由于种群的持续存在对于人类来说具有最崇高的意义,如果出现种群繁衍的危机,女性所代表的人口生产的重要性就会得到空前的彰显。母系社会的制度安排与父权社会的差异,主要表现在人口生产的形式方面,即母系社会的女子在成年之后不离开她所在的家庭,而是把男子"嫁"到女子所在的家庭或者走婚。这种制度安排的结果是女子作为人口生产的主力不离开其所在的家族,并因此连带地把其生产的成就(子女)也留在其所在的家族之内。因此,应该不存在一个从母系到父系的社会发展序列,母系社会很有可能只是某些特定地域人群的特别制度选择。可以肯定的是,母系社会的出现不可能是因为女性在物质生产中作出了比男性更加杰出的贡献。应该不存在那么一个"夜叉国"(注:夜叉国来自《聊斋志异》,那里的女性在体能上和男子一样强大,故有"母夜叉"之说),那里女子的体能反而总体上比男子更加威猛健壮,因而能够在诞育后代的同时,同样地承担物质生产的重任①。人口生产出现难以为继的危机很可能只是偶然的情形,通常的情形是人口增殖过快,导致食物或其他生活必需品的紧张。在绝大多数地方,物质生产从史前到现在一直是更容易发生危机的领域。由于男性在物质生产领域相对于女性天然地具有优越性,男权也是从史前到现在通行的制度安排。

人口生产似乎用不着技术,但如何增加物质财富就主要依赖技术进步。从主要凭借体力即基本没有技术含量的动物式生产到主要依赖技术进步而获得的人类生存是人类"文明"与进步的主要标志。技术作为人与大自然交往的技巧和方法,并不是人类生来就有的禀赋,而是在长期与自然的交往即生产实践中努力实现的发明。对农业时代的历史稍加研究,人们很容易发现,无论哪个地方的农业社会,农业时代技术成就的取得——尤其是那些有关衣食住行即对人类生存至关紧要的重大技术成就——在整个农业时代的历史进程中并不是均匀分布的。无论东方还是西方,在各个基本独立的农业文明区域,与各文明区域的地理因素高度相关的各种核心技术成就,都在各个文明的基本品格形成之时,或者用雅斯贝斯的话说,在文明进入轴心时代之前或之际就取得了。这些技术实际上构成了一个庞大的系统,其草创与改进需要耗费漫长的岁月。可以肯定地说,任何地域的人类文明都必然存在这样一个漫长的历史时期,在这个历史时期,由于社会的主要努力聚焦于各种技术的发明与改进,从而使那一时代的文化表现出浓厚的技术化色

---

① 在中国云南的很多地方,那里的男子如果待在家里,他们的主要事务是琴、棋、书、画、烟、酒、茶,而且老爷派头十足。不仅料理家务是女人的事,下地农作也与男人无关。如果哪家的男子下地劳作,他的女人就要生气并因此受到社会的批评。乍看起来这是一件让人费解的事,其实不然。原来那里是茶马古道,男人的主要事业是经年累月地在外奔走。只要一想起那沿途的崇山峻岭、毒蛇猛兽、强人土匪,你就会明白男人们在家里逍遥快活的道理。与男人事业的艰辛和危险相比,女人们的劳作就像游戏。不过,随着茶马古道成为历史的陈迹,那里男人们快乐逍遥的老爷式生活很快就走到尽头。

彩,我因此把早期农业社会称为农业文明的技术化时代。技术化时代大致具有这样几个基本特点:

首先,由于社会迫切需要实现技术进步,技术进步因而具有崇高的社会地位,所以那些能够实现技术进步的人就成为当时社会的精英分子,这就是技术化时代的技术崇拜或技术统治。不同于工业时代的技术崇拜或技术统治的呼声——因为工业时代的技术进步对于人类生存的意义完全不能与农业时代相提并论,农业时代曾经真正出现过长期的技术统治。

其次,由于实现技术进步的能力主要并不是通过遗传获得的,而是后天努力的结果,社会为了加快技术进步的步伐,一定会通过相应的制度设计鼓励技术进步,所以技术化时代的制度选择通常表现为兄弟型权威或选贤任能的原始民主制度。这种制度安排的主要特点是承认每个人(包括女人)都有可能对技术进步作出重大贡献,从而使两性或每个人都有参与社会公共事务尤其是经济事务的机会。在东西方的原生神话和传说中,都有女性作出重大技术贡献的事例。原始民主是形式化民主的早期形式。

再次,由于技术既不成熟也不普及,社会中的大部分人都不具备独立完成物质生产所需要的各种知识和技能,生产的正常进行还需要表现为技术专家的社会精英分子的引领,所以,物质生产的组织或实现形式表现为,主要生产资料由精英分子集中支配的"社会化大生产"形式(血缘家族集体生产)。正是这种早期的社会化大生产形式实现了农业时代的各种技术进步。

最后,技术化时代社会生产与生活的基本单位,是族群人口生产所导致的各个血缘家族。各个血缘家族之上虽然可能有更高一级的兄弟型公共权力,如夏商时代的王权,但王权对各血缘家族缺乏常规性管理,各血缘家族之间也缺乏紧密性联系,整个社会处于"小国寡民"的松散状态。此时,由于整个社会埋头于技术进步,虽然各个族群之间可能经常会有小规模的争斗,各个血缘家族内部生活秩序的建立与维系,只需要依托人口生产自然导致的先天血缘结构就足够了,不需要精英分子特别操心,因而文明处于前道德自觉的状态。

技术化时代的存在不仅具有逻辑上的必然性,而且也为各个早期人类文明的历史普遍证实。人类学家告诉我们,巫术是所有早期社会通行的意识形态。首先意识到巫术是与科学性质相类似的认识世界的方式是英国人弗雷泽的创见。不过,弗雷泽是一个科学纯粹主义者,他试图划清科学与巫术的界限,认为"巫术是一种被歪曲了的自然规律的体系,也是一套谬误的指导行动的准则,它是一种伪科学,也是一种没有成效的技艺"①。这个结论明显过于武断。虽然巫术并不总是有效的——正如科学一样,但它绝不是从来就没有成效的。就中国早期农业文明的情形来看,从传说中的三皇五帝到夏商时代的所有历史人物,作为那一时代的社会领袖与精英分子,他们主要都以与自然有关的生产民生事务为首要关怀,都是勤劳而且在行的技术能人,他们的光荣和耻辱几乎都与物质生产和技术发明直接有关②。《礼记·考工记》在回忆工具制作与技术发明的历史时说:"百工之事,皆圣人之作也。烁金以为刃,凝土以为器,作车以行陆,作舟以行水,此皆圣人之所作也。"百工之外的农事更是如此,兹举其要者,尧定日历、鲧与大禹治水、神农后稷务耕稼以及甲骨文中的巫与王对农业生产的关心。他们既是典型的技术领袖,同时又都表现为巫。他们的能干在当时被想象成为能够交通鬼神,而鬼神又被想象成为对自然现象各有管辖,并且能够在其管辖的范围内作威作福。沟通神灵的各种仪轨就是通常所说的巫术。巫术虽然在形式上表现为相关的程式与仪轨,如心理方面的敬畏、专注或迷狂,外在行为方面的衣着、道具、言语、步伐、舞蹈等,但巫术显然不只是这些形式,它肯定有其实质性的内容。

如果巫术只是毫无内容的形式,那就意味着巫术绝不会有真正的回报,我们于是既很难想象,人们为什么长期为之不惜劳民伤财,我们尤其难以想象,人类何以能够普遍地通过巫术的方式从蒙昧过渡到理性与文明。巫术的实质性内容只可能是当时的精英分子即巫师们所具有的对有关自然现象的"科学"知识。巫术作为沟通鬼神的过程,实际上是人们研究自然的过程。商代甲骨文的写作格式很有些类似于当代科学家的科学研究报告,有叙辞、

---

① 詹·乔·弗雷泽:《金枝》,徐育新等译,中国民间文艺出版社,1987年,第19—20页。
② 出于篇幅考虑,这里不详细列举。具体可参阅《世本·作篇》与诸多先秦典籍。今人李学勤主编的《中国古代文明与国家形成研究》(云南人民出版社,1997年,第245—247页)一书中也有详细论述。

第二章　两种生产与历史研究的新视野

命辞、占辞、验辞，报告了时间、人物、事件、结果等。甲骨文不会是当时存在的唯一文本，甲骨文之外肯定还有更加便于制作、书写和传播的竹木简册①，其内容很可能与物质生产及其技术有关，巫师们应该正是根据这些知识而不是甲骨的裂纹作出各种判断②。无论如何，甲骨文表达了当时社会的主要关心与焦虑，最真实地反映了中国早期文明的技术理性状况。巫术是早期的科学，巫师则是当时的田野科学家。正是技术化时代的巫术中必然包含的技术理性内核使人类从蒙昧走向文明。

对早期巫术的这种理解似乎与人类学家在野蛮人群中发现的巫术情形不完全一致，这也是弗雷泽的创见长期受到质疑的重要原因。马林诺夫斯基发现，巫术是一套基于某种盲目信仰的实用手段，这些实用手段是针对那些人们无能为力的过程，至于那些在人控制能力范围之内的过程就用实用技术来对付。因此，马林诺夫斯基认为巫术不是原始科学，而是在科学技术的边界之外用以发泄情绪、获得满足的手段。他进一步指出，巫术是为人而创的，巫术行为大都以人类事务为取向，巫术的功能在于使人遭受挫折时保持乐观与精神平衡③。马林诺夫斯基的观察无疑是正确的。我们看到的野蛮人群中的巫术虽然有关于自然现象和技术进步的生产性巫术，更多的却是以"人类事务"即建立与维系社会生活秩序为取向的社会生活性巫术，而且，即使是生产性巫术也大多已经变成没有实质性内容的获得心理满足的手段。这应该是因为，野蛮社会能够实现的技术进步早就实现了——尽管这种技术进步相对于文明社会来说可能是微不足道的，但野蛮社会的这种技术进步一定也经历了漫长的生产性巫术阶段的努力。不过，野蛮社会没有从生产性巫术"脱魅"走向韦伯所说的"理性化"或伦理宗教阶段，其秩序的建立与维护仍然通过巫术而实现，巫术获得了新的社会功能。技术的极

---

① 甲骨文中有"册"字，像一串联系起来的简。
② 许进雄做过一个很繁琐但也很有趣的研究，那就是对甲骨上的裂纹走向与甲骨文的判断进行统计，结果他发现："从统计商代甲骨上的纹路与答案，知道甲骨上的吉兆与兆纹形状之间没有必然的关系。若要确定兆纹所代表的吉凶就要通过另外的手续。"见许进雄：《中国古代社会——文字与人类学的透视》，中国人民大学出版社，2008 年，第 561 页。
③ 转引自陈来：《古代宗教与伦理：儒家思想的根源》，生活·读书·新知三联书店，2009 年，第 40—41 页。

有限进步和以生活性巫术取代生产性巫术,是野蛮社会之所以野蛮的实质。遗留下来的野蛮社会并不是人类文明的少年郎,而是人类文明的侏儒。不过,以巫术作为科学边界之外的获得心理满足的手段并不只是野蛮社会才有的习惯。任何时候,只要问题的解决在既有技术的能力之外,巫术都会成为人们获得心理安慰的首选,是不是通过某种特定的仪式并不是巫术的必要前提。

技术化是所有早期文明的共同特点,对各个文明技术进步轨迹的正确把握,是理解各早期社会的发展阶段与社会生活的一把钥匙。由于技术必然与地理因素紧密相关,地理因素及其所导致的技术差异,是不同地域人类文明在技术化时代具有不同特点的根本原因。

六、人口生产与伦理化

技术化时代的漫长岁月一定会使人们逐步把握在特定地理条件下生存所必需的各种基本核心技术。在取得这些技术进步之后,农业时代的技术进步就开始停滞不前。关于这一点,西方近代以来的历史观察家们有非常一致的认识。擅长历史哲学的德国思想家把秦汉以后的中华帝国刻画为一具木乃伊,"拿欧洲人的标准来衡量,这个民族在科学上建树甚微,几千年来,他们始终停滞不前……这个帝国是一具木乃伊,它周身涂有防腐香料、描绘有象形文字,并且以丝绸包裹起来;它体内的血液循环已经停止,犹如冬眠的动物"[①]。中国文明之外的其他文明也大致有同样的情形。汤因比在《历史研究》中集中展示了世界各个地区的文明如何走向停滞的具体情形,当然,他认为西方文明是个例外。其实西方文明也不例外。有人这样总结罗马帝国灭亡的原因:"帝国的器质性病是经济。实际上,这一器质性病不仅在罗马帝国,而且在诸希腊化国家、古典希腊甚至更早的古代文明中,都可见到。它们都为生产率低下这一基本问题所折磨。生产率低下是因为,

---

① 赫尔德:《中国》,载夏瑞春编:《德国思想家论中国》,陈爱政等译,江苏人民出版社,1989年,第89页。

在取得诸如冶金术、犁、轮子、帆和太阳历这些核心发明的**新石器时代之后，未能大大地促进技术的进展**。"①

在各区域性文明中普遍出现的技术停滞状态并不是因为人类一下子突然在技术发明方面江郎才尽、黔驴技穷，而是因为农业时代人们在各种特定地理条件下生存所需要的技术进步是有限的，或者换句话说，区域性文明所能容纳的技术进步是有边界的。

所谓农业时代的区域性文明是与工业时代的全球化文明相对而言的。虽然人类当下的文明仍然还有非常明显的区域性特征，但这一方面是农业时代文明发展的结局，另一方面是工业时代的全球化运动还远没有充分展开的结果。就人类农业时代的历史实际来看，那一时代最终实现的是这样四个代表性的区域性文明：以中国为中心的东亚儒家文明区、以印度为中心的南亚文明区、中东伊斯兰文明区和欧洲基督教文明区。虽然这些文明区之间总体上并不缺乏交流，有些时段甚至交流还很频繁，但在农业时代，各区域性文明不仅成功地排斥了文明之间的武装殖民，如西方对中东地区的武装占领（罗马帝国）、伊斯兰帝国对西方世界的强力推进，而且始终保持其在轴心时代获得的主要精神品格。

这些区域性文明基本定格的前提是与其各自独特地理条件高度相关的人们生产生活的核心技术体系的稳定，亦即其技术化时代的终结。虽然这些区域性文明都曾经有漫长的技术进步经历，但它们技术进步的步伐都不约而同地在轴心时代到来之际停止了，其标志是形塑其主要文明特点的道德先知与文化经典都不再关心技术问题，而是热衷于提供具有高度地域性认同的各种道德与宗教训诫。这些道德先知们之所以能够在那样特定的历史时代开启他们的道德与宗教思考，显然是因为他们之前的技术知识家们，已经使农业生产的核心技术实现了家庭化普及，即社会的每个家庭理论上都拥有独立进行物质生产的基本技术与工具条件。这就是说，技术的家庭化普及构成技术进步的边界，当技术进入各个家庭之后，技术就不需要也不

---

① 斯塔夫里阿诺斯：《全球通史：从史前史到21世纪》（上），吴象婴等译，北京大学出版社，2006年，第134页。黑体是笔者所加。

再有重大变革的动力。这是因为,作为人口生产的基本单位,家庭是人性的根源与摇篮,因而家庭普遍乐意接受的技术就意味着技术的人性化,意味着技术理性与价值理性最大可能的统一。如果技术的家庭化普及在客观上使技术进步丧失了动力,那么,普遍在技术家庭化时代出现的先知们的道德与宗教训诫,则从主观上强化了技术停滞。因为先知们普遍不关心技术问题,甚至认为技术进步在道德上是有害的。中国的儒家和道家都公开排斥技术进步。孔子明确反对他的学生关心农业生产的技术问题,认为那是"小人"之事。老子认为各种(奇)技(淫)巧会使人心浮躁、道德沦丧。庄子则通过很可能是他自己编造的这样一个戏剧性场景表达了他对新技术态度:

> 子贡南游于楚,反于晋,过汉阴,见一丈人方将为圃畦,凿隧而入井,抱瓮而出灌,搰搰然用力甚多而见功寡。子贡曰:"有械于此,一日浸百畦,用力甚寡而见功多,夫子不欲乎?"为圃者卬而视之曰:"奈何?"曰:"凿木为机,后重前轻,挈水若抽,数如泆汤,其名为槔。"为圃者忿然作色而笑曰:"吾闻之吾师,有机械者必有机事,有机事者必有机心。机心存于胸中,则纯白不备;纯白不备,则神生不定;神生不定者,道之所不载也。吾非不知,羞而不为也。"子贡瞒然惭,俯而不对。(《庄子·天地》)

总之,随着技术的家庭化普及,技术就开始停滞不前,这就是农业文明技术化时代的终结。在技术化时代结束之后,即使偶尔出现重大技术发明,其社会意义也通常被低估。

技术化时代的技术进步,使人类实现了从野蛮到文明的历史性跨越,是此后人类长期赖以生存的坚实基础。技术进步必然增进各血缘族群之间的交往,使社会逐步摆脱狭隘血缘族群关系的束缚,在日益广阔的地域和更加庞杂的人群之间,建立起超越血缘族群的新型实体性关系——国家,文明由此进入大国时代。大国时代到来之后,由于社会突破了传统血缘家族的束缚,通行于小国寡民时代、主要只依靠人口生产导致的先天血缘结构与价值观念而确立与维系的社会秩序受到严峻挑战。于是,社会生活的主要问题即精英分子的主要关心开始转变为：如何在新的历史条件下稳固地建立与维系社会生活的秩序,具体而言,就是建立什么样的社会制度、如何长久地维系这种制度。

相对于技术化时代的主要问题即如何实现技术进步,如何在没有血缘关系的社会庞杂人群内部稳固地建立社会生活秩序无疑具有全新的性质。虽然如此,人们并不是完全没有借鉴。由于人口生产导致的先天血缘关系及其价值观曾经长期成功地在血缘家族时代建立与维系秩序,也由于种群的持续生存是种群的最高目标,此时人们最自然的选择,就是把人口生产所导致的特定血缘结构及其价值观,普遍化为社会治理的政治结构与意识形态。这就是各个地域的农业文明在发展到特定历史阶段——技术化时代结束之后,普遍经历过的伦理转向,即农业文明的伦理化时代。

从技术化时代向伦理化时代的转变是农业时代发生的最深刻的文化剧变。对于这次文化剧变,东西方的历史学家都不乏深刻的洞察。王国维先生说:"中国政治与文化之变革,莫剧于殷周之际。"西周的各种制度与思想发明,"其旨在纳上下于道德,而合天子、诸侯、卿、大夫、士、庶民以成一道德之团体"①。雅斯贝斯则用"轴心时代"来指称这一变革,并特别以"光辉的人性"来概括"轴心时代"文化的基本特点。不过,包括王国维和雅斯贝斯在内的此前所有思想家们的共同缺点,是由于当时考古学很有限的成就,还不足以使他们对早期文明的技术化特征形成理论自觉,因而连带地对人类文明从技术化时代向伦理化时代发展的历史逻辑也缺乏自觉。

正如前面已经说明的,按照血缘关系的紧密程度,人口生产依次导致了家庭、家族、种族和人类这样几种社会血缘结构,而这些血缘结构又分别对应不同的伦理价值信念。这就使人类文明的伦理化道路有多种可能的路径。

主要由于各地域性文明在社会生活稳定性方面的差异,各个不同的区域性文明在伦理化时代选择了不同的伦理化道路,从而导致了各主要农业文明在伦理化时代的重大差异。社会生活的稳定性是指一个文明的独立性

---

① 王国维:《观堂集林》(外二种)上,河北教育出版社,2001年,第288页。

程度,即是否容易受到外来高水平文明的武装侵略、经济生活是否能够自足——对外部世界的依赖程度。当然,是否单一人种也对文明的伦理化道路具有不可忽略的影响。

大体上说,由于黄河、长江流域的适宜气候和广阔的大河冲积平原,加之四周的天然屏障,华夏文明在技术化时代之后的社会生活尤其是经济生活,具有高度的稳定性与自足性,即华夏文明基本不会遭受外来同等水平文明的大规模武装侵略(虽然中国经常受到北方草原民族的入侵与占领,但草原民族的文化总体上大大低于中原华夏民族的文化,所以取得军事胜利的草原民族要么被华夏文明所同化,如南北朝之五胡、清,要么很快退出中原,如元)、华夏民族的生存不需要(也不可能)大规模依赖外部世界的经济资源,而且华夏族群即使不完全是单一人种,人种的区别也很不显著。这导致中国文明开创了一条最典型、最彻底的家庭伦理化道路——中国文明最终以家庭作为社会生产与生活的基本单元,同时主张以家庭生活的伦理原则尤其是父子关系作为社会治理的意识形态。"家—国同构"是中国农业文明独有的文化特征。以家庭作为文明伦理化的载体,以父子型权威来构建社会生活秩序,是中国文明大度包容与和平主义精神的根源。

中国文明之外的其他农业文明,要么不是单一人种(如印度文明),要么容易受到外来高水平文明的武装入侵(如印度、中东与古埃及文明),或者自身经济生活严重缺乏自足性,需要而且能够与外部世界发生规模性经济联系(如西方文明),从而使这些文明的伦理化道路表现出各自的特点与局限性。多人种的印度文明为了维护雅利安人的特权,最坚定、最执着地选择了种姓制度。种姓制度作为一种严格的等级内婚制度,是典型的用人口生产的血缘种族关系结构和价值观来建立与维系社会秩序。虽然佛教反对种姓制度,提倡四姓平等,但佛教在印度本土很快式微。在种姓制度下,人类家庭生活的共通性,受到维护种姓纯洁性的强力梗阻,因此家庭生活的伦理原则作为人类最基本的善,在印度文明中受到种姓原则的巨大扭曲。种姓制度导致印度文明的门户与狭隘。

中东地区的文明如两河流域与古埃及,他们虽然有大河流域的依托,因而基本不缺乏经济生活的自足性,但他们的近邻古代西方文明严重缺乏经济生活的自足性,所以长期受到西方文明的打扰与威胁。中东地区在农业时代曾经被西方文明武装征服与殖民占领(首先是亚历山大的进军,然后是罗马帝国的建立),而中东各文明区在地理上的分隔尤其是中东与西方在文明气质与人种上的重大差异,使中东各文明区尤其是中东与西方文明之间既不能摆脱彼此的纠缠,也不能实现统一性整合,而是长期陷入难以终结的种族与文明冲突的乱局。实际上,从农业文明的伦理化时代以来,中东地区始终是族群关系最为紧张的地区,尤其是与西方文明处于高度紧张状态。正是这种持续存在的族群关系的紧张状态,使中东文明区一直需要为民族的独立与种族的生存而抗争,这显然不是各个分散的家庭能够完成的使命。在中东伊斯兰文明区,种族利益高于一切,并且长期处于显著地位——虽然在所有地区,种族利益都高于家庭利益,但在社会生活具有稳定性的文明区,尤其是中国,由于种族利益很少受到现实威胁,因而只在少数非常时期种族利益才处于显著地位——这就使伊斯兰文明区选择了这样一条伦理化道路,即始终把人口生产中种族生存至上的伦理原则置于家庭生活的伦理原则之上。其种族生存至上是通过宗教与教派利益至上表现的。在中东,不仅伊斯兰教与基督教长期对峙,而且一有机会,伊斯兰各教派之间也会相互厮杀。种族生存长期受到威胁,导致了中东伊斯兰文明的悲情、固执、报复与仇恨。没有哪个民族的男人愿意看到柔弱的女人走上战场,中东的"黑寡妇"人肉炸弹实在是民族艰难生存状态下的无奈之举。

在世界各大古典文明中,只有西方古代文明缺乏大河流域的依托,没有广阔的平原腹地,因此,古希腊文明在其技术化时代结束之后,首先是没有能在希腊本土建立一个统一的"大国",整个希腊社会仍然处于互不统属的小国寡民状态。更重要的是,希腊的气候与作物结构导致希腊本土的经济生活严重缺乏自足性,经常性的食物短缺与饥荒,迫使希腊人向外部世界寻求生存所必需的经济资源。因此,在黑暗时代结束之后的公元前8世纪,古希腊文明开始以城邦的形式向地中海周边地区拓展生存空间。城邦应该是希腊人对此前小国寡民时代社会组织形式加以制度改造的结果。技术化时代是一个血缘家族时代,各个特定规模的血缘家族构成社会生活的基本单位——小国寡民意义上的"国"或邦。但是,技术化时代的邦主要埋头于内部生产技术事务——各邦之间必然偶尔或经常发生冲突。技术化时代之后,不能实现统一的希腊各邦开始向外部世界寻求族群生存至关重要的补充生活资源,其方式不外贸易、殖民与战争。殖民是邦的复制,贸易需要集市,战争需要堡垒,正是贸易与战争的需要促使原来的邦转变为以城为中心的城邦。贸易即使不以战争为先导,至少以战争为后盾,殖民则通常直接意味着战争。古希腊城邦时代的系列制度创设,包括奴隶制、民主制与公民权,都以战争为中心。而战争不是家庭能够独立完成的事业,它需要全体城邦(本土)男子的勇敢和忠诚。在古代希腊,只有城邦才具有自足性,或只有通过城邦才有可能克服希腊经济生活的非自足性,这一点亚里士多德已经明确意识到。家庭生活的正常实现建立在城邦的基础上,古希腊文明以城邦作为伦理化时代最重要的社会实体,把城邦伦理置于家庭伦理之上。城邦伦理所强调的忠诚、勇敢和慷慨塑造了古希腊文明的好战品格,并被其后继者不断发扬光大。这种品格既是其近邻中东文明日后世代苦难的根源,也是人类近代以来所有大规模战争的源头。当然,更重要的是,西方经济生活的不自足性所造成的巨大生存压力,使他们始终具有向外部世界寻求补充生存资源的强大动力,正是这种动力使西方文明完成了地理大发现,并以此为起点引领人类文明实现了从农业时代到工业时代的伟大跨越。

中国文明在伦理化时代的主要特点或文化创造,首先是伴随着技术进步不再具有现实性,技术进步与对生产的效率追求受到主流意识形态的排斥。"君子不器""君子喻于义,小人喻于利"是中国轴心时代思想的主流。其次,由于技术的停滞与普及,物质生产的形式也相应地由大生产转变为家庭小生产,家庭经济是帝国时代稳定的经济组织形式(详见第二卷第四章)。再次,中国在伦理化时代最终实现了从兄弟型权威向父子型权威的过渡,君主集权的帝国制度是中国文化稳定的制度选择(详见第二卷第五章)。虽然"五四"运动以来的理论家们对帝国时代的这三种文化遗产痛心疾首,指证它们是中国积贫积弱的根源,但是,要求以农业技术化时代为基础的中国农业文明与技术化时代的西方工业文明比拼技术和经济实力,就像要求墨子或亚里士多德之类的先贤与当代科学家比试科学知识一样不合时宜。伦理化时代的中国文明虽然鄙视、抵制技术进步,但它并没有放弃此前取得的技术成就；相反，它汲纳了此前中国农业技术化时代全部技术成就的精华，并以之为基础展开了一种最经久的、最符合人性的生活方式。与此前的大生产形式相比较，小家庭生产形式不仅使传统时代的农夫们获得了前所未有的生产自主性——生产的自主性应该是自由的基础与主要内容，而且家庭生产形式也使社会剩余产品的相当一部分留置于各个家庭，让各个家庭自主支配，这无疑极大地提高了社会的实质性平等与公正度。帝国时代的君主集权虽然容忍最高权力在一家一姓内世袭传递，但帝国时代的理论家清醒地称之为"天下为家"的"小康"而不是"天下为公"的"大同"。不过，在当时的交通与通讯条件下，要求大国时代的最高权力实行小国寡民时代的定期推选制度完全不具有现实性。帝国时代虽然没有实现最高权力的选举，但它非常好地发明了社会其他次级权力的考选制度，使每个男性公民都有参与社会公共管理的机会，最大限度地实现了历史所允许的社会平等。尤其是，君主集权制度始终以守护家庭经济——一种最具有稳定与实质性平等的生活方式和家庭伦理——一种最符合人性的道德原则为主要职责，它实际上也就真正守护了平等与自由。历史时代中国人享有的平等与自由，是其他同时代的农业文明所不能比拟的。因此，这种集权制度也可以说是实质性民主的早期形式。

七、文明的停滞或可持续发展

伦理化时代的制度选择与思想发明也经历了漫长的历史时代。中国文明的伦理化开启于西周，终结于秦汉，前后历时千年。西方文明的伦理化始于古希腊城邦时代，止于西罗马帝国的灭亡，也经历了千年以上的时间。伦理化时代的主要任务，是在文明的技术进步趋于停滞之后，根据文明的内部状况与外部境遇，调整社会内部的人际关系，这种调整表现为确立一系列与利益分配有关的制度创设，同时弘扬某种特定类型的基于人口生产的伦理价值，使社会能够在既定的生产与财富水平上，尽可能实现公正与稳定的生活秩序。换句话说，如果技术化时代的目标，是发明一套区域性文明能够长期运用的工具与技术系统，那么伦理化时代的目标，则是发明一套区域性文明能够长期坚持的制度与思想。

因此,伦理化时代结束之后,各区域性文明就表现为一种长时期的相对稳定或停滞状态。这种稳定状态在中国古代表现得最彻底。由于中国既没有外部高水平文明的打扰,又有经济生活的高度自足性,自秦汉开始到清朝结束的中华帝国,虽然时间跨度前后有2000多年,但中华帝国无论在政治、经济还是思想意识等各个领域都保持了高度稳定与一贯性。对于中国文明的这种稳定性,除了前面赫尔德比较生动的评论之外,黑格尔也以其一贯的晦涩表达了同样的想法:"中国很早就已经进展到了它今日的情状,但是因为它客观的存在与主观的运动之间仍然缺少一种对峙,所以无从发生任何变化,一种终古如此的固定的东西代替了一种真正的历史的东西。"①中国之外的其他古代文明也大致有同样的情形。印度文明的停滞也是公认的,不过,由于它受到过外来伊斯兰文明的侵略与统治,印度次大陆的相当一部分后来彻底伊斯兰化了。中东各文明区由于受到西方文明的深度打扰,其伦理化道路异常曲折。在希腊化与罗马帝国(包括东罗马帝国)时代,中东实际上是西方文明的殖民地,其伦理化进程受到迟滞。要等到伊斯兰运动兴起,把西方殖民统治者赶出中东,伊斯兰教成为那里的统一宗教,其伦理化进程才宣告完成。此后,阿拉伯伊斯兰世界不仅内部关系持续紧张,而且长期与西方文明形成僵持状态,也是一种让人无奈的"稳定的"不稳定状态。西方文明的伦理化始于古希腊城邦时代,后来他们两次高歌猛进,先后在希腊化时代与罗马帝国时期征服中东。罗马帝国是西方文明试图通过建立大范围统一帝国,把中东高水平农业文明区纳入西方统治以克服西方本土经济生活不自足性的成功努力。但是,地理阻隔、人种差异,尤其是在当时的生产与财富水平下,帝国的西部实际上是东部在经济上的难以承受之重。经济上落后的西部首先被帝国抛弃是势所必然。基督教运动在帝国东部的兴起既可以视为政治上弱势的东方民族对西方殖民统治的反抗,也为帝国的分治进行了思想准备。随着帝国的西部被抛弃,基督教也分裂为罗马天主教与东正教。天主教首先是经济与政治上处于弱势的西部整合社会、对

---

① 黑格尔:《历史哲学》,王造时译,上海书店出版社,2006年,第110页。

抗东部的思想武器,也是西方与伊斯兰世界对垒的旗帜。基督教成为西方世界的统一教会,标志着西方文明伦理化时代的结束。从那以后,西方长期对东方处于守势,进入漫长、停滞的中世纪。

从中国农业时代的历史经验来看,中国文明是在进入停滞或可持续发展阶段之际的春秋战国时代,开启其对未来理想社会的种种憧憬与构想的。中国虽然在此前有漫长的文明史,也有长达千纪以上的有文字的时代,但甲骨文主要纠结于具体的日常生活事务,完全没有关于理想社会的观念。周代宝器的制作通常缘起于某一特定事件——主要是受封或受赐,周代金文的内容也主要表现为对某一特定事件的纪念性铭刻。周代的金文中虽然开始有对未来社会生活的持续性向往,如金文的模板式结尾通常是"子子孙孙永保用",但这种向往最多表现了某个贵族家族的一己之私,并不涉及普通大众。大众的政治觉醒要到贵族社会解体之后的春秋战国时代,那是中国平民化时代的开启。随着众多白衣卿相竞相登上历史舞台,大众及其利益诉求第一次成为社会政治生活的主题,从而使以大众生活为主要内容的理想社会的构建开始进入社会主流思想的视野。

儒家的社会理想主要是"大同"思想。《礼记·礼运》这样描述大同:"大道之行也,天下为公,选贤与能,讲信修睦。故人不独亲其亲,不独子其子,使老有所终,壮有所用,幼有所长,矜寡孤独废疾者,皆有所养;男有分,女有归;货恶其弃于地也,不必藏于己;力恶其不出于身也,不必为己。是故谋闭而不兴,盗窃乱贼而不作,故户外而不闭,是谓大同。"大同社会的政治制度显然是民主制,大同社会通过选举的方式产生社会的各级管理者。管理者的社会责任是道德建设即讲信修睦,而不是经济建设或技术进步。大同社会并不认为可以完全消除人与人之间的差别。在政治上,既然有选举出来的管理者,也就有被管理者,大同理想不是无政府主义的乌托邦。在经济上,大同社会强调的也不是无差别的人人平均,而是每个人都得到与其社会身份一致的社会对待(包括生活必需品)。需要指出的是,大同社会的社会身份认定原则既不是按世系血缘,也不是按政治地位或经济贡献,而是按家庭生活的原则。它把社会的每个成员都当成家庭生活的一员,于是才有老、壮、幼、男与女,以及鳏寡孤独废疾者的差别。大同社会并不许诺奢侈或财富的充分涌流,它只许诺家庭生活的温暖。但是,大同社会的这种温暖并不是通过大集体生产或公有制实现的。《大同篇》不仅完全没有提到集体生产和公有制,从"不必藏于己"与"不必为己"两句来看,家庭生产是大同社会的生产生活方式。大同理想的实质是"天下一家",它希望通过道德教化("讲信修睦")把家庭生活的原则提升为社会生活的原则,从而使社会生活直接表现为家庭生活。正是家庭生活与社会生活之间实际存在的难以逾越的巨大鸿沟,使大同社会长期只能成为一种理想。

于是就有了"小康":"今大道既隐,天下为家,各亲其亲,各子其子,货力为己,大人世及以为礼,城郭沟池以为固,礼义以为纪,以正君臣,以笃父子,以睦兄弟,以和夫妇,以设制度,以立田里,以贤勇知,以功为己,故谋用是作,而兵由此起。禹、汤、文、武、成王、周公,由此其选也。此六君子者,未有不谨于礼者也,以著其义,以考其信,著有过,刑仁讲让,示民有常。如有不由此者,在埶者去,众以为殃。是谓小康。"(《礼记·礼运》)小康社会的实质是承认家庭生活与社会生活的巨大差别,正视天下各为各家的客观事实,因而主张通过礼仪(伦理化的制度建设)与必要的暴力来维护"天下"即各个家庭生活的稳定性。小康社会也不讲究技术进步。

无论大同还是小康,稳定都是其基本特征。这种稳定首先表现为与大众生活密切相关的技术的稳定与普及。技术的稳定与普及实际上是社会理想出现的前提。当一个社会热衷于技术进步与财富增长时,真正的社会理想是不可能出现的。只有在与大众生活密切相关的核心技术已经稳定的前提下,以精英分子为代表的主流社会才开始专注于社会的公平与正义建设事业,从而使以公正为核心追求的理想社会成为现实的思想与社会运动。

大同社会虽然迄今仍然只是一个理想,但大同社会并不是在尘世生活之外的天国,大同社会仅仅是尘世生活的升级版,大同社会的生活原则也不是尘世生活之外的另外的超验原则,它只是把现实存在的家庭生活原则提升为整个社会生活的原则。由于大同社会与现实生活的这种高度关联性与同构性,使大同理想既具有纯粹的经验主义品格,也特别具有现实主义精神。正是这种品格使大同始终成为中国文明对理想社会的现实追求。虽然大同总在当下的生活之外,但小康却经常成为现实。小康虽然缺乏

第二章 两种生产与历史研究的新视野

完美的公平与正义,但小康也通过家庭生活原则的社会化而实现,它既是温暖的,也是稳定的。小康社会的现实性构成了大同理想现实性的基础与前提。

中国文明相信人性的善,认为可以通过道德建设实现天下大同,从而自信地把理想社会寄托于现实的尘世世界。与此不同,西方基督教则认为每个人都有原罪,它把现实的生活世界看作是一个与罪恶作斗争的过程或是赎罪的过程,因而人的真正得救不是在尘世,而是在死后的天国。末日审判是进入天国的必经程序,而且只有部分信仰基督教的"义人"才能进入天国。天国是个正义与善的国,正义与善的标准主要是对教义的信仰。但基督教的教义很驳杂,对善恶的评判缺乏一套一以贯之的伦理标准。严格地说,天国不能被认定为一种社会理想,因为天国不是地上的国,完全不具有经验与尘世品格。作为与基督教一卵双生的伊斯兰教,也缺乏对尘世理想社会的想象。究其原因,很可能是因为它们向来就相互纠缠敌视,斗争永无止息,而且难分胜负。正是这种持续的战争阴影扼杀了他们在尘世建立理想社会的信念,他们只能把理想社会寄托在虚无飘渺的天国,而且,除了信仰所规定的正义之外,他们对天国的具体生活情形完全缺乏想象。换言之,西方和中东文明虽然实现了生产技术方面的稳定,但是,特殊的生活境遇导致他们无法在此基础上营造出尘世生活的稳定感。正是这种难以克服的持续的不稳定感,驱使他们把理想寄托于尘世生活之外。

如果中国文明在伦理化时代结束之后,进入了漫长的停滞与稳定状态,那么西方与中东则伴随着西方世界的基督教化和东方世界的伊斯兰化,在中世纪进入漫长的僵持状态。但这种状态最后被经济生活缺乏自足性、因而一直向外部世界寻求补充生活资源的西方文明所打破。西方文明向东方寻求补充生活资源的努力,虽然在中世纪受到阿拉伯伊斯兰世界的强力扼制,但他们始终没有放弃这种努力与尝试。基督教世界与伊斯兰世界对峙并处于相对弱势,迫使他们希望绕过伊斯兰世界的阻隔,直接与他们印象中的黄金之国——印度和中国发生联系。为此,他们首先复活了托勒密大地球形说(1409年,湮没了1000多年的托勒密《地理学指南》被译为拉丁文),同时假想在东方存在一个强大的反伊斯兰的基督教王国,如果能够从海上绕过伊斯兰世界的包围与这个国家建立联系,就能联手打败伊斯兰帝国。正是在现实的经济利益与想象的政治利益的驱动下,西方文明展开了从海上绕过伊斯兰世界,与遥远的东方世界尤其是中国和印度建立直接联系的顽强努力,这就是大航海运动。

这种努力结出了基督教世界完全没有预料到的丰硕成果。他们不仅找到了先进的中国和印度,而且发现了蒙昧的美洲和澳洲。他们首先通过对美洲的掠夺和屠杀,积累了与中国和印度开展贸易所必需的资本,又通过无数黑奴的生命实现了对美洲的初步开发。为了便捷、深入地与遥远的新大陆以及中国和印度建立联系,他们在农业技术化时代所取得的各项技术发明都显得极其捉襟见肘,这就迫使西方人——而且只是西方人——开始领衔人类文明自农业技术化时代结束之后的另一次大规模技术进步运动。与这一次新的技术进步运动相适应,他们同时发明了新的社会化大生产组织形式、政治民主制度以及一套以自由、平等为核心的价值观念,使西方社会资本主义化,从而开启了人类文明从农业时代到工业时代的历史性跨越。

工业时代的技术进步、生产方式与价值观导致了人类对自然更大规模、更深程度的开发,这一方面使人类的物质生产与财富水平达到一个空前的高度,把人类的生存状况提升到一个全新的境界,但另一方面也导致了日益深刻的社会危机。这种危机首先表现在,工业时代的新技术对人类生存的自然环境造成的日益严重的伤害。工业时代以来,水、空气、土地和动植物所受到的损害是前所未有的。当然,开发总是必然带来损害。只要这种损害是可以修复的,或开发导致的福利大大超过其损害,或者这种损害不会从总体上威胁到人类的生存,那么这种损害就是可以接受的。但是,如果开发导致的损害超过了它产生的收益,尤其是这种损害可能威胁到人类的总体生存,那么导致这种开发的技术进步就应该被拒绝。工业时代以来的技术进步可能正在走向应该被拒绝的边缘。

更重要的是,工业时代在更高的水平上复活了农业时代早期曾经通行的大生产组织形式,这就是工厂生产或现代企业制度。这是一种彻底的社会化大生产,即不仅生产规模有不断扩大的冲动,而且社会精英分子高度参与到社会生产领域,尤其是生产的进行完全不依赖家族血缘关系。这种彻底的社会化大生产形式的长处,是通过破除血缘亲情的温柔面纱,把每个人的物质生产活动都置于全面竞争的市场制度中,从而极大地提高了生产的效率,加快了技术进步的步伐。但是,这种生产形式也有明显的弊端。社会化大生产必然意味着社会主要生产资料由少数精英分子集中支配,其必然结果是社会剩余产品也集中在少数精英分子手中,这就导致社会贫富差距的常规性、制度性扩大,两极分化是大生产形式的制度性后果。由于这种贫富分化建立在彻底的社会化,即血缘伦理关系被制度性淡化的基础上,社会弱势群体的生存由于这种伦理关系的制度性淡化,经常处于绝望的边缘。正是这种绝望导致了工业时代早期的社会动荡,虽然后来建立的社会保障制度即哈贝马斯所说的"补偿程序",可以在一定程度上缓解社会矛盾,却不能从根本上克服大生产制度安排的缺陷。尤其是,这种彻底社会化或去伦理化的物质生产,必然形成与人口生产的家庭生活及其伦理原则的高度紧张。去伦理化的企业制度使企业成为一匹脱缰野马,企业的逐利原则不仅想把家庭生活撕得粉碎,而且蔑视一切伦理与道德原则。当代社会的物质生活状况虽然有很大的改善,但这种物质生活的改善由于同时损害了家庭生活的温暖,所以并没有带来与财富增长完全一致的幸福,孤独、焦虑与虚无感是当代生活挥之不去的阴影。虽然西方的理论家们把这种状况的原因归结为技术理性与价值理性的分裂,但本质上应该是两种生产在形式上的分离及其在价值观上的冲突所造成的。

虽然工业时代的历史还很短暂,但是工业时代已经行进到一个非常紧要的关口。主要由于工业时代的新技术所具有的强大杀伤力,任何无所作为尤其是对未来的盲目乐观主义,很可能导致灾难性后果。工业时代的技术与生产发展状况,需要人们尽快作出理性而明智的历史决定。毫无疑问,对农业时代历史发展道路的通盘把握,将对这种重大历史决定的作出具有至关重要的意义。

与世界其他农业文明相比,中国文明是农业时代唯一保持自身发展连续性的文明,在当下仍然保持着旺盛的生命力,这就使中国文明成为人类农业时代文明当之无愧的典范。作为中国文明的一分子,对中国文明抱有一种天然的热爱与自豪是必然的。把华夏先民筚路蓝缕、艰苦创业的历史道路与伟大成就完整地展示出来,既是我们的责任,也是对先人最好的缅怀。如果这种道路与成就的展示还对当代人类文明的未来发展进路特别有所启示,那就尤其使我们感到光荣。

第二卷

第一章　父精母血
——龙、凤崇拜

如果有什么文化元素最具有中国特色,那肯定是龙和凤。龙、凤是中国文明与华夏民族对其自身起源最深刻的历史记忆,在帝国时期,龙、凤成为皇权的象征。直到现在,中华民族仍然把自己称为龙的传人,并引以为骄傲。不管是龙还是凤,它们在现实生活中都被认为是不存在的。但是,我们很难想象中华民族记忆中的龙、凤从来就是莫须有的。它们必定有原型。龙和凤的原型是什么?中国的古人为什么要崇拜龙和凤?龙、凤崇拜与中国文明到底有什么关系?这样的问题不仅会让每个中国人感到好奇,而且尤其值得研究古代中国文明的学者认真对待。

一、凤是什么

按照历史文献记载,凤就是凤凰,是一种很神奇的鸟。《尚书·益稷》讲到大禹治水成功之后,由夔龙主持庆功盛典,有群鸟群兽在仪式上载歌载舞。最后,凤凰也来了——"《箫韶》九成,凤凰来仪。"凤凰的出现被认为是对大禹功绩的最高肯定。根据传世文献,凤凰有一些偏女性化的特点,如善舞、清高,甚至有洁癖。凤凰非醴泉不饮,非梧桐不栖,往往出现于太平盛世。《山海经·南山经》:"有鸟焉,其形如鸡,五采而文,名曰凤皇……是鸟也,饮食自然,自歌自舞,见则天下安宁。"《诗经·大雅·卷阿》:"凤凰于飞,翙翙其羽,亦傅于天。……凤凰鸣矣,于彼高冈。梧桐生矣,于彼朝阳。"除传世文献,商代的甲骨文中也提到过凤。

图 1　甲骨文中的"凤"字

甲骨文中的凤字,作一有大幅翼展、羽毛华丽的鸟形。凤字的造型,最让人想到"凤冠霞帔"这个成语(见图1)。甲骨文中有"帝使凤"之语句,按郭沫若先生的考证,凤是当时的最高神——上帝的使者①。凤凰的长相,郭璞的说法是:鸡头、燕颔、蛇颈、龟背、鱼尾、五彩色②。据说汉代有人还见过,身高五六尺,也有说凤高八尺的③。《京房易传》则说"凤凰高丈二"。凤凰到底有多高,真有点让人摸不着头脑。

关于人们最初喜欢凤的原因,《左传·昭公十七年》的一条记载比较有趣:"我高祖少皞挚之立也,凤鸟适至,故纪于鸟,为鸟师而鸟名。凤鸟氏,历正也。玄鸟氏,司分者也。伯赵氏,司至者也。青鸟氏,司启者也。丹鸟氏,司闭者也。祝鸠氏,司徒也。鴡鸠氏,司马也。鸤鸠氏,司空也。爽鸠氏,司寇也。鹘鸠氏,司事也。五鸠,鸠民者也。五雉,为五工正,利器用,正度量,夷民者也。九扈,为九农正,扈氏无淫者也。"按这种说法,仿佛他们对于凤鸟的感情与喜爱是很碰巧的事。

根据上述有关凤的文字记载,我们至少有两点可以肯定。首先,凤凰是一种鸟或像鸟的动物。其次,凤凰有比较明显的女性化特征。那么,凤凰是一种什么鸟?或者说,凤凰最初是以什么鸟为原型的?古人为什么对这种鸟产生特别的偏爱?凤凰为什么会表现得比较女性化?它是一开始就比较女性化还是后来才变得比较女性化?

关于凤凰的原型,有很多有趣的说法④。有人说是鸵鸟,因为只有鸵鸟才貌似有那么高挑的身材。也有人说是锦鸡,因为只有锦鸡才会有五彩的盛装。但是,我们无论如何都想象不出,古人为什么会对鸵鸟或锦鸡产生特

---

① 参见郭沫若:《殷契粹编》考释828片。
② 参见(晋)郭璞:《尔雅注》。
③ 据《汉书》记,汉时凤凰数至,鸟身"高五六尺"。《东观汉记》曰:"凤高八尺。"
④ 历史上关于凤凰的原型有过玄鸟说、孔雀说、鸿雁说、山雉说等。今人何新又提出鸵鸟说,参见何新:《诸神的起源》,光明日报出版社,1996年。

第一章 父精母血——龙、凤崇拜

别的好感和敬意。也有人说凤凰没有原型,是人们臆想出来的灵物。但是,这不符合中国人向来的思维习惯。象形思维是中华民族最根深蒂固的思维特征,很难相信在一个使用象形文字的国度,人们具有最深刻历史记忆的对象从来就是子虚乌有的。

华夏民族对凤凰的特别感情或记忆,肯定基于某种具体的物象,而且这物象是某种鸟。这种鸟应该曾经对华夏先民的生活产生过特别重大的影响,因而被他们奉为神物。那么,有什么鸟曾经对华夏民族的生存而言具有重大意义呢?这种鸟只可能是燕子。家燕是凤凰的原型,这在历史文献上还保存着明显的证据。《诗经·商颂·玄鸟》中这样讲到商民族的起源:"天命玄鸟,降而生商,宅殷土芒芒。"这句话的意思很直白,就是玄鸟生下了一个叫"商"的伟人,并建立了强大的殷商王国。玄鸟就是燕子,"商"就是商民族记忆中的始祖。他的后裔都以他为自豪,所以自称为商人,并且把他们居住的地或国也叫商①。商民族把他们的始祖说成是燕子所生,显然是因为他们把燕子当作神灵。如果他们的祖先和燕子有血缘关系,他们就是神的后裔,更容易得到神灵的庇佑。

图2 甲骨文中的"商"字

《诗经》中燕子生人的说法有明显的原始思维痕迹,应该源自很古远的蒙昧时代。在那个时代,人与物、人与神之间并没有绝对的界限,人、神、物之间经常会角色互串。神可能是某个物,物也可以有灵性,等等。这种思维在文明时代仍然还有遗存,我们称之为神话。不过,按照秦汉时代中国人所确立的历史信念与理性精神,由燕子生下来一个人,不但不让人感到很光荣(龙的传人才是光荣的),而且尤其令人难以置信。于是,人们把它改编成《吕氏春秋》记载的这样一个比较理性的故事:一个叫简狄的女子,在春分

---

① 甲骨文中的商字(见图2),作上鸟下丘,也就是玄鸟所降临的地方。其祖型来自山东大汶口文化遗址中的大量鸟形刻符。具体可参阅谌中和:《释"商"》,《复旦学报(社会科学版)》2006年第6期。历史文献记载,商的始祖名契,不叫商,有可能是后起的。无论如何,都与本书的观点不冲突。

那天春游,捡到了几枚燕子蛋,吞服下去以后,意外地怀孕了,并生下了一个名字叫契(弃)的小男孩,他就是后来商民族的始祖。

蒙昧时代的商民族之所以钟情于燕子,把燕子当成他们民族的神物,甚至于自豪地承认自己的祖先是燕子所生——这非常类似于我们现在自称是龙的传人——无疑是因为燕子曾经为他们带来过春天的消息。要说明的是,商民族只是中国史前时期众多鸟崇拜族群的一支,这一点我们会在后面详细讲到。在六七千年以前甚至更早的远古时代,当华夏民族的祖先们开始尝试种植谷物的时候,他们必然要遇到的一个重大技术问题,就是确定一个农业生产周期的起点,即春天何时开始。碰巧的是,他们有些人生活的地方是候鸟燕子迁徙的通道。每当春天来临,树枝发芽,可以开始播种谷物的时候,就有大量的燕子到来,在他们的住地周围甚至是他们住屋里筑巢、孵蛋、养育后代,成为他们最亲密的伙伴,燕子因此被称为家燕。年复一年,他们终于由此得到启示。他们发现,燕子到来的时候就是他们应该开始新一轮农作的季节。他们认为这绝不是偶然的巧合,而是神有意的安排和眷顾,并且燕子本身就是神灵。他们于是把燕子当作他们族群的保护神,在将要播种、收获以及其他所有重大时刻,对燕子表示隆重的感谢和恳求。那个被追认为首先作出这一伟大发现的人,因此成为他们部族公认的伟大祖先。很多代人过去了,他的后人一直传颂着他的伟大发现,人们在感谢部族神——燕子的同时,也铭记着他的智慧和功勋。人们相信,任何一个和他们一样的凡人都不配做他的父母,他一定是神的化身,是神即燕子的儿子。这应该是商民族在《诗经》中保留的燕子生商故事的由来。

春天何时到来这个问题解决之后,崇拜燕子的人们还会不断遇到很多新问题,这些问题的解决显然不一定都能从燕子那里得到直接的启示,所以他们不断创造出很多新神,如风伯、雨师之类,但燕子一直是他们心中关于神灵的原型。燕子崇拜的商民族最后以燕子为原型,创造出一个符合他们所期盼的能够解决各种重大问题的最高神,这个神就是甲骨文中的帝或上帝[①]。

各式新神灵尤其是帝这一最高神的出现,使人们慢慢淡忘了家燕崇拜

[①] 甲骨文中的帝字,与商字很相类,写作上鸟下禾。其核心无疑是上部的鸟,表示帝的原型根源于鸟。

的真相。人们越来越不愿意相信,那梁间翩翩的燕子,难道就是他们曾经无比尊崇的神物。但是,鸟崇拜的历史传统使人们确信一定有一种很神奇的鸟,这就是甲骨文中开始出现的凤。甲骨文中的凤是历史文献中凤凰的前身。不过,甲骨文中有关凤的语录过于简略,让我们很难判断那时候的凤到底有些什么品格。

凤凰之于燕子,第一个区别在于,燕子是实有的,它会定期地来去,它的羽毛、它的产卵、它的歌声,都在人们的经验与理性的把握和审视之中。但是,凤凰是想象的,尽管它其实只存在于人们的想象中,但人们在想象中真实地认同它的存在。由于它只存在于人们的想象中,于是人们可以把它想象成人们期待的那个样子,尤其可以在想象中不断赋予它人们期待的种种品格。凤凰之于燕子,更本质的区别是,凤凰的品格被明显地女性化。凤凰的前身——燕子完全没有女性化特征。尽管在传说中,燕子诞生了商民族的始祖,但这传说的本意并不是为了表示燕子是一位伟大的母亲,而在于强调商民族是神的后裔。商民族以燕子为原型创造的帝,不仅神通广大,尤其性情暴躁,跋扈威严,让人敬畏恐惧,是典型的男性①。甲骨文中的凤作为帝的使者,也看不出明显的女性化特征。

但是,历史文献中的凤凰就非常女性化了。貌美华服、婀娜多姿、能歌善舞、清高自洁,都是中国传统男人对女性的期盼。当然,很多时候凤凰只是代表了谦谦君子的形象,并不一定专指女性。春秋时的隐士们就曾经把孔子比喻为凤,三国时的庞统又号凤雏,这可以理解为女性化的不彻底。从家燕崇拜上升到凤凰记忆,是华夏文明从孩提到成熟的标志之一。

但要明白凤凰女性化的原因,就要从龙崇拜说起。

二、龙是什么

龙是最具有代表性的中国元素。对于这一点,无需任何简单的说明。

---

① 关于早期鸟崇拜的男性化特征,最有力的证据是良渚文明出土的很多玉器上的刻符,尤其是被考古学家们津津乐道的"兽面纹"。良渚玉器所有神物的原型明显是鸟,也就是燕子。但是,为了表现燕子的神武与威严,它很多时候被刻画成颇具神秘气氛的亦人亦神亦兽的形象,这就是所谓"兽面纹",它其实是鸟与人的结合。中国古代的很多男性神,都是人面鸟身。

甲骨文中已经有龙字,是人们在祈雨时求助的神物之一。龙字的造型,突出其鸟头,身子为有爪牙的动物状(见图3)。中国古代文献,对龙多有记载。最早的文献应该是《易经》,在乾、坤两卦的卦辞中,有多处提到龙,如潜龙勿用、见龙在田、飞龙在天、亢龙有悔等。《易经》传自古远,记录的是远古时代的消息。但是,《易经》的言辞过于简略,难以由之推断龙的真相。许慎的《说文解字》是一部字典,其中搜集了当时留存的有关龙的各种记忆,对龙的描绘最为详细。"龙,鳞虫之长。能幽,能明,能细,能巨,能短,能长;春分而登天,秋分而潜渊。"也就是说,龙是一种很厉害的长鳞片的虫;有时看得见,有时看不见;有时很小,有时很大;春分以后上天,秋分以后就躲到水里。许慎已经不知道龙到底是什么具体的物事了。

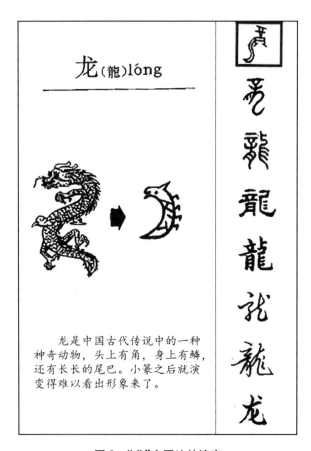

图3 "龙"字写法的演变

第一章　父精母血——龙、凤崇拜

汉代的褚少孙认为龙的原型是蛇,他说:"蛇化为龙,不变其文。"当代又有学者认为其原型是鳄。以蛇为龙的缺陷是蛇不上天,也不能兴云布雨。龙的原型也不像是鳄。鳄既不上天,也不兴云布雨。把鳄说成是龙的主要理由:一是形似,鳄与后来人们心中的龙有点像,有鳞有爪子;二是连带着有点神似,两者都很可怕。把蛇与鳄说成是龙的原型,显然是后人的臆测。中国的古人为什么要对蛇与鳄表示如此那般的偏爱和敬意,以至于把它们奉为神物,完全没有任何充分的理由。害怕显然不是崇拜的理由,比蛇与鳄可怕的物类还很多。龙也应该不是诸如牛羊猪马蛇等各类动物的复合体。

按中国文化的习惯,龙崇拜在其起源时期肯定实指某种具体的物象,是人们生活中需要倚靠的神物。龙、凤崇拜大致起源于同一时期,它们都是华夏先民为确定一个农业生产周期的开始,而进行的最具深远意义的思想发明。龙崇拜的区域,主要是黄河流域的中西部地区。或者由于那里家燕较少到来,人们没有选择以燕子的定期到来,作为春天或一个农业生产周期的开始。更可能是由于那一区域的干旱,那里的人们便以另一个更显著的自然现象作为一个生产周期到来的参照。这个自然现象就是闪电,古人把它称为龙①。闪电的特点首先是有巨大的视觉和听觉冲击力。闪电的强光耀眼夺目,电闪之后通常伴随万钧雷霆,极其惊心动魄。其次,闪电的出现有很强的季节性。闪电通常出现在春夏,秋冬少有闪电。闪电在漫长隆冬之后的第一次出现,让人们很可能由此得到关于生产季节的重要提示。更重要的是,闪电的出现通常伴随着降雨,这对于黄河流域中西部干旱地区尤其具有特别重要的意义。

闪电的这些特点非常符合后人对于龙的记忆。闪电出现时的云和雨,正是龙具有的兴云布雨的神力。闪电的出现及其季节性,与许慎总结的关于龙的描述极其吻合:闪电出现在天空,很像一条多足的爬虫;闪电那么具有神力,当然是极厉害的;至于龙身上的鳞片,那应该是人们在看到很多厉

---

① 30多年前曾有学者提出闪电是龙的原型,但论证不是很有力。朱天顺在《中国古代宗教初探》(上海人民出版社,1982年)中说:"幻想龙这一动物神的契机或起点,可能不是因为古人看到了与龙相类似的动物,而是看到天空中闪电的现象引起的。因为,如果把闪电作为基础来把它幻想成一种动物的话,它很容易被幻想一条细长的,有四个脚的动物。"

害爬行动物之后的附会；闪电出现是"明"，看得见，闪电消失是"幽"，看不见；闪电在春天到来后出现在天上，那是写实，秋天以后闪电不见了，由于闪电和雨水的关系，人们就猜测它躲到水里去了；至于闪电之所以被称为龙，应该是由于雷声的隆隆。懂科学的现代人认为闪电的出现是由于大气中强大电流的释放，传统时代的文明人认为闪电是由于宇宙中阴阳二气的相互激荡。但是，龙崇拜起源的时代，人们认为闪电就是神灵。闪电在特定时节的到来，那是神灵对他们进行生产的提示；闪电在作物生长期内的不定期光临及其带来的雨水，那是神对他们的特别眷顾；闪电时有时无、神出鬼没，那更是神灵神秘莫测的具体表示。

闪电于是成为龙民族的保护神。他们在各种高兴、期盼或痛苦的时刻对龙举行祭祀以表示他们的感激和乞求。甲骨文中有"申"字，作闪电之形。后世的"神"字，从示从电，都是龙崇拜的遗留。龙崇拜也必然演化为祖先崇拜。为了拉近人与神的距离，人们把他们怀念的伟大祖先追认为是龙的儿子。在传说中，黄帝、尧帝、大禹的诞生都被认为与龙有关。其中最明显的是大禹，禹字在金文中写作三条闪电的交叉，应该是表示大禹是闪电即龙的儿子。"疑古运动"的领袖顾颉刚先生曾经怀疑大禹是一条蜥蜴之类的爬虫[①]，并因此遭到时人的讥笑和围攻，如果他当初说大禹是一条龙，恐怕结果就完全不一样。

以闪电为龙并把龙与季节联系起来，也使我们对《易经·乾卦》中讲到龙的句子能够进行顺利解读。"潜龙勿用"是说闪电还处于潜伏期即冬天时不要进行农作；"见龙在田，利见大人"是说隆冬过后闪电出现，就可以开始新一年的农作了。一年之计在于春，选择合适的时机开始农作对于一年的收获具有重大意义，所以要举行隆重的祭祀仪式作为开工典礼，祭祀的方式大约是在田间形塑出一条龙，给他奉上各种礼物，请它在新的一年保佑人们的劳作有好的收成。此时，各家族的长老即大人都要参加；"飞龙在天，利见大人"是讲秋天到来，人们在收获之际或之后也要对龙进行祭祀以表感谢；"亢龙有

---

① 顾颉刚先生1923年在其著名的《与钱玄同先生论古史书》一文中写道：至于禹从何来？禹与桀何以发生关系？我以为都是从九鼎上来的。禹，《说文》云，"虫也，从内，象形"。内，《说文》云，"兽足蹂地也"。以虫而有足蹂地，大约是蜥蜴之类。

悔"是说收获季节之后龙就要回去了,所以此后闪电极少出现。今人刘宗迪认为龙是天空中的苍龙七星,《易经》中的这些句子,表现了古人以这一星座在天空中运动的位置,作为判断季节的依据①。他显然过高地估计了七八千年前古人的天文学知识。而且,仅仅为判断季节,也恐怕用不着那样高深的学问。实际上,中国人关于二十八宿的天文学知识大约是战国时代的事②。

可能由于龙崇拜不仅对包括播种季节在内的季节轮替有所提示,而且同时对降雨也有明确直观,因此,它没有在播种季节问题解决之后,被其他更具有抽象或普遍意义的神所代替。在以龙崇拜的西部民族占主导地位的夏王朝,没有出现以龙崇拜为原型的系统化自然宗教。商汤代夏以后,信奉鸟崇拜的东方商民族成为统治者,鸟崇拜或其后继的帝信仰必然成为占统治地位的自然宗教。鸟崇拜到底是在商汤代夏以前还是以后演进为帝信仰,我们很难猜测,也不是很重要,但商汤代夏决定了龙崇拜在商代的从属地位,也决定了商代的最高神不可能根基于龙崇拜③。在总共十几万片的甲骨中,只有很少的一些片提到作土龙以祈雨的记载,那应该是人们在多次求帝无效以后,万般无奈之时,病急乱投医式的选择。

周民族自认为是夏文化的继承者,武王克商可以看作是龙文化对于凤文化的新胜利,最终确立了龙崇拜在华夏文明中的首要地位,使凤成为第二位的神物,从而开启了凤崇拜女性化的历史进程。接下来,让我们回到龙凤文化都比较纯粹的"前中国时代"。

三、"前中国时代"的龙凤文化区域

所谓"前中国时代",是指中国开始其诞生的历史进程之前的时代。中

---

① 刘宗迪:《拨云见日寻"龙"踪——"龙"崇拜与中华文明》,《光明日报》2012年2月1日。
② 二十八宿的名称完整地出现于古代文献《吕氏春秋》《逸周书》《礼记》《淮南子》和《史记》中,《周礼》也提到了"二十八星"。文献学考证的结果表明,二十八宿的形成年代是在战国中期(公元前4世纪)。具体可参见夏鼐:《从宣化辽墓的星图论二十八宿和黄道十二宫》,《考古学报》1976年第2期。
③ 这应该是甲骨文中的龙字具有鸟头的原因。龙字从鸟,表示商人认为龙虽然厉害,其神性却源于鸟,商人对龙崇拜的这种吸纳与改造,是后世通行的中国智慧,类似于把本来高鼻深目的佛祖塑造得极像中国人。

国诞生的历史进程始于传说中的五帝时代。标志中国文明起源的五帝时代的本质,是分居于华北低地也就是现在华北平原东西两侧的龙、凤民族,在共同开发华北低地的过程中开始相遇并初步融合的历史阶段。

当代考古学告诉我们,华夏文明出现之前,在黄河流域、长江流域和辽西地区,都曾经存在过有相对独立发展谱系的考古学文明。严文明曾经按地域把前中国时代的考古学文化划分为这样几大文化区:燕辽文化区、黄河下游海岱文化区、黄河中游文化区、长江中游文化区与长江下游文化区。这种简单的地域划分难以突显前中国时代与华夏文明起源之间的内在关联,所以他认为,华夏文明起源于中原地区的原因在于中原"居天下之中,八方辐辏之地"的优越地理位置,这也是目前学术界的主流意见。这种观点在很大程度上掩盖了华夏文明起源的历史真相。

如果对前中国时代的考古学文化作进一步的审视,我们很容易发现,龙崇拜或凤(鸟)崇拜是上述各文化区域必然具有的最重要文化特征。因此,可以在这种地域划分的基础上,进一步把它们分为两大类,即龙崇拜文化区域与凤(鸟)崇拜文化区域。鸟文化区包括长江中下游地区、黄河下游海岱地区及辽西地区。长江中下游地区可能是鸟文化的故乡。在下游地区,最有代表性的文化遗物是河姆渡遗址的"双鸟朝阳"象牙雕刻(见图4)和良渚文明以鸟(很多一看就是一只燕子)为主题的众多玉器、陶器刻符①(见图5)。

图 4　河姆渡遗址"双鸟朝阳"象牙雕刻

图片引自《浙江河姆渡遗址第二期发掘的主要收获》,《文物》1980年第5期。

---

① 本书提到的各地出土的各种刻符与器物,可参阅相关考古发掘简报及众多研究书籍与论文,不一一作注。

第一章 父精母血——龙、凤崇拜

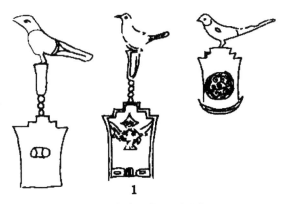

图5 良渚文化玉器纹饰

图片引自林巳奈夫:《良渚文化和大汶口文化中的图像记号》,《东南文化》1991年第Z1期。

鸟崇拜是这一地域文化的显著特征。在长江中游地区,湖南洪江的高庙遗址发现了距今7400年的祭坛,刻有太阳和鸟图案的陶器大量分布在祭坛上。距今7000年的长沙大塘遗址也发现了鸟图案,其口中还含着禾苗,暗示鸟崇拜与农业有关。从那时开始到后来鼎盛时期的石家河文化中,鸟崇拜也是这一地区文明一以贯之的精神主题。可能是由于江浙地区的鸟文化沿海北上,包括苏北、山东在内的海岱地区也是鸟文化的区域,并且是日后对中国文明诞生产生直接影响力的文化区域之一。在山东大汶口文化区域,包括安徽与苏北地区同时期各考古遗址,都发现了很多鸟形刻符,与良渚文化、石家河文化的鸟形刻符极具同构性。对于山东地区的鸟形刻符,学术界曾经有热烈的讨论。除部分学者称之为"飞鸟载日"图之外,很多学者都把图中的鸟形解读为"火",把上日中鸟下丘的刻符(该刻符上部与下部都会出现省略的情形)读为炅或䎃,以为那是大火星崇拜即根据大火星的运行来判断季节的遗物,明显不得要领①。鸟文化区域的北限远达辽西地区,在红山文化遗址中也出土了很多精致的玉鸟。鸟文化区的地理分布基本上与燕子的迁徙路线一致。

---

① 详细可参阅李学勤主编:《中国古代文明与国家形成研究》,云南人民出版社,1997年,第151—161页。

图 6　濮阳西水坡遗址 M45 局部（图中左侧为蚌塑龙）

图片引自孙德萱、丁清贤、赵连生、张相梅：《濮阳西水坡遗址发掘简报》，《华夏考古》1988 年第 1 期。

黄河流域中西部的甘肃、陕西、山西以及河南西部，是龙文化的中心区域。在这里发现了龙形的实物，如河南濮阳西水坡遗址 45 号墓发现的蚌塑龙和虎，距今约 6500 年（见图 6）。不过，考古报道的龙形实物相对于鸟形刻符来说，明显要少很多。这很可能是由于当代人对龙的形象有先入之见，人们习惯于把龙想象成有手有脚、有头有尾、张牙舞爪的样子，不明白古人心中的龙就是闪电，所以对古人留下的大量龙形刻符视而不见。在龙文化区域，各处出土的很多陶片上都有枝丫状的刻符，这些刻符大多肯定都是有意刻画的，它们很可能就是古人对闪电即龙的简单描摹①。尤其是二里头遗址的一些枝丫状刻符与甲骨文中的电字已经极其相似。

需要说明的是，燕辽文化区不仅有明显的鸟崇拜特征，而且可能同时是龙崇拜文化的独立发源地之一。在距今约 8000 年的辽宁阜新查海遗址，考古人员发现了由**红褐色**石头堆砌而成的巨大龙形堆塑，被称为"中华第一龙"（见图 7）。选用那种特别颜色的石头来堆砌本来很值得人们思考——闪电总是红到发白，却没有引起考古学家们的特别关注。在后来的红山文化中，同时出土了多种龙形玉器。这说明龙、凤文化在辽西地区曾经发生过

---

① 需要特别说明的是，裘锡圭先生在其《文字学概要》中曾经把中国考古刻符主要分为两大类：一类是笔者所说的鸟文化区的鸟形刻符，他认为此类刻符象形；一类是笔者所说的龙文化区的枝丫状刻符，他称之为"几何图形"，不象形。其实，那些"几何图形"即枝丫状刻符应该是对闪电的简单描摹。

交汇。很多当代学者根据红山文化出土的"玉熊龙"熊形玉器,以及黄帝与蚩尤战于涿鹿之野(今北京附近)的故事,推测黄帝的故乡可能在辽西。除辽西在史前曾经发生过龙凤文化的交汇之外,长江中游文化区也有类似的迹象。那里既有明确的鸟崇拜实物,也有明显地被认为与黄河中游文明区有关的龙文明痕迹,即枝丫状刻符。南方楚文化传说中的始祖叫祝融,他的身上就体现了龙凤融合的传统。祝融被认为是火神、雷神,这是北方龙文化的体现;但他又是鸟的化身,"其精为鸟",体现了南方鸟文化的传统①。

图7 查海遗址的石堆塑龙(图片来自网络)

这就是说,在史前时期的荆楚与辽西地区都可能发生过龙凤文化的交汇与融合。但是,辽西地区的红山文化由于气候干冷而灭亡或南迁。长江中游文明区,虽然可能有龙凤文化的交流,也没有结出正果。推测其缘由,那时的龙文化对播种季节问题的解决,对于江南的鸟文化来说一点也不显得高明。龙文化所具有的雨水意识,在降雨丰富的江南鸟文化区也无从彰显出特别的意义。更重要的是,现在的江南平原那时还是一片浩瀚渊深的水域②,根本不具备把它垦辟成为平原沃野的可能。江南的大规模开发还要经过数千年以上的平原沉积之后,才能成为现实。

---

① 据汉代《白虎通义·五行篇》的解释:"炎帝者,太阳也",又说:"祝融者,属续,其精为鸟,离为鸾",太阳的别称是"火离",因此,"离为鸾"的意思即"太阳就是鸟中至尊的鸾凤"。
② 关于这一点的详细阐述,请参见本书第二卷第二章。

四、早期龙凤文化的考古学特征

1. 凤文化的特征

凤文化的基本特征是对鸟的崇拜。无论是江南,还是山东或辽西,所有凤文化的区域都发现了大量的鸟形刻符或器物,这些刻符大多表现在陶器或陶片上。那些有鸟形刻符的陶器,应该是人们曾经用以祭祀鸟的礼器。估计最初祭祀的主要内容,是人们把食物奉献给他们心中的神鸟,那些陶礼器就是装盛或存放这些食物的器皿。

凤文化的第二个特征是对玉的爱好。对玉的特殊偏爱,是后世中国文化的一个显著特征。中国人对玉的偏爱主要从鸟文化区发展起来[①],玉文化的起源可能与鸟崇拜有关。人们很容易发现,燕子最喜欢昆虫之类的食物,而且食量很有限,但燕子有美丽的羽毛、悦耳的声音。昆虫通常并不是人类喜爱的食物,但漂亮的服饰和动人的歌声则是人人爱好的。这有可能使人们对燕子进行祭祀时,最刻意的安排慢慢地从满足燕子的食欲,转移到满足燕子的爱美之心。对于中国的古人来说,玉就是一种美丽的石头。美丽的石头并不是只存在于鸟文化区,但中国的玉文化主要从鸟文化区——主要是海岱鸟文化区与江浙鸟文化区率先发展起来,可能源于人们对燕子的祭祀。燕子美丽温顺,声音婉转,而且与人非常亲近,它对生产作出了那么重大的贡献,它的食物在人看来却异常节俭平淡,人们可能觉得,仅仅给它奉献一些人从来不喜欢吃的昆虫、蚂蚁,根本不足以表示对它的感谢和爱戴。燕子那么温柔,燕语莺声,如果以美玉作为礼品奉献给它,它一定会很高兴。因为玉石似乎很能与燕子的品格相匹配:美玉光洁细腻,玉器碰撞时发出清脆的声音,悦耳动听。中国早期玉器的出土地点,主要都在鸟文化区或龙鸟文化交汇区,中原龙文化区极少发现玉器出土的报道,应该不是偶然的。

除了玉器之外,鸟文化区的服饰也发展出独到的特色。由于燕子有美

---

① 但是,辽西地区的查海遗址是个例外,那里可能是龙崇拜的独立发源地之一,但那里也出土了很多玉器。

丽的羽毛，人们可能首先发明了有很多漂亮羽毛的帽子即羽冠，作为祭祀时必备的服饰。羽冠之外，尤其还有丝织的衣物。江南是中国丝绸的起源地。考古发现最早的丝织品，是在距今 4700 多年的浙江吴兴钱山漾遗址。那里发现的丝织品已经有很高的水准，此前应该有我们难以知晓的漫长历史。丝绸起源于鸟文化区应该也不是偶然的。燕子喜欢吃昆虫，这可能会鼓励那里的人们特别专心地去寻找各种昆虫以满足燕子的食欲，结果意外地发现了蚕虫吐丝的秘密。丝织品不仅具有美丽的色泽，手感尤其像羽毛一样柔滑，很符合燕子的品格。最初的丝织品肯定不是人们日常穿着的衣物，只有在祭祀神灵的特别时刻才由专门的神职人员穿戴，以表达对神的敬意。

　　山东地区的陶文化，也应该与鸟崇拜有关。东部鸟崇拜的山东地区，那里最有特色的陶器是黑陶，而且是极薄的蛋壳陶，器壁只有半毫米厚。那么薄的陶器，容量自然很有限，如果供人日常使用，肯定极易破损而且不经济实用，如果以它作为祭祀燕子用的礼器，就非常合适。蛋壳陶的颜色、厚度与精致的做工，都应该与燕子崇拜有直接的联系。蛋壳陶的器形，主要是高脚的杯子，杯子是酒器，说明人们那时已经开始酿酒敬神了，所以才在酒器的制作上花那么大的工夫。也许由于蛋壳酒杯的制造过于麻烦，更可能由于鸟崇拜文化感觉到需要克服鸟崇拜必然具有的阴柔品格，他们后来发明了以鸟为原形的中国经典酒器——爵。关于爵我们后面还要详细讨论。

　　2. 龙文化的主要特征

　　龙文化的基本特征是崇拜龙或闪电。在中原龙文化区，大量发现枝丫状的刻符，那应该是对闪电的象形，是龙崇拜的遗物，但是过去没有人意识到这些刻符与龙崇拜的关系。由于龙文化缺乏玉器特色，不习惯在石头上雕琢龙的形象，虽然当时的人们在祭祀时，很可能会用石头堆塑出龙的形象，但这种堆塑的龙难以长久保存原貌，考古发现则更加偶然。所以，龙文化区历来发现的龙形实物比鸟文化区发现的鸟形实物少很多。

　　龙神出鬼没，其生活习性似乎很难把握。龙最确定的特点是它的声音非常雷动。我们这些后来的人听到雷动的声音通常会感到恐惧，那是由于人们认为雷具有罚恶的本领和爱好，因此害怕由于曾经的过错而受到它的惩罚。但是，早期龙崇拜的人们肯定没有这种感觉，他们大多是急切地期盼雷声的来临,因为雷声之后通常是雨声。对他们来说,雷动的声音是真正悦耳的天籁。龙宏大的嗓门,首先可能使人们推断它有惊人的食量。人们对龙食量的这种判断,使人们奉献给龙的食物性祭品一定很丰盛。那时的祭品到底有多么丰盛,我们已经无法确切地知道了。不过,我们可以通过残存的装祭品的餐具作出大致的推测。西部龙崇拜的地区,考古发现的陶器,都做得大而厚实。西安半坡出土的碗或钵一类陶器,考古学家称为盆,那应该是因为它比碗要大。用那么大的食器敬神,应该是基于对龙庞大胃口的推测。对龙的这种猜测,使龙崇拜的夏文化把鼎(一种体形庞大的食器)作为最重要的礼器。

陶器之外,龙文化区的乐器尤其值得关注。乐器的起源主要是为了娱神,因而是礼器的重要门类。龙文化区的乐器,现在发现的主要是磬和鼓。甘肃发现了4000年前的鼓架,山西夏县东下冯遗址出土了4000年前的石磬,晋南陶寺遗址大墓中出土了鼍鼓、特磬。这几种乐器,尤其是鼓,发出的声音都很洪亮高亢,音频单调,不属于婉转悠扬的种类。在祭祀即请神吃饭的时候敲打这类乐器,应该是为了迎合龙的大嗓门。如果是宴请嘉宾,一边却演奏这样雷动乏味的音乐,那就不是待客之道,很不合时宜。没有看到关于山东地区鸟崇拜民族乐器的报道,但商代的祭祀乐器,被提及的以鼓和龠为最多,鼓为节拍,龠为主调。龠像笛,属管乐,是商代的代表性乐器。龠之外,还有琵琶之类的弦乐。管弦乐无疑更婉转悠扬,这应该与其燕子崇拜的传统有关。至于鼓的重要,那是由于商民族入主中原后对龙民族的文化传统进行吸纳的结果。

五、龙凤崇拜与中国文明的诞生

史前时期的龙凤文化,虽然在辽西与长江中游可能分别发生过两次相遇,但都没有结出正果。不过,这并没有阻止黄河中下游地区的龙凤文化再次发生相遇,并最终导致华夏或中国文明的诞生。

以往的历史学家或者由于考古资源的缺乏,或者由于历史文献的误导,长期以来有一个普遍的疏漏,那就是没有对华夏文明或中国文明与"前中国

第一章 父精母血——龙、凤崇拜

时代"的文明或中国境内的文明进行区分。在他们看来,中国境内存在的相关史前文明直接就是中国文明的早期形式,因而没有也不需要对华夏文明诞生的时间节点与机制予以特别的关注和思考。或者虽然按照历史传统或习惯,认为五帝时代是"文明初曙",标志着华夏文明的诞生,但是由于实际上并不明了中国时代与前中国时代的本质区别,因而无从说明人们为什么把这个时代当作中国时代的开始①。这种观点的一个突出表现,是习惯于把只有在华夏民族或华夏文明起源诞生之后才有可能存在的"华夷之争",错误地认为从来就存在,因而不恰当地把从五帝到夏商时代东西方集团之间的各种斗争统统归结为"夷夏之争"。这样,一部华夏民族诞生成长的历史,就被说成是一部夷夏斗争的历史,已故著名学者傅斯年、徐旭生是这种观点的代表人物。

傅斯年在其《夷夏东西说》这篇著名论文中,首先非常正确地把商民族活动发达的路线总结为自东徂西,然后也同样大致正确地把夏人的活动区域界定为"包括今山西省南半,即汾水流域,今河南省之西部中部,即伊洛嵩高一带,东不过平汉线,西有陕西一部分,即渭水下流。东方界线,则其盛时曾有济水上流,至于商邱,此便是与夷人相争之线"。但是,他进一步说,"夏实西方之帝国或联盟,曾一度或数度压迫东方而已。与商殷之为东方帝国,曾两度西向拓土,灭夏克鬼方者,正是恰恰相反,遥遥相对"。所以,"汤放桀,等于夷灭夏。商人虽非夷,然曾抚有夷方之人,并用其文化,凭此人民以伐夏而灭之,实际上亦可说夷人胜夏。商人被周人呼为夷,有经典可证,说另详。然则夏后一代的三段大事,开头的益启之争便是夏夷争,中间的羿少康之争又是夷夏之争,末后的汤桀之争还是夷夏之争。"②

通观傅氏全文,他的核心观点是认为,在春秋战国中国大一统主义出现之前,中国存在东西两大集团即夏集团与商集团,商集团又称夷集团。他不仅把夏代的三件大事解读为"夷夏之争",由于周人也以夏人后裔自居,实际

---

① 一些学者用阶级冲突的普遍主义观点来说明中国文明的诞生,把夏王朝的诞生当作其标志。但是,夏王朝出现于4000年前,与人们对中国5000年历史的集体记忆相差了一大截。
② 详见傅斯年:《夷夏东西说》,载傅斯年:《民族与古代中国史》,上海人民出版社,2014年,第22—29页。

上,他暗示三代更替都与"夷夏之争"有关。不过,甚至他自己都明确地意识到,把商汤代夏说成夷灭夏是不妥当的。

在傅氏夷夏东西说之后,又有徐旭生提出华夏、东夷、苗蛮三集团说,在东西两集团的基础上再加上一个南方的苗蛮集团,并且把这三个集团的存在追溯到五帝时代,认为这三个集团的斗争与融合形成了后来的汉族或华夏①。但是,徐氏的华夏集团、东夷集团与傅氏之夷夏东西说并无实质上的分别,他只是把"华夷之争"上推到史前时代而已,由于南方要到很晚才加入中国的文明化进程,徐先生的著作也没有表明苗蛮集团在华夏民族的成长中有什么作用,苗蛮集团的提出似有蛇足之嫌。

不难看出,这种东西二分思考的共同目标,是试图清理华夏文明在文化基因上的发展源头。但是,由于他们囿于后世华夷之辨的历史陈见,没有把华夏(中国是其另外的说法)当成是在某个特定历史时刻由于某种特定历史原因而生成、造就出来的新文明、新种族,而是当作从来就有的固有民族与文明,这种看法虽然很多时候似乎揭露了一些真相,但更多地模糊了人们对华夏文明文化基因追寻的历史视线。按照当代考古成就的提示以及新方法提供的对历史文献的新理解,我这里的意见是,前中国时代并没有华夏,只有以现在的华北平原——当时是一片不适宜人居的湖泊与沼泽——为界,分布于华北地区西部的龙崇拜集团和分布于华北地区东部的凤(鸟)崇拜集团。说他们是两个集团,并不表明他们已经实现某种政治上的统一,而纯粹是由于他们在龙或凤崇拜方面有共同信仰的缘故。当这两个集团的一部分为开发华北低地而相向运动并发生相遇以后——这大约是黄帝时代前后的事,在东西族群发生相遇的地区,这两个集团中发生相遇的那部分族群,就开始因为这种相遇而获得某些新的文化品性,即不仅原来的龙崇拜族群会拥有凤崇拜族群的某些习惯,凤崇拜族群会拥有龙崇拜族群的某些习惯,而且,他们还会发展出一些彼此过去都没有的新的文化共性。换言之,这种族群相遇的结果导致了一个既具有原来各自龙、凤崇拜的主要特征,又具有全新的共同文化特点的新文化族群的孕育和出现,这个新的文化族群就是后

---

① 参见徐旭生:《中国古史的传说时代》(增订本),文物出版社,1985年。

第一章 父精母血——龙、凤崇拜

世所说的华夏或中国。因此,龙、凤文化是华夏文明得以诞生的父精母血,华夏文明是龙、凤文化相互斗争融合的结果。在华夏文明诞生的过程中,不仅存在龙、凤集团由于相遇而发生的族群斗争,如黄帝与蚩尤、共工与颛顼、启与益、少康与后羿、桀与汤、周与殷等,而且存在诞生成长过程中的华夏族群与过去比较纯粹的龙、凤族群之间的斗争,如尧舜禹与三苗、夏王朝与东方夷人、商王朝与东方夷人和西北鬼方、周王朝与边疆各少数民族等。前者属于华夏族群在诞生过程中的内部冲突,本质上是龙、凤族群的融合,因而不属于华夷冲突。随着华夏民族文化共性的积聚与生长,原来龙、凤集团各自具有的族群特征随之日趋淡化,使这种在早期具有浓厚种族冲突特征表象——正是这种表象使此前的历史学家把它们都归结为华夷冲突——并导致华夏文化诞生的龙、凤族群冲突,到西周以后日益演变为统治集团内部的政治斗争。后者则始终具有华夷冲突的性质,只是随着华夏民族的壮大或华夏文明核心区域的不断拓展,这种冲突越来越向边远地区转移。中国的东部由于靠海没有纵深的缘故,所以东方最早实现彻底的华夏化。确立上述对华夏文明文化基因与诞生机制的理解,对于把握从传说到三代以来中国上古即中国诞生时期的历史素材无疑至关重要。

龙凤文化这次在黄河中下游地区的相遇,是龙凤族群在共同开发华北平原的过程中导致的。5000年前的华北平原迥异于现在的情形。《尔雅》记载了2000多年前华北地区的很多大湖与众多河流,散见于其他记载的稍小江河湖泊则更多,但这些河湖后来绝大多数都消失了①。由此推测,现在的华北平原在五六千年前应该还是一片汪洋的湖泊与沼泽,只有少数的高地露出水面。那时的黄河流出豫西山地以后,应该没有固定的河道,很可能是任性漫流。现在的华北平原正是黄河长期漫流即泛滥后沉积的产物。历史文献中关于"九河"的记载,大约是黄河漫流时代的尾声。所以,在黄河中下游地区,从公元前5000年以后很长一段时间,史前文化的分布都集中于华北平原东西两侧的高地山坡,现在的华北平原极少发现6000年以前的遗址。从公元前3000年以后,分居于东西两边的龙、凤族群分别开始向现在

---

① 见《尔雅·释水》。

的华北平原地区移动。华夏民族的先民之所以会发生这样的运动,应该是因为人口的增长,高处有限的生存空间和土地资源不敷应用,人们被迫向低处进军的缘故。低处地势开阔,土地肥沃,适于作物生长,能承载更多的人口,容纳更先进的文明。所有伟大的农业文明,无不以大河冲积平原为依托。成功地开发大河平原,是伟大农业文明诞生的前提与标志。5000年前的华北低地,由于黄河漫流的长期沉积,出现了大片可以开垦的沼泽、滩涂。这种开垦华北低地的现实性,吸引了东西两侧的华夏先民纷至沓来。正是在这一相向运动的过程中,黄河中下游的龙、凤族群在豫东鲁西地区发生了历史性相遇,并从此拉开了华夏文明诞生的历史大幕。

这出大致于5000年前开始上演的伟大历史剧的序幕,是颇具梦幻色彩的五帝时代。其背景是荡荡怀山襄陵的洪水——低地的河水,主要情节有"鲧作城"——人们为应对洪水而集中居住,并修筑城濠以防止雨季洪水对住地的威胁、"禹治水"——通过沟洫疏浚的办法垦殖田园,以及龙、凤两族的冲突与融合。无论是黄帝与蚩尤的战争、共工与颛顼争为帝——龙、凤两族的冲突,还是尧、舜、禹的禅让——龙、凤两族轮流担任华夏联盟首领,五帝时代的所有历史人物与传说背后,都隐约可以看到在华北平原相遇的龙、凤族群在斗争中相互学习、彼此融合,从而开创华夏文明的历史影子。

夏王朝的建立可以看作是龙崇拜的族群与文化在华夏文明中占据主导地位。需要说明的是,我们现在所说的"夏王朝"以及后来取代夏的"商王朝"都只在非常有限的意义上才谈得上是"王朝",即由龙崇拜或凤崇拜族群垄断华夏联盟最高权力。在夏商时代,即使在华夏文明的核心区域,夏王国或商王国与其他地方诸侯的关系只是大国与小国的关系,而且小国的存在及其权力主要不是由于中央王国的封建。它们都不是从西周时代开始的意义上的王朝,即最高权力控制在直系血缘家庭内世袭传递,而且地方权力的存在与合理性来自中央政权。西部龙文化的首先胜利归因于他们占据了上游的有利地形,所以在开发华北平原低地的过程中,在"作城"和"治水"方面能够率先作出重大贡献。但是,龙崇拜族群的胜利或主导地位是相对的,正如傅斯年所说,整个夏代的重大历史事件都围绕着龙、凤族群在华夏联盟即

第一章　父精母血——龙、凤崇拜

王朝中的主导地位而进行,虽然其中也有华夏与东方夷人的斗争①。龙、凤族群围绕华夏联盟最高领导权的斗争,到夏代末年以商代夏而告一段落。

商王朝的建立决不意味着夷灭夏,它表象上是东方鸟文化族群战胜了西部龙文化族群,实际上是凤崇拜的族群在华夏联盟中占据主导地位,而且同时意味着,建立在帝信仰基础上的高级自然宗教代替了原始初级的龙图腾崇拜。在商代,不仅有凤崇拜族群与龙崇拜族群围绕最高领导权的斗争,正是这种斗争造成了商汤之后的屡次迁徙与"诸侯莫朝",而且也不乏成长中的华夏文明与东方夷人和西北鬼方的"华夷之争"。当然,把龙、凤两族争夺华夏联盟最高领导权的斗争说成是夏商时代的主题,只在以政治为视野的历史学家笔下才是有意义的,夏商时代社会生活的主题,无疑是在开发华北低地过程中实现的龙、凤文化的融合。绵延上千年的夏商时代,华夏文明不仅实现了对华北平原的大规模开发,而且带动了渭水流域的文明化。以夏文化继承者自居的周民族,是起源于渭水流域的龙崇拜民族,由周族群传承的龙崇拜文化的筮占经典因而被称为《周易》。同时,周民族又极其深刻地受到由凤崇拜主导的商文明的影响,这种影响是如此深刻,以至于在周民族的创世故事中,把明显由鸟崇拜转变而来的商文化的最高神——帝——说成是其创世故事中的男主角②。历史文献和甲骨文都表明,周是商王朝在西边的重要支撑,这说明周文化已经充分华夏化。因此,周灭商并不是夏胜夷,而是华夏集团内部龙、凤族群斗争的继续。

周王朝是中国历史上第一个真正意义上的王朝,它突破了原来夏商时代的大国、小国关系格局,通过分封制确立了新型的中央与地方关系,从而首次建立了后世中央帝国的雏形,是华夏文明大国时代的肇始。周王朝的建立,虽然在某种意义上可以理解为龙文化族群对于凤文化族群的胜利,本质上则是新型伦理思想对于传统自然宗教的胜利③。周王朝的一个重大思

---

① 傅斯年:《夷夏东西说》,载傅斯年:《民族与古代中国史》,第23—29页。
② 《诗经·大雅·生民》中,让姜嫄怀孕的男主角是帝,这表明周族群的族群记忆不早于帝信仰形成之时。历史文献把周族群的始祖后稷说成是与大禹同时代的人,明显是周民族入主中原后的编造。
③ 对西周之际的文化转型,最早觉察的当代学者是王国维,他认为,西周开启了中国文化的人文主义时代。

想创造是新型"天下"观念的发明。周王号称"天子"[不再是狭隘的龙之子或鸟(帝)之子],是全"天下"的统治者(甲骨文中的商王主要只关心商王国)。这种"天下"观念的出现,是龙、凤文化长期融合的结果,同时极大地淡化了建立在龙、凤崇拜基础上的族群意识,标志着原来各有其地域与文化特征的龙、凤文化开始整合成为统一的华夏文明。当然,此时的华夏文明还只是在形式上实现统一,内涵上还是空疏肤浅的,以伦理化为主要特征的华夏文明要经过西周至春秋战国上千年的丰富,直到秦汉帝国,华夏文明才最终获得其稳定的品格。

由此观之,龙、凤文化不仅是华夏文明得以诞生的父精母血,而且,只有在龙、凤文化彼此之间的界限经过长期融合彻底消失之后,华夏文明才能真正诞生。我们现在虽然号称是"龙"的传人,但这里的龙已经是中国的代名词,凤是其中应有之义。

附论：
酒、爵及与龙凤崇拜的关系

华夏文明是龙、凤文化融合的产物,这一点可以从酒器爵的造型及其演变得到生动的说明。酒是食品发酵之后的产物。酒不能取代食物以充饥,在早期食物短缺的时代,人们应该不会特意让食物发酵以酿酒,但这并不妨碍食物会在不经意间发酵从而让人们掌握酿酒的技术。应该说,每个地方的食物都会不经意地发酵,因而酿酒技术也应该会被各个地域的人们各自独立地发明出来。但是,发明酿酒与酒作为祭品或酒在文化上的重要性并不是一回事。

要判断酒是否获得了特别的意义,只能从酒器入手。如果只是因为食物短缺,人们舍不得放弃那些偶然发酵变质的食物,就用不着特意去发明酿造与饮用的器物。一旦开始出现专门酿酒、饮酒的器具,那应该可以说,酒已经获得了重要的意义。如果酒器变成了那里很重要的祭祀礼器,那就意味着酒已经获得了宗教文化意义。

酒作为一种重要的文化现象,首先出现在鸟崇拜的山东地区。1979

第一章 父精母血——龙、凤崇拜

年,考古人员在山东莒县陵阳河大汶口文化墓葬中发掘到大量的酒器。尤其引人注意的是,出土了一套酒器组合,包括酿造发酵用的大陶尊、滤酒用的漏缸、贮酒用的陶瓮和煮熟物料的炊具陶鼎。另有各种类型的饮酒器100多件。在发掘到的陶缸壁上还发现刻有一幅图,据分析是滤酒图。尤其是,在距今4500年左右的海岱地区,出现了其标志性陶器——蛋壳黑陶酒杯。这种蛋壳陶的制作需要极高的工艺技术,现代的很多专家费尽周折,也未能达到当时的水准。蛋壳酒杯是那里最重要的祭祀用器,这意味着那里的人们已经开始把酒作为最重要的祭品。这种酒肯定不再是过去偶然的废物利用,而是刻意精心酿造的产物。

我们知道,燕子其实并不像有些动物那样,对酒有特别的爱好。而且,当时的粮食产量应该不可能丰收到吃不完,从而不可能有大量的余粮可以用来酿酒供人享乐。酒首先在山东西部的鸟文化区成为一种重大的文化现象,可能是由于当时龙、凤文化相遇之后所导致的族群战争。战争是族群的大事,当然要请族群的保护神助战。龙民族的保护神闪电有雷霆万钧之力,嗓门粗壮,鸟民族的保护神燕子则纤细婉约,上下立判。可以设想一下当时战争的态势:龙、凤民族当时都是斩木为兵,武器上无优劣之分;体格上也基本没有差别;那时的战争,根本谈不上什么战术和谋略;假如双方的人数也差不多的情况下。但是,龙民族有一个克敌制胜的法宝,那就是战鼓。龙民族一开战,个个认为自己神龙附体,发出惊天的呐喊,伴以擂鼓手敲出的雷鸣鼓声,气势上已经先声夺人。鸟崇拜就完全不可能在战场上营造出这样的心理优势和震慑气氛,还未接仗,气势上已经输了一大半。鸟民族早期在战场上的失败似乎是不可避免的。

按照历史传说,龙、凤族群的早期相遇,是以龙文化的胜利作为开局。但是,炎帝部落的优势地位后来失去了,并受到来自东方鸟黎部落的强力反制。《逸周书·尝麦》:"昔天之初,诞作二后,乃设建典,命赤帝分正二卿,命蚩尤宇于少昊,以临四方……蚩尤乃逐帝,争于涿鹿之阿,九隅无遗。赤帝大慑。"东方的鸟黎部落之所以突然崛起,并打破传统的族群地缘政治格局,是他们在历代弱势之后图强自新的结果。他们的自新措施首先是"作兵",即发明金属武器。蚩尤是东夷族首领,据说他铜头铁额、以矿砂为食物,并作五兵,因而被誉为战神。他们的第二个措施是增益其保护神的性情。传统的鸟崇拜不可能在战场上营造出奋勇当先、视死如归的气势,鸟民族也不可能因此改弦更张,崇拜其他更加豪勇的新神灵,于是他们想办法赋予燕子某种新的爱好——他们自己也因此顺理成章地具有这种爱好,他们赋予燕子的这种新爱好就是喝酒。酒的妙用是兴奋和壮胆。即使是懦夫,酒后也可以成为勇士。后世的勇士,上战场之前可以不吃饭,但却一定要喝酒。4000多年前的鸟崇拜民族,就已经明白了这个奥妙,并以之来克敌制胜。由于燕子被认为喜欢喝酒,酒就成为鸟崇拜文化最重要的祭品,因而要发明各式专门的酒器。

图8 甲骨文中的"爵"字

中国文明最经典、最特别的酒器是爵。爵在古代文献中是对酒器的通称,但这里讨论的爵指一种主要流行于商代,而且造型非常特别的酒器,它是爵的本来样式。甲骨文中有"爵"字(见图8)。甲骨文中爵字的写法极生动地展示了中国文字的象形特点——爵字实际上是对商代酒爵造型的传神描摹:有流、有尾、流上有柱、空腹、腹旁有耳或把手、腹下有支脚。虽然商代的铜器中没有发现有自铭为爵的,但它肯定就是指称商代常见的、被我们称为"爵"的酒器。爵的这种造型非常奇特而不自然,是中国商代所独有的。喝酒虽然是世界上所有民族都具有的爱好,但没有哪个民族曾经把一个用途简单的酒器制造得这么复杂与繁琐,而且从实用的角度看也完全没有必要。不同于西方的失蜡法,中国古代的青铜器制造采用范铸法。范铸法本身就很麻烦,以之铸造规整的器物还算相对方便。觚或樽这样规整的圆筒形酒器的外范,只用三块就可以成形。爵的成形与铸造,要比觚或樽困难得多。没有柱的爵就已经需要用八九块范,有柱的还得另外再加两块。可见爵的造型极其不方便制造。

爵的这种造型显然主要不是为了实用方面的考虑。爵的长尾,应该是为了与其长流取得平衡,使它站立时不易倾倒。但是,流注酒的流没有必要造得那么宽长,甚至完全可以不要,如觚、觯等绝大多数饮器就没有流,现代的各种饮器也极少有流。尤其是流上的两个立柱,完全看不出有任何实用上的必要，却会增加很多铸造上的麻烦和费用。爵这种非常不规整而且明显不切实用的造型，不能简单地理解为装饰，它不可能是不经意地被造成那个样子的。这就让人们有理由感到好奇：在金属铸造技术还很落后的上古时代，人们为什么要不嫌繁琐地把一个饮酒的器物铸造成那种特别的形象？爵的这种造型明显像鸟雀。东汉时期的许慎在《说文解字》中说，爵的另一意义是雀，所以爵的造型"象雀之形"，他的这种见解主要不是基于对实物爵的观察，而是基于文字学的理由，的确很让人佩服。宋代的很多人认为爵的造型仿自雀鸟，无疑是真知灼见。不过，我很是疑惑，宋代的金石学号称很发达，他们应该见识过不经意出土的商爵实物，为什么北宋聂崇义的《三礼图》，对爵造型的刻画居然那么不着边际。而且，宋人对爵之像雀的解释，以为是取雀的鸣叫，以期警示人们节制酒瘾，不至于沉湎，更是附会穿凿的腐儒之见。

关于爵为什么如此造型，今人许进雄先生有非常独到的见地，他说："它很有可能是当时人基于某种信仰，特意铸造出这种不见于其他文化的异常形状。爵字的另一意义是雀，虽可解释为起于同音上的假借，但爵酒器的形象，确实像极了许慎《说文解字》所解释的象鸟雀之形。商朝有其始祖因吞玄鸟之卵而生的传说，鸟图腾是东方氏族的共同信仰，商也是发源于东方的氏族。它们之间应该有某些关联。"[①]许先生对爵造型的这种推测，无疑是极为正确的。商民族是玄鸟崇拜的族群，他们和其他所有源自东方的鸟文化族群一样，都有与玄鸟即燕子有关的感生神话。可以断定，爵的这种造型，主要是爵的流和尾，应该是为了表现出鸟的形象，以刻意提示爵与鸟崇拜的渊源。

不过，流上的立柱似乎与鸟的形象无关，所以难以用鸟崇拜来解释。不少出土的爵，腹部有烤火的痕迹，而爵与觚经常相伴出土。于是，有人推测古人饮酒，可能先用爵温酒后再倒入觚中饮用。有学者因此猜测，很可能铜爵经过烧烤后太烫，不便用手把它从火上移开，因此在流上加铸两个立柱，以方便用布加以提携。但是，这种猜测比较牵强。首先，商爵的容量很小，

[①] 许进雄：《中国古代社会——文字与人类学的透视》，第244页。

小的只有 100 毫升,大的也不过 200 毫升上下,以这么小的容器温酒,一来效率低下不实用,很不符合嗜好饮酒的商民族的作风。其次,如果是为了便于提携,流上立柱的办法就既不高明,又完全是叠床架屋、多此一举,因为爵本来就有用来提携的把手。除此之外,也有人认为流上的立柱是为了防止人们过量饮酒——立柱好像可以妨碍人们过于尽情地畅饮。还有更异想天开的,猜测那两个立柱是为了分开胡子,不让胡子污染了美酒。

实际上,流上的立柱,也有深刻的玄机。其意义与爵的流和尾一样,都不是出于实用的考虑,而是由于原始宗教信仰的缘故。任何人都可以一目了然,甲骨文中爵字的写法,其上部作箭头的形状,或作蜿蜒的蛇形,与甲骨文中"申"字的写法相近。爵字的这一部分,显然是对应于流上的立柱。因此,爵字上部的虫形也即爵上的立柱,应该是对龙的象形,是一个微型的图腾柱。虽然爵的立柱都呈有帽的柱形,没有听说有蜿蜒状的实例,那应该是因为要把短的立柱铸成有动感的龙蛇状,会有太多技术上的困难,所以只好表现为有帽的柱形。这就是说,如果爵的尾和流是为了造就出鸟的形象,是出自鸟崇拜民族的原始创意,那么流上的立柱则是为了显示爵与龙崇拜的关系,是龙崇拜民族后来的刻意添加。因而,爵的造型很可能体现了龙、凤(鸟)两大文化族群各自的主要文化元素,正如华夏民族是龙、凤文化长期融合的产物一样,爵则是龙、凤文明在酒文化方面融合的一个例证。

图 9 二里头文化铜爵(河南偃师二里头出土)

图片引自《二里头遗址出土的铜器和玉器》,《考古》1978 年第 4 期。

这种猜想,正好与考古发现的爵形器物的发展历史相符合。考古学家发现的爵,以商代居多。商代有流有尾有柱的爵,其造型明显源于被认为是夏文化的偃师二里头遗址(见图 9)。当考古学家们继续向前寻找二里头文化爵的渊源时,都主要把目光集中到了山东地区的大汶口文化,这无疑是正确的。在爵开始出现于二里头文化早期的时候,流和尾都没有后来那么发达,流上也不是普遍有立柱。推测爵的起源与发展,很可能经历了这样的过程:山东地区鸟文化崇拜的人们,首先赋予酒以祭祀上的重要性,其中有的部落为此费尽心思地制作了精致的酒杯,即当代考古学家在山东地区发现的蛋壳陶,而另外的一些鸟崇拜部落,为了突显酒与鸟崇拜的关系,则发明了比较像鸟形的酒壶,这就是史书上说的鸡彝或鸟彝——鸟彝无疑更合适,又称鬹,是爵的祖型(见图10)。

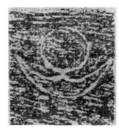

图10 大汶口文化陶器上的符号

图片引自王树明:《山东莒县陵阳河大汶口文化墓地发掘简报》,《史前研究》1987年第3期。

当鸟崇拜的民族向西部迁移并与西部地区的龙崇拜文化相遇之后,他们开始刻意强调爵的鸟形,以表达酒与鸟崇拜的关系,所以其流与尾开始变得夸张。但是,酒无疑也是龙崇拜民族乐于接纳的发明,并且很快就心安理得地把它当作是自己固有的爱好。应该是为了强调酒与龙崇拜的关系,他们在制造爵的时候,特意在流的上面加铸立柱,以表示这是他们专门对自己民族的神灵——龙进行祭祀的礼器。这种流上加柱的做法,经过夏代几百年的沿袭——夏是由龙崇拜族群为主导建立的"王朝",就成了爵的定制。到商人创造甲骨文的时候,他们已经认同了龙崇拜文化对爵的改造,所以在创造"爵"字的时候,上面以箭头刻意地提到龙的形象。等到西周时期,原始的龙、凤(鸟)图腾崇拜让位于新的道德思想,爵的那种奇特而不切实用的造型就最后消亡了。

第二章　中国诞生的地理学进程

——从龙飞凤舞到龙凤呈祥

分居于华北平原东西两边、各有其漫长历史的龙、凤族群在大约5000年前，在开发华北平原过程中的历史性相遇标志着中国文明的起源。但当代考古学告诉我们，除了这两支导致华夏文明出现的古代文明之外，在中国北到辽西、南到江南的广袤大地上，还同时存在着多个有独立、漫长发展历史的古代农业文明。而且，与同时期中原地区的文明相比较，这些文明的发展水准大致在伯仲之间。有考古学家把史前文明的这种状况称为"满天星斗"（苏秉琦）。考虑到这"满天星斗"的各个古文明都以龙（凤）崇拜作为其主要特征，我更愿意称之为"龙飞凤舞"。但这些古文明后来要么灭绝，要么走向衰落，总之都没有对中国文明的诞生作出直接贡献，甚至完全没有进入中国文明的历史记忆。只有黄河中下游地区的龙、凤文明光荣地成为伟大华夏文明的直接源头，这就是"龙凤呈祥"。此前的考古学家要么用"多元一体"（严文明）、要么用"一枝独秀"（王巍）来概说中国文明起源的这种状况，都不是很贴切。虽然此前的各个考古学文明可能都以某种方式对中国文明的起源作出了贡献，但中国文明并不是此前各个古代文明直接融合的产物，因而不是"多元一体"。中国文明也不是以豫西、晋南为中心的中原文明即龙崇拜文明的直接产物，所以也不是"一枝独秀"。为什么会从"龙飞凤舞"到"龙凤呈祥"，为什么是黄河中下游地区而且只是黄河中下游地区最终成为中国文明的故乡，这是每一个研究中国文明起源的学者都不能回避的重大理论问题。

第二章 中国诞生的地理学进程——从龙飞凤舞到龙凤呈祥

一、龙飞凤舞：前中国时代的文明状况

在辽西平原至燕山南麓一带的燕辽地区，从公元前6000年前后的兴隆洼文化开始，经赵宝沟文化过渡到公元前4000年左右，再演进为红山文化。这几个文化前承后续、一脉相承。

红山文化是燕辽文化的高峰，其主要成就集中在今辽宁建平、凌源、喀左三县交界处约50平方公里的牛河梁遗址群内。这个遗址群最特别的一个地方称为牛河梁第一地点，那里发现了一处半地穴式建筑，其中摆满了各种泥塑作品，包括飞禽走兽和女性人像①。考古学家相信，那是一座庙宇，供奉的女性可能是红山人的先祖。牛河梁遗址的大部分地点是被称为积石冢和祭坛的石质建筑遗存，以第二地点最有代表性②。这些积石冢是红山文化的高级别墓葬，其中出土了大量玉器，包括凤鸟形器与龙形器。特别值得注意的是，在这片位于红山文化中心、面积达50平方公里的区域内，没有发现日常居住、生活的痕迹，"像是一个充满丧葬和宗教祭祀活动的特殊场所，换言之，是整个红山文化的精神中心"③。在远离日常生活的地方建设那样大规模的工程，暗示了红山文化的社会分层和文明水准。但是，考古记录表明，红山文化在公元前3000年前后突然中断了发展。在当地后继的考古文化中，再也没有出现过牛河梁那样辉煌的文化遗迹。学术界普遍认为，燕辽地区文化的衰亡是由于气候向干冷方向变化，使那里不再适合于农作④。

在长江下游地区，7000年前左右的河姆渡文化就有颇为发达的稻作农业与木工建筑技术，还出土了制作精美的双鸟朝阳象牙雕刻。到公元前3300年前后，当地进入良渚文化阶段。良渚文化是长江下游文化发展的顶

---

① 辽宁省文物考古研究所：《辽宁牛河梁红山文化"女神庙"与积石冢群发掘简报》，《文物》1986年第8期。
② 同上。
③ 袁行霈等主编：《中华文明史》第1卷，北京大学出版社，2006年，第57页。
④ 宋豫秦等：《中国文明起源的人地关系简论》，科学出版社，2002年，第42、51页；孔昭宸等：《内蒙古自治区赤峰市距今8000—2400年间环境考古学的初步研究》，载周昆叔主编：《环境考古研究》（第一辑），科学出版社，1991年，第112—119页。

峰。在良渚文化时期，出现了大型石犁与耘田器，意味着人们已经掌握了服驭畜力的技术，这表明那里的稻作农业已经发展到很高的水准。在吴兴的钱山漾良渚文化遗址，考古学家还发现了中国最早的丝织品。良渚文化更让人印象深刻的是各地出土的大量精美玉器，有玉琮、玉璧、玉钺等各种形制，其上很多都有鸟形刻符，最有名的被称为"人神兽面纹"（见图11）。不过，称之为"人面鸟身"无疑更合适，它们都是那里鸟崇拜的遗物。

图11　甲型玉琮(M12:98)神人兽面纹饰放大照片

图片引自王明达：《浙江余杭反山良渚墓地发掘简报》，《文物》1988年第1期。

良渚文化最让人难忘的是良渚古城。2007年，考古学家意外发现了这座被认为始建于公元前2600年、废弃于公元前2300年的古城。良渚古城东西长1 500—1 700米，南北长1 800—1 900米，城墙厚度达60多米，总面积290多万平方米。良渚古城被发现后，主要由于其城墙的原因，引起了很多争议。良渚古城怀疑论者认为："古城墙"两侧系缓坡，无阻敌作用；"古城墙"过于宽厚（个别地段厚至百米），显然不像正常的城墙；"古城墙"不是整体一次性建成，而可能是由各个时期的不同堤坝碰巧凑合成圈；等等。怀疑论者的意图很简单：如果否定了"良渚古城墙"的最基本功能——"御敌"，"良渚古城"就会因为站不住脚而倒掉。"良渚古城墙"的发现者和捍卫者则强调，那千真万确就是4000多年前良渚文明修筑的古城，而且古城墙也是总体一次建筑而成,合围成一个闭合墙圈——不过,他们没有提出坚强的证据。至于其墙基为何如此宽厚(最少也有四五十米),其两侧坡度为何异常平缓,十分便于自己或敌人自由上下,他们也没有给出合理的解释。他们可能只是没有明说,城墙的宽厚平缓实际上表明了古人的愚笨。

可以看出,争论的双方都有一个共识,即认为城墙应该是用来御敌的。诚然,御敌是文明时代城墙的首要甚至唯一功能。如果坚持御敌是所有时代城墙的主要或唯一功能,那就的确有理由怀疑良渚古城的真实性。不过,应该怀疑的往往不是严肃的考古发现,也不是古人的智商,而是我们对事物的自以为是与先入之见。那么宽厚平缓的城墙显然不是用来御敌的,但是,如果我们把它看作是防御洪水的设施,它的宽厚与平缓就显得极其合理。实际上,良渚古城正是古人为应对洪水而修建的巨大城防。

稍微考察一下农业时代先民生活的地理轨迹,会发现人们的栖息地有一个从高处向低处、从山地向平原转移的过程。愈是早期的人类活动遗址,愈是位于地势相对高的山地或山洞。而所有伟大的农业文明,都由于它们成功征服或开发了某一片低平辽阔的大河冲积平原。这应该是考古学的常识。长江下游地区的史前文明,也必然遵循这一发展轨迹。也就是说,从河姆渡到良渚文明,那里的古人在不断向更加宽阔、肥沃的低地推进。这一过程的必然结果,是他们一定会遇到低地的洪水。那洪水并不是天气突然变化长期下大雨导致的[①],而是江河流出高原山地后在低处漫流形成的浩瀚水域。洪水在雨季无疑会更加汹涌澎湃,可能会淹没他们的家园。那些试图开发低地的先民因此选择集中居住,并在他们住地的四周修筑起一条宽厚结实的挡水围堤,这就是考古发现的古城。因此,古城并不是军事政治设施,而是农业文明的先行者们开发低地的根据地与桥头堡。应该可以断定,规模如此庞大的良渚古城墙不可能是一次性修筑的结果,那是当时社会的人力物力所不允许的。它应该是人们世代努力的结果,其目标是应对"百年一遇"的洪水。

---

① 如我们后面将要提到的王巍,他认为史前的洪水记忆是天气变化的结果。无论当时是否发生了气候变化,洪水记忆肯定与之无关。

但是，有着先进农业生产工具、各式精美玉器、丝绸和宏大古城的良渚文明，却在公元前2300年左右灭亡了，此后长江下游地区出现的考古学文明，完全没有良渚时代的气象。关于良渚文明的灭亡，学界大致有这样几种意见，一是认为由于气候变化，连年淫雨导致大洪水，摧毁了这个古代文明①。有人则猜测是由于军事失利导致元气大伤、一蹶不振。另一种观点则认为是由于良渚文化过于浓厚的宗教气氛：良渚文明"是一个宗教氛围非常浓厚的社会，这一点可以从各地发现的大量宗教性玉器、祭坛和豪华的丧葬行为反映出来。……终有一天，宗教色彩日益浓重而变得极端和僵化的社会调控机制，再也无法应对任何来自外部环境或内部形势的变化时，整个社会系统便一泻千里般地崩溃了"②。第一种意见完全误解了史前洪水的性质，这一点我们稍后将详细讨论。后面的两种意见则属于臆想。没有听说过由于宗教气氛浓厚导致文明灭绝的例子。而且，一些考古家们显然不是很理解考古时代原始宗教的意义。

良渚文明衰亡的主要标志是良渚文明的古城被废弃。古城是农业文明的先驱们为开发低地而修建的住地，但当时的长江下游低地由于江南平原的沉积速度缓慢，还是一片过于渊深的湖泊，完全不适合大规模开发。所以，经过数百年的尝试与努力，当人们经常被洪水围困孤城，收获的希望荡然无存时，人们理性地选择了放弃开发低地的努力，重新回到不易受到洪水威胁的高处去生活。这应该是良渚文明灭亡的根本原因。这虽然也是一种推测，但这种推测最符合文明发展的历史逻辑与理性，也被黄河中下游地区古代文明的发展道路从侧面予以印证——这是后面我们要专门讨论的。没有看到关于良渚文明之后当地各考古遗址地理高度的报告——几乎所有的考古发掘报告都缺乏相关具体数据，如果之后遗址的海拔地理高度高于良渚时代城址的海拔高度，这里的推测就能得到证实。

让我们再来看长江中游地区的文明发展情形。长江中游是稻作农业的

---

① 最先提出这种想法的是俞伟超：《龙山文化与良渚文化衰变的奥秘》，载张学海主编：《纪念城子崖遗址发掘60周年国际学术讨论会文集》，齐鲁书社，1993年，第9—11页。此外还有王巍：《公元前2000年前后我国大范围文化变化原因探讨》，《考古》2004年第1期。
② 袁行霈等主编：《中华文明史》第1卷，第62页。

第二章 中国诞生的地理学进程——从龙飞凤舞到龙凤呈祥

发源地之一,其文明化起步可以追溯到6000多年前的大溪文化。"从继承大溪文化而来的屈家岭文化开始,直到后续的石家河文化的早中期,长江中游地区的文化步入最为繁荣的时期。"①其标志是那里的人们开始大量修筑古城,目前已发现10多座,其中规模最大的是湖北天门石家河古城。城址平面略呈长方形,南北长1 000余米、东西宽900余米,面积约120万平方米。城墙残高3—8米,墙底宽30—50米。城外侧有护城河,宽60—100米,深4—6米。古城存续年代约为公元前2600年—公元前2000年前后。城内大部分地段是排列密集的房屋。城址出土的器物没有良渚古城精美,有大量陶塑动物与人像,及数十万计的杯状小陶器。城内虽有墓葬,但葬品不丰富。城的外围,散落着一批普通村落。主要由于石家河时期稻作农业水平的发达尤其是大量古城的存在,该文明被认为是与良渚文明同等水平的古文明。但这个文明也在公元前2000年左右灭亡了。包括石家河古城在内的所有石家河时代的古城都被荒废,接下来,石家河文明的故地少有人类活动的踪迹,文明的萧条状态要到商周之际才有所改变。

对于长江中游地区文明的衰亡,一种意见是倾向于用水患来解释,认为当时中国发生了大范围气候异常。严文明则根据史书中关于尧舜禹与三苗的战争记载,推测是长江中游的文明与北方中原地区的华夏文明发生了长期大规模武装冲突,并且在冲突中被中原文明灭亡②。我们很难想象史前时代会有如此远距离的大规模战争,更难想象长途跋涉的入侵者能够把以逸待劳、有高城深池作为掩护的守土者打败甚至歼灭。实际上,长江中游地区的文明衰亡与下游地区一样,都应该理解为人们在以古城为据点开发低地平原的伟大尝试因为时机不成熟而失败之后的主动放弃,与气候异常和战争完全无关。实际上,一些学者已经明确意识到当时的城墙主要是为了防御洪水③。

---

① 袁行霈等主编:《中华文明史》第1卷,第63页。
② 同上书,第66页。
③ 何驽:《长江中游文明的进程》,载北京大学古代文明研究中心:《古代文明研究通讯》总第9期,2001年;王红星:《从门板湾城壕聚落看长江中游地区城壕聚落的起源与功用》,《考古》2003年第9期。

111

前中国时代黄河流域的文明主要集中在两片区域,一片是山东半岛的山坡高地。泰山北麓的后李文化可以追溯到七八千年前,经北辛文化过渡到大汶口文化,到公元前2500年左右,大汶口文化演变为山东龙山文化,出现大量古城,进入古城期。海岱文化的基本精神特点是鸟崇拜。关于海岱地区文化的历史命运,学界有两种不同的判断。王巍认为那里的文化也在公元前2000年左右出现了衰退:"以黄河下游地区为例,分布于此地区的山东龙山文化在继承了大汶口文化传统的基础上,再创辉煌,其鬶、盉、鬹等各类酒器的多样性和优美的造型,质地纯净的黑陶和白陶的烧制技术,制作工艺极为复杂,令现代陶工都叹为观止的、薄如蛋壳(壁厚不足1毫米)的'蛋壳陶',以及制作精致并有雕刻出繁缛的兽面纹饰的穿孔玉石器等,成为当时最为先进的史前文化之一。而其后出现于黄河下游的岳石文化则相形见绌,其陶器以器壁厚重的呈子母口的灰陶器为特点,不见制作精美的蛋壳陶;石器中琢制石器占相当比例,磨光石器较少,也未见精致的玉器。前后两者的文化面貌反差较大。"① 严文明则认为:"大体说来,海岱地区社会文明化进程虽然起步略晚,但从此便不间断地发展下来了,直到商代早期,一直是一个颇有竞争力的地方文明。"②

另一片是黄河中游以豫西、山西、陕西为中心的中原地区,那里的早期文明也集中分布于山坡高地,如裴李岗文化、半坡文化等。到公元前2500年左右,中原地区也进入古城期。中原文明的精神特点是龙崇拜。这一地区文明的历史命运,大家都众口一词地承认它是中国文明的直接源头。至于其原因,一说是因为其地理位置:"所谓中原,名副其实,是一个居天下之中,八方辐辏之地,是物流和情报信息的中心枢纽。……这一地理优势,是包括黄河下游海岱地区在内的各地方社会远不能比拟的。中国文明的形成,是一个极为复杂的过程,各个地方社会都为此作出过自己的努力。但是,他们的成功失败、经验教训,最终都融入到中原这座大熔炉。这座大熔炉,既熔铸出了中原社会的文明化方向,也练就了中原人包容万象的开放心

---

① 王巍:《公元前2000年前后我国大范围文化变化原因探讨》,《考古》2004年第1期。
② 袁行霈等主编:《中华文明史》第1卷,第69页。

第二章 中国诞生的地理学进程——从龙飞凤舞到龙凤呈祥

理和胸襟,它对周边社会的凝聚力不断增强,从而为三代文明以及一个更为持久的以中原为中心的历史发展趋势奠定了基础。"①一说是因为:"与黄河下游和长江中下游地区相比,黄河中游地区受低温、干旱、洪涝等自然灾害危害的程度要小。同理,黄河上游地区等粟作农业区所受的危害也相对较小。这应当是华夏集团在气候异常面前得以免遭劫难,其文化与社会得以持续发展,最终在中原地区建立起第一个王朝国家的客观原因之一。"②

总之,考古学家们认为,主要由于地理位置的原因,中原地区的史前文明是中国文明的直接源头,中原是中国文明的故乡。这种观点的主要不足是,不能在历史传说、文献记载与考古发现之间建立起令人信服的逻辑关联。

按照华夏民族的历史传说与文献记载,中国文明的起源有相互交织的两条基本线索,第一条是人物或族群线索。关于华夏文明的最早历史传说,是来自黄河流域西部的炎黄族群与东部的蚩尤族群之间的战争。这场族群争执的第一个回合是黄帝的胜利,并在胜利的基础上建立了最早的族际联盟,他也因此成为华夏民族的人文初祖。黄帝之后,相关的人物大致有颛顼、共工、少昊、太昊、喾等。到尧舜禹时期,两族建立了轮流(担任联盟首领)机制。但大禹之后,联盟最高首领开始基本固定在他所在的西部族群内传递。这就是通常所说的夏王朝。到夏代末年,东部族群领袖商汤确立了联盟最高首领固定在东部族群内传递的机制,这就是商王朝。商代后期,由于有甲骨文的存在,中国进入信史阶段。第二条是事件与地理线索。华夏文明的洪荒状态是一片荡荡洪水,面对洪水,人们首先发明了筑城技术,然后通过疏导治理了洪水。伴随着洪水的治理,夏王朝诞生。人们对洪水时代的地理记忆主要与豫鲁地区有关,如阳城、帝丘。洪水之后的夏商两朝,人们活动的中心地带也是豫东鲁西地区。再来看考古发掘,考古发现的古城主要分布于河南与山东两地——山西只有一座。古城时代之后,夏商两代的主要都邑也集中分布于豫东鲁西一带。因此,当前学术界的主流意见把华夏文明仅仅理解为西部地区的中原文明向前发展的结果,就不仅模糊

---

① 袁行霈等主编:《中华文明史》第 1 卷,第 73—74 页。
② 王巍:《公元前 2000 年前后我国大范围文化变化原因探讨》,《考古》2004 年第 1 期。

了前中国时代与中国时代的界限,而且抹杀了东部鸟崇拜文明对于华夏文明诞生所作出的直接而伟大的历史贡献,因而把龙凤呈祥导致的华夏文明说成是西部龙飞。

二、龙凤呈祥

造成这种状况的根本原因,主要是考古学家对洪水、古城与治水故事的真相缺乏洞察。下面我们分别予以考察。

1. 文献中的洪水与古城

文献中最早的洪水记载,应该是《诗经》:

> 洪水芒芒,禹敷下土方。(《长发》)

《诗经》之外,《尚书》中有很多篇目都提到史前洪水,兹举其要:

> 帝曰:"咨! 四岳,汤汤洪水方割,荡荡怀山襄陵,浩浩滔天。下民其咨,有能俾乂?"佥曰:"於! 鲧哉。"帝曰:"吁! 咈哉,方命圮族。"岳曰:"异哉,试可乃已。"帝曰:"往钦哉!"九载绩用弗成。(《尧典》)
>
> 禹曰:"洪水滔天,浩浩怀山襄陵,下民昏垫。予乘四载,随山刊木,暨益奏庶鲜食。予决九川距四海,浚畎浍距川;暨稷播,奏庶艰食鲜食。懋迁有无化居。烝民乃粒,万邦作乂。"(《益稷》)
>
> 箕子乃言曰:"我闻在昔,鲧陻洪水,汩陈其五行。帝乃震怒,不畀洪范九畴,彝伦攸斁。鲧则殛死,禹乃嗣兴。天乃锡禹洪范九畴,彝伦攸叙。"(《洪范》)

先秦诸子也大多提到洪水,尤以墨子、孟子为著:

> 当尧之时,天下犹未平,洪水横流,泛滥于天下,草木畅茂,禽

第二章 中国诞生的地理学进程——从龙飞凤舞到龙凤呈祥

兽繁殖,五谷不登,禽兽逼人,兽蹄鸟迹之道交于中国。尧独忧之,举舜而敷治焉。舜使益掌火,益烈山泽而焚之,禽兽逃匿。禹疏九河,瀹济漯而注诸海;决汝汉、排淮泗而注之江。然后中国可得而食也。当是时也,禹八年于外,三过其门而不入,虽欲耕,得乎?(《孟子·滕文公》)

  古者禹治天下,西为西河渔窦,以泄渠、孙、皇之水;北为防、原、泒,注后之邸嘑池之窦,洒为底柱,凿为龙门,以利燕、代、胡、貉与西河之民……(《墨子·兼爱中》)

《国语》这样讲到大禹治水:

  高高下下,疏川导滞,钟水丰物,封崇九山,决汩九川……合通四海。(《国语·周语下》)

汉代的文献《淮南子》则这样讲到史前洪水:

  往古之时,四极废,九州裂,天不兼覆,地不周载,火爁焱而不灭,水浩洋而不息……(《淮南子·览冥训》)

关于鲧筑城,史书记载稍显简略。《世本·作篇》载:"鲧作城郭。"《世本》张澍补注转引《吴越春秋》指出:"鲧筑城以卫君,造郭以守民。"《淮南子·原道训》说"昔者夏鲧作三仞之城"。

鲧因治水失败而受到惩罚的记载则很多,这里仅选列以下几条:

  昔尧殛鲧于羽山,其神化为黄熊,以入于羽渊,实为夏郊,三代祀之。(《左传·昭公七年》)
  其在有虞,有崇伯鲧,播其淫心,称遂共工之过,尧用殛之于羽山。(《国语·周语下》)
  鲧鄣洪水而殛死,禹能以德修鲧之功……(《国语·鲁语上》)

是故舜之刑也殛鲧,其举也兴禹。(《国语·晋语五》)

昔者伯鲧,帝之元子,废帝之德庸,既乃刑之于羽郊……(《墨子·尚贤》)

舜流共工于幽洲,放驩兜于崇山,杀三苗于三危,殛鲧于羽山,四罪而天下咸服。(《孟子·万章上》)

鲧窃帝之息壤以堙洪水,不待帝命。帝令祝融杀鲧于羽郊。(《山海经·海内经》)

除了传世文献,新近出土了一件据考是西周中期的铜器遂公盨,其铭文中提到"天命禹敷土,随山浚川",行文与传世文献极其一致,说明大禹治水的传说至少在西周时代已经广为流传。

如此众多的古代文献都提到洪水、古城与治水,说明它们是华夏民族关于自身早期历史的深刻记忆,应该不是向壁虚构。而且,古代文献中的洪水尤其是古城记载已经得到了当代考古发掘的有力佐证。

2. 考古发掘中的古城与洪水

20世纪以来,考古学家在华夏大地上发现了众多古城。尤以黄河和长江中下游地区的古城具有代表性。长江流域的古城前面已经简单讨论,这里不再重复。

黄河中下游地区发现的上古古城,年代最早的要推郑州北郊的西山遗址,那里发现了距今约5300年至4800年的仰韶文化古城墙建筑。之后的龙山文化时代,古城大量出现。目前已经发现的龙山文化古城,分布在河南的有六座,分别是郝家台古城(4600年前左右,城址面积3万多平方米,遗址所在面积6万多平方米)、平粮台古城(4500年前左右,城址面积5万平方米,遗址所在面积5万平方米)、孟庄古城(4400年前左右,城址面积12万平方米,遗址所在面积30万多平方米)、后冈古城(4700—4100年前期间,具体面积不详)、王城岗古城(4000年前,城址面积34万平方米,遗址所在面积50多万平方米)、古城寨古城(4000年前,城址面积17万平方米,遗址所在面积27万多平方米)。山西一座,即陶寺古城(4100年前左右,城址面积

第二章 中国诞生的地理学进程——从龙飞凤舞到龙凤呈祥

280 万平方米,遗址所在面积 400 万平方米)①。山东龙山文化古城,知名的有章丘城子崖、寿光边线王、邹平丁公、临淄田旺、阳谷景阳岗、五莲丹土、连云港藤花落等地。其中边线王最小,面积 5.7 万多平方米,景阳岗面积最大,面积 38 万多平方米。此外,在鲁西平原地区,还发现了成组分布的龙山文化城址。其中一组以茌平教场铺城址为中心,南北纵长 20 公里内分布有 5 座龙山文化城址。不过,山东地区的龙山文化城址缺乏详细的考古发掘资料②。

总体来说,这些城址都分布在山地与现今平原地带之间的二级台地上,地势比周围略高;城址或有城墙或有城壕,城墙大多都很宽厚。前述平粮台城址总共 5 万平方米,城墙占地就达到 2 万平方米。这些古城都在使用一段或长或短的时间后被废弃。而且,黄河中下游地区的古城在废弃以后,当地总体进入历史时期,华夏文明随之诞生。

考古发掘中的古城,让人一目了然。但是通过考古确认史前洪水的存在,尤其是洪水与古城的关系,就不很直观。总体说来,学术界认为古城与洪水相关的证据有下面几条。

首先,很多学者都意识到,古城的兴建很可能与洪水有关。古城的地势均比周围高,且分布在二级台地上,可能是为了躲避洪水。很多古城都与古河道沟连,且有水门,说明当时水势很盛,可以达于今日的二级台地。尤其是山东平原地区很多 4000 年前的古代遗址,多位于高出周围数米的人工堆筑的"堌堆"上,这样的人工堆筑应该是为了防控洪水。其次,部分学者认为,古城的城墙与壕沟很可能也是为了抗洪与行洪。当时及之后夏商时代的城墙,外坡都过于平缓,很不利于防守,是后世防洪堤的典型样式③。再

---

① 这里的有关数据来自高江涛:《中原地区文明化进程的考古学研究》,社会科学文献出版社,2009年,第 203—204 页。
② 资料来源同上书,第 487 页。
③ 这种观点的代表是许进雄,他在《中国古代社会——文字与人类学的透视》一书中详实有力地提出了古城的防洪作用。他说,龙山时代晚期的王城岗西城墙,是在大水冲倒之后,利用旧城墙再修建的。河南辉县共城的城墙,基槽宽达 60 米。这么厚的墙,应该是用来防北面太行山的山洪。商代早期建造的郑州商城,其城墙最宽处 36 米,平均高 10 米,宽 20 米,剖面呈梯形,分层分段用黄土夯筑而成。城墙的内外都有护坡,护坡角度甚缓。湖北黄陂盘龙城的商代城墙,坡度小于 45 度,是防水堤常见的形式。

次,考古学家推测,有些古城的废弃可能与洪水有关。考古学家在良渚、陶寺、孟庄的后期遗存中发现了类似洪水泛滥的痕迹①。

不过,以上对古城与洪水关系的推测,由于缺乏对史前洪水性质的正确把握,既不能真正确认洪水的存在,更不可能理清洪水与古城的关系。

3. 史前洪水的性质

关于史前洪水的性质,或者换句话说,中国的史前洪水记忆究竟是如何形成的,学界并没有形成统一的看法。

有一种观点认为,史前洪水记忆源于当时真实发生过的一场气候灾难。即在距今4000年左右,中国曾经发生过一次大的气候波动,这种气候波动"主要表现为气温的降低与降雨量的不正常"②。这一观点的主要代表是王巍,他也是国家科技部"十五"科技攻关项目"中华文明探源工程"的首席专家。在他署名为第一作者,发表在2010年2月23日《光明日报》上的《中华文明探源工程的主要收获》一文中,他说:"研究结果表明,在公元前2500年—公元前2100年期间,中原地区的气候较为温暖湿润,适合农业的发展。公元前2000年左右,在黄河中游地区曾有一个气候较为异常的时期,其主要表现为温度变化尤其是降雨量的不均衡。这一研究结果与古史传说中关于尧舜禹时期气候异常、灾害频发的记载相吻合。"

认为降雨而导致洪水,这种观点比较合乎常识。但让持这种主张的人感到难过的是,前引的诸多古代文献中,没有一条讲到那场洪水是由降雨导致的③。按常理,如果洪水是由降雨引起的,古人应该会有很多关于下雨情形的夸张表述。我猜测,这应该是王先生在他的文章中讲到当时可能发生过的气候波动时,不好直接用降雨大幅增加,而采用"降雨量的不均衡"这一模糊措辞的主要顾虑。

---

① 参见王巍:《公元前2000年前后我国大范围文化变化原因探讨》,《考古》2004年第1期。
② 同上。
③ 需要说明的是,认为洪水与降水有关的记载并非完全没有。《庄子·秋水》说:"禹之时,十年九潦而水弗为加益。""十年九潦"既可以理解为十年水灾,也似乎可以理解为那十年雨水偏多。"禹五年水"(《管子·山权数》)、"禹十年水"(《荀子·富国》)都可作如是观。《淮南子·齐俗训》则直接说"禹之时,天下大雨"。笔者读书不博,这是其看到的古代文献中把洪水与下雨直接挂钩的唯一记载。

第二章 中国诞生的地理学进程——从龙飞凤舞到龙凤呈祥

文献中不仅没有讲到大量降雨,相反,古人在形成洪水记忆的同时,大量地谈到华北地区的干旱。并且,人们的这种干旱记忆从史前时代到历史时期是高度一贯的。从黄帝时代的旱魃或旱魅传说,到夏代的后羿射日神话,到商汤准备自焚求雨,再到甲骨文中大量的求雨占卜,以及更晚近的历史记录,古代文献中的干旱记载从来没有间断过。考虑到华北从史前时代以来主要是旱作农业区域,这种干旱记忆无疑具有真实性。而且,这种干旱记忆似乎得到了古气候研究的佐证。有古气候环境研究专家认为,华北地区在4000多年前不是出现了降水明显增加,而是出现了降水量大幅减少的趋势①。

认为洪水源自一场真实发生的气候灾难的另一个困境是,他们很难让人信服地说明,古人究竟是如何克服那场滔滔洪水的。那时人烟稀疏,互不统属,社会领袖能够有效动员的地域范围估计不会超过后世的百里,能够动员的人力很难超过数千,工具只有木棒和石头,以这样的人力和物力,要治理大范围全流域的洪水完全没有可能。

另一种观点认为,洪水记忆是由于黄河流经山地丘陵达至平原以后,由于地势落差太大,加之没有束缚,所以泛滥成灾,从而使中原地区的古人形成洪水记忆。这种主张的代表是前辈学者徐旭生。他认为,洪水的洪原本是一个专名,指发源于今河南辉县境内的小水,因为辉县旧名共,水也就叫共水,洪字的水旁是后加的。因为它流入黄河后,黄河开始为患,当时人就用它的名字指示黄河下游的水患。至于洪解为大是后起附加的意义。洪水的发生区域主要在兖州,次要的在豫州、徐州境内。余州无洪水。禹平水土遍及九州的说法是后人把实在的历史逐渐扩大而成的②。洪水最初是否特指共水,并不一定,也不重要。徐先生这里的核心主张,是认为中国古代的洪水记忆,主要源于特定地域的河患。

---

① 具体可参阅沈长云:《夏族兴起于古河济之间的考古学考察》,《历史研究》2007年第6期。文章中说:"迨至距今5000年左右,地球上的气候突然起了变化,整体上转向温凉干燥,气温降低,降水量减少。华北平原暨中原一带许多地方的孢粉资料表明,这些地方出现了栎等喜暖类阔叶树种减少,耐干凉的树种如松树等类植物增加的现象。"
② 徐旭生:《中国古史的传说时代》(增订本),第161页。

不过,洪水为什么会发生在那个特定的时代,徐先生仍然借助于降水来解释。他推测,那时中国还处于"初进农业的阶段",还没有发明掘井的技术。"设想在某个大平原上面,有几十年或几百年降雨量比较稀少,人民因为当日还没有发明出来掘井的技术,生活就被限制在湖泊或河流的附近……他们积数年或数十年的经验,可以看出夏秋的涨水总有一个超不过的界线。在这界线以外的近处就应该是他们氏族居住的地方……不料过了若干年以后,忽然气候变迁,雨量增加,山水大来,湖泊与河流的涨溢超出了前几十年或数百年的界线。他们的住所全被冲坏,他们大部分的用具全部漂没。"①

可以看出,徐先生之所以要把降水与黄河的河患结合起来说明洪水记忆,主要基于这样两个推断或假设:第一,洪水出现在中国"初进农业阶段的时候";第二,洪水出现之前,人们的住地就在平原上靠近河湖的地方。由于考古发掘成就的局限,他的上述假设在 20 世纪中叶似乎并无不妥。不过,考古学最近几十年的新进展表明,徐先生的上述假设完全不正确。首先,在 4000 多年前中华民族开始形成洪水记忆的时代,我们的祖先早已超过了"初进农业阶段的时候"。无论是在江南还是华北,至少 7000 年以前,中国的先民就开始以农业作为主要生计了。到 4000 多年前洪水记忆形成的时候,中国农业已经有数千年的积累,远不是初进农业的阶段。其次,在真正初进农业的阶段,人们的住地大多在山坡、山脚,远远不可能达至现在的平原地带。

但徐先生的观点提示我们,洪水记忆的形成可能与人们的住地有关。而史前人们生活住地变动的大致轨迹,考古发掘已经很充分地给我们揭露出来了。

在长江中游地区,从八九千年前到四五千年前最有代表性的遗址依次是彭头山遗址(八九千年前)—城头山遗址(6000 年前)—石家河遗址(四五千年前)。而且,彭头山无城,城头山有小城,石家河有大城。历史时代人烟稠密的平原地区当时还没有人类活动的痕迹。虽然没有看到这三处遗址海

---

① 徐旭生:《中国古史的传说时代》(增订本),第 130 页。

第二章　中国诞生的地理学进程——从龙飞凤舞到龙凤呈祥

拔地理高度方面的具体数据,可以推断,在这数千年间,人们的住地与活动区域肯定是在向日益开阔低平的平原方向移动,而不是相反。在长江下游地区,最有代表性的遗址是河姆渡遗址(7000年前)—良渚文化遗址(四五千年前)。经考古地质研究,河姆渡是海浸停止以后那里最早露出水面的一块高地。虽然那里的文化堆积延续至5000年前左右,但那里一直没有出现古城墙。良渚文化遗址分布在环太湖流域中的高地上,地势更加开阔,有规模庞大的古城。这说明那时当地的古人也在向地势开阔的低地运动。与中游地区一样,在地势更低的广大地区,尽管后世人口密集,但当时也没有人烟。

在黄河中下游地区,从公元前5000年以后很长一段时间,史前文化分布的主要中心,都集中于华北西部的河谷阶地及东海岸这两处高地。"处于两文化中心之间的华北平原,是中国自有史以后的政治活动中心。它由黄河及其支流冲积而成,是洪水泛滥区,不适宜初级的农耕,所以很少发现六千年以前的遗址。"[①]要到公元前3000年以后,分布于东西两边的先民分别开始向现在的华北平原地区移动,"传说中的黄帝是公元前2700年前的人物,与华北平原在公元前3000年后才渐有遗址的考古现象也不冲突"[②]。这一时期在华北平原地区出现的遗址尤其是城址分布,大都集中在地势较高的二级台地上,更加低平的地区则还来不及有人烟。可见华北地区的古人也是从高处向低处运动的,直到距今大约四五千年前后才运动到华北平原地区的高地。

华夏民族的先民之所以会发生这样从高处(有学者称那时的先民为"山坡居民")向低处即二级台地的运动,应该是因为人口的增长,高处有限的生存空间和土地资源不敷应用,人们被迫向低处进军的缘故。低处地势开阔,土地肥沃,适于作物生长,能承载更多的人口,容纳更先进的文明。5000年前的华北低地一定迥异于现在的情形。《尔雅》记载了2000多年前华北地区的很多大湖与众多河流,散见于其他记载的稍小湖泊则更多,但这些河湖

[①] 许进雄:《中国古代社会——文字与人类学的透视》,第102—103页。
[②] 同上书,第104页。

后来绝大多数都消失了。由此推测,现在的华北平原在五六千年前应该还是一片汪洋与沼泽,只有少数的高地露出水面。那时的黄河流出豫西山地以后,应该没有固定的河道,很可能是任性漫流。现在的华北平原正是黄河长期漫流即泛滥后沉积的产物。传说时代的共工号称"水师",即能够治理大水的巫师,说明他面对的是一片大水。那片大水应该就是黄河的漫流。到甲骨文中,水师变成了河伯,说明漫流开始消失,黄河开始有基本稳定的河道。但黄河并不是一下子就变成现在的一条,历史时代的文献中有"九河"的记载,可能是对黄河漫流结束时分割成为众多河道的历史记忆。

这就是说,现在考古学家所说的二级台地,当时实际上处于黄河漫流所形成的巨大湖泊的前沿。当地处华北平原东西两边的山坡居民由于种种原因分别向低地运动的进程中,他们一定会在某个特定的时刻遭遇到漫流的河水——一片浩瀚的湖泊与沼泽。他们遭遇的是前所未闻的真正的洪水。每年的丰水季节,尤其是偶发的特大洪水,会淹没他们家园。这种洪水虽然早已在那里年复一年地存在了不知道多少岁月,由于人们只是在离开山坡,来到台地以后才开始遭遇它,所以此前对它没有任何印象。它虽然是真正的洪水,其存在却与当时的降雨没有直接的关联——虽然雨季会更加汹涌澎湃。可以肯定,正是这种前所未有的洪水遭遇造成了华夏民族的洪水记忆,这种洪水记忆是中国特定地区在一定社会历史发展阶段的必然产物。

4. 古城、治水与文明起源

明白了史前洪水的性质,我们对古城、治水与文明起源就会有全新的视角。

关于中国史前古城的性质,此前学术界有林林总总的意见[1]。大体说来,主流的观点认为,古城是人口增长并相对集中之后出现的新型高级聚落形态,古城的出现标志着城乡差别的产生、国家出现和文明时代的到来;古城是邦国的权力中心,具有一定地域内政治、经济与文化中心的职能;但人们都承认古城基本不具备商业功能;关于城墙或壕沟,人们通常把它理解为

---

[1] 具体可参阅许宏:《先秦城市考古学研究》,北京燕山出版社,2000年。在该书的"绪论"部分,作者简要地介绍了国内古城研究的各种主要观点。

军事防御设施——也有人认为城墙可能主要是为了抵御洪水;至于古城的废弃,人们认为是社会动荡、战争频仍的象征。可以看出,学界现有的古城研究主要强调古城的政治(军事)功能①。

对于古城研究用力最勤的当代学者要数许宏先生,他也最彻底、最充分地强调了古城的政治功能。他说:"判断城市与否的决定性标志是其内涵而非外在形式,中国早期城市的特质在于其都具有作为政治中心的'都邑'的内在属性。""与原始村落相比,中国早期城市具有以下几个主要特征:1.作为邦国的权力中心而出现,具有一定地域内的政治、经济和文化中心的职能;王者作为权力的象征产生于其中,在考古学上表现为大型夯土建筑工程遗迹(包括宫庙基址、祭坛等礼仪性建筑和城垣、壕)的存在。2.因社会阶层分化和产业分工而具有居民构成复杂化的特征,非农业生产活动的展开使城市成为人类历史上第一个非自给自足的社会;政治性城市的特点和商业贸易欠发达,又使城市作为权力中心而派生出的经济中心的职能,主要地表现为社会物质财富的聚敛中心和消费中心。3.人口相对集中,但处于城乡分化不甚鲜明的初始阶段的城市,其人口的密集程度不构成判别城市与否的绝对指标。"②按照他的意见,当时的城里人主要是非农业人口,这是极其让人怀疑的。

片面强调古城的政治功能无疑更多地掩盖而不是揭示了古城的真相和意义。毫无疑问,只要有人群,就需要有组织与秩序,所以,在任何一个聚落中都可能会有明确表示权力与秩序的场所。由于政治生活从来就具有的重要意义,这个场所也一定是这个聚落中最重要、最醒目的所在。这可能是导致诸多学者们把古城的本质内涵归结为政治性因素的主要原因。但是,政治生活的重要性在文明草创、生存艰难的史前时代,是否重要到使当时的人们决定以建立古城的形式来体现,是让人很有理由怀疑的。纯粹为了政治的需要,似乎不需要费那么大的气力建造城市。古代埃及文明与玛雅文明,被很多学者认为是"无城市的文明"。此外,所有的游牧文明,也没有城市的

---

① 这些观点其实是目前学界的共识,所以不便也不必列举到具体的文献与作者。
② 许宏:《先秦城市考古学研究》,第9—10页。

要素。但这些文明无疑都有或可以有足够完备的政治生活。以建立与保持秩序为中心的政治生活,在后世的历史时代无疑具有更加完备的形式与更加明显的重要性,但即使是后世的城市,也不能主要归结为政治设施。

关于古城,需要特别指出的几点事实是:第一,古城并不一定出现在大型聚落遗址中①。而且,正如许宏指出的,古城大多并不是早期聚落遗址自然生长的结果,而是在原来的中心遗址之外另建新邑。对此他如此解释:"这表现了城市与中心聚落发展的非连续性,后者作为原始聚落的最终形态,虽已萌生出了某些新的文明因素,但在剧烈的社会变革中已无法担负起承载国家这一崭新的社会组织的职能。设防城市的出现不仅仅在于其对外的军事防御意义,同时也是社会结构变化的显著标志物。"②但我们还是有理由感到困惑,如果古城的内涵主要是政治与权力中心,为什么不在原有的中心聚落就地扩建而要另立新邑?第二,华北古城大多集中分布于现在的高地与平原之间的二级台地上,其所在地理位置通常比此前遗址所在地更加低平开阔。我们要问,难道只有这样的地理位置才适合作为政治中心?而且,在鲁西平原一处南北20公里的纵线上,接连分布着五座古城,如果作为政治中心,似乎过于密集。第三,相对于当时的战争手段与需要来说,那时的城墙无疑过于宽厚。另外,依据后世战争惨烈时代的历史经验,战争虽可以使一座城市暂时萧条,但难以使众多城市永久废弃。

总的来说,现有的古城研究,由于缺乏对洪水记忆的正确解读,既没有说明古城出现与洪水记忆在传世文献中存在的内在勾连,更不能让人明了古城对于华夏文明诞生的实质性意义究竟何在。但是,如果确立了前面对于洪水记忆的理解,一切都会迎刃而解。

当人们从山坡高地来到台地遭遇低地洪水的时候,他们最需要保护的首先是他们的住地,所以他们尽量选择在地势较高的地方建造庐舍。尽管如此,由于地势的缘故,他们的住地仍然有可能被夏季的洪水淹没。此时,最有效的解决办法就是集中居住,利用集体的力量在他们的住地周围筑起

---

① 参见高江涛:《中原地区文明化进程的考古学研究》,第203—230页。
② 许宏:《先秦城市考古学研究》,第10页。

一道尽可能坚固的拦洪围堤,或者同时挖掘一条有利于行洪的河壕——挖掘壕沟的做法,在他们往日的山坡住地就有,主要应该是为了排泄暴雨产生的积水。如果这两者还不够,那就再填土抬高住地的房基,如淮阳平粮台城址。这样的住地就是我们现在考古发现的古城。目前没有看到龙山时代华北平原地区各城址海拔地理高度的具体数据,但我推测,同时期各地城址应该大体处于同一个海拔高度,这是由当时华北低地湖泊的水位决定的。

当时的人们从山坡来到台地新建古城,并不是为了做一个衣着光鲜、不事农作的城里人(官员、手工艺人或生意人),而是为了比住在山坡更加便利地开发古城周围的肥沃土地,以养活更多的人口。对古城的考古发掘表明,城内的建筑绝大多数是普通的民居,没有专门的商业设施。可以断定,当时古城的居民大都是以农业为主要生计的农夫。虽然早就有手工业,但应该还没有不事农作的专职手工艺人。

当然,考古学家经常都会在城内某处发现经过特别处理的大型夯土台基,表明那里曾经是城内最重要的建筑。有人群的地方,就一定有政治,大房子是任何一个早期聚落都必然具有的建筑形式,大房子虽然表示那里是古城的政治中心,但古城有政治中心,并不必然意味着古城的本质就是当时社会的政治中心。把古城认定为政治中心,至少意味着这样两点:第一,在古城之外,生活着远比古城人口多得多的非古城人口;第二,古城对这些人口具有统治或管辖功能。这两点在当时的历史条件下都不可能成为现实。

古城也不是军事设施。这不仅因为古城的城墙过于宽厚,尤其是内陡外缓的形制很不利于战争的守备,而且当时地广人稀、物产匮乏,人们完全缺乏进行大规模战争的动机和能力。或以为城墙修得那么厚,人口一定很稠密。其实我们考古发掘到的城墙,应该是人们世代努力的结果,不像战争是朝夕之间的事。实际上,夏商时代及以前的城墙都应该是拦洪的堤坝,"筑城以卫君"应该是西周时期才可能产生的观念。商代晚期的都城殷墟,作为王都存在了 200 多年,迄今没有在那里发现城墙的痕迹。如果此前 1000 年前就有筑城卫君的观念,需要有城墙作为防守的屏障,殷墟作为那时的王都所在地,不应该没有大规模的城防设施。殷墟没有城墙,应该是由于那里不会或极少受到洪水的威胁,所以不需要为之大兴土木。因此,宽厚缓坡的城墙不可能是古人防卫过当或防卫失当的物质遗留。这可能也同时表明，当时的战争规模很小，所以战争攻守的技术在西周以前可能还没有引起人们的关注。商周之间展开的一场生死之战，是在一个叫牧野的地方进行的。这是一场由武王发动的侵略战争，可能是中国大规模战争的开始，据说武王率领的部队有5万多人。纣王是主场作战。对于这场战争，武王早有准备，甚至有盟津观兵的举动，纣王不可能不知道。从牧野的名称可以推断，战争没有在城里进行，纣王也没有进行修筑城防的战备工作。据史书记载，战争早上开始，晚上就结束了，完全没有血战与死守①。

因此，古城是洪水时代聚落的一种特殊形式，是人们开发低地平原的桥头堡和根据地，是农业文明的先锋，是中国史前农业社会发展到特定历史阶段的产物。这应该是古城既不一定出于大型聚落之中，也通常在建城之前没有人类活动痕迹的根本原因。

鲧大约是最早发明筑城技术的专家，城墙这一伟大发明使人们得以在洪水面前站稳脚跟。"鲧作城"的记载表达了后人对他伟大功绩的深刻缅怀。由于鲧发明的筑城技术成功地让人们的住地免遭洪水淹没，他或他的继承人很自然地就会如法炮制，试图用筑堤拦洪的方法保护或开垦新的田园。后世的围垦，用的就是鲧发明的老办法，即先筑一道坚实的堤坝，再把里面的水排干。即使是现在，要修筑一道顽固的堤坝抵挡洪水也并不是一桩简单的事业，不仅需要在短期内动员很多的人力、物力，而且需要有相当的技术手段作为支撑。围垦的方法虽然在某些地方的某些时候也能取得一定的成绩，但凭借当时的人力、物力和技术手段，围垦通常会以失败告终。在鲧那个时候，围垦的办法还过于超前，不很现实。不过鲧很难先知先觉，他的老办法在解决新问题时失败了。据说他因此受到处罚，就不能算冤案了。这应该是古书记载的"鲧堙洪水"、失败被诛的历史真相。

---

① 《诗经·大雅·皇矣》记载文王伐崇时，有这样的记述："以尔钩援，与尔临冲，以伐崇墉"，"临冲闲闲，崇墉言言"，"临冲茀茀，崇墉仡仡"。似乎那时崇国已经开始为军事目的修筑高大的城墙，文王的军队也有相应的攻城装备。不过，我很怀疑这可能是后世的诗人根据他们自己时代的情形作出的想象，不是当时的实况。从西周封建开始，中国有新一轮大规模的造城运动，这时的城普遍开始具有军事功能，新型防御性城墙的出现可能是那个时代才有的情形。

第二章 中国诞生的地理学进程——从龙飞凤舞到龙凤呈祥

失败乃成功之母,鲧的失败教训启发了后人,使大禹总结出"敷土"的伟大发明,并演变为后世文献记载的大禹治水传说。关于大禹治水的故事,人们一向多有争论。有人意识到大禹的时代,人们根本不可能有能力治理江河湖泊,因此把大禹当作子虚乌有的天神,把治水传说纯粹以神话对待。有的则过于泥古,尤其是遂公盨发现以后,以为大禹治理江河湖泊的记载应该是真实可靠的。他们由于没有正确解读洪水记忆,所以不能洞察治水故事的真相。

人们来到台地的目的是开垦低地,如果拦坝围垦的办法行不通,那么挖掘沟渠的办法怎么样呢?这属于典型的反向思维。实践证明,这是当时最可行的办法,这就是史书上说的疏浚的办法。水性下流,如果挖掘沟渠、清理水道,就能排干沼泽积水,开垦田园。这应该是"禹敷下土方"的原意,也即《国语》所说的"高高下下,疏川导滞,钟水丰物"。当然,如果把这里的"疏川"机械地理解为疏通江河,那可能就胶柱鼓瑟,过于迂执了。在大禹那个时代,还没有人工修筑的河堤,只有住地周围的城墙。人工修筑河堤应该是很晚近的事,至少甲骨文中没有看到相关的记载,也没有看到发现商代河堤的考古发掘报告。大禹当时能做的主要工作,应该是把低地沼泽中自然形成的小水道挖掘得更加宽深,加速水的下泻,使原来的淤泥沼泽日渐干爽,便于种植。当然,似乎不能也完全不必要排除大禹疏通过小河沟的可能性。

所以大禹治水的事迹,其实是"敷土",也就是孔子所说的"尽力乎沟洫"。他的成功经验,迟早要传播到其他遥远的邦国,造福于远方的人们。他的发明传播到哪里,哪里就会留下他亲临此地的传说,以增加那里的荣耀。大禹的伟大功绩,使他声名远扬,成为华夏民族的英雄。

经过数百年甚至更长时间的沟洫与疏浚,往日的沼泽变成良田,湖泊萎缩,黄河的漫流区域日渐减少,这时,过去让人们产生洪水记忆的洪水就消失了。而且,这种洪水的消失是一劳永逸的。所以虽然后世肯定存在降雨导致的洪水灾难,但人们却不会因此形成洪水记忆。伴随着洪水的消失,原来为应对洪水而建造的古城就完成了其历史使命——既然不再有洪水,古城被废弃的命运于是在所难免。因应洪水的古城虽然被废弃了,但城这种居住方式却被后来社会的精英分子世代传承下来。不过,历史时代的城与洪水时代的城相比，增加了新的时代内涵。但这是另外的话题了。

洪水的消失与古城的废弃，意味着华北低地得到了相当程度的开发。这既奠定了中国农业文明的核心区域，也为以广域王朝为标志的华夏文明的诞生提供了地理基础。与此同时，在共同开发华北低地的过程中，原来分居东西两地的山坡居民得以在平原相遇。正是这种共同开发所奠定的地理基础，以及东西民族的历史性相遇，导致了以夏王朝为开端的中国文明的诞生与形成，并且使原来文化迥异的东西民族日益融合成为统一的华夏民族。

但历史发展到西周时期，排干沼泽以垦殖田园已经成为普通农夫的常识了，"敷土"似不足以表现禹的伟大和圣明。恰在那时，整治河道、开挖运河即治水已经成为可能而且必要，大禹就顺理成章地被赞美为灌溉农业时代的治水英雄——这并不完全是虚美，因为治水与"敷土"的原理同出一辙。又由于山川相连，于是像墨子一类雅好古怪的人们，又给他加上凿龙门一类的神迹，这就有点蛇足了。

对治水故事的这种解读，还原了大禹作为华夏民族拓荒者的伟大形象。大禹的发明和率先垂范，导致了华夏民族对华北低地的次第开发，奠定了华夏民族安身立命的万代基业。大禹治水的传说，沉淀了华夏先民如何把水潦低湿的沼泽湖泊与黄河漫流区，开发成为沃野千里华北大平原的伟大历程。降丘宅土，开创华夏，大禹真正居功至伟，决不是"治水"二字所能囊括的。与大禹的事业相比，西周以后开始的治水事业最多只能算是锦上添花。

经过华夏民族从古城期到夏商两朝2000多年的持续努力，黄河中下游地区的低地相继得到大规模开发。这种开发同时带动了渭水流域的开发。到商代末年，起源于渭水流域的周王国打败殷商，标志着黄河中上游渭水流域的华夏化。但夏商时代的开发还是粗放型的，要经过西周到春秋战国再差不多1000年的经营，黄河中下游地区才基本开发完毕，并成为帝国时代华夏民族的核心疆域。在开发华北低地的漫长岁月中，华夏民族不仅积累了开发低地的经验，与此同时，长江流域低地的不断沉积也使之日渐变得适于大规模开发。整个帝国时代，华夏民族不断向南渗透。大致到南宋时期，华夏民族基本完成了对江南地区的大规模开发，江南成为与黄河流域并肩的核心疆域。岭南、西南山地纵横，不适合大规模农作，在整个帝国时代都属于边陲地区。东北在气候寒冷不适合农作的时代,也长期是帝国松散管理的边陲。但明清之际,当地的气温开始上升之后,那里的大河平原很快就得到了大规模开发,从而成为中华帝国的核心版图。蒙古、新疆与西藏主要不是农业文明的区域,他们虽然向往华夏文明,很早就与中原保持密切联系,帝国也以某种方式对它们长期行使管辖权,但始终不是帝国的核心版图。要到工业时代到来,那里的重要性得到空前突显之后,才稳定地成为中国的一部分。

附论:
中国农业时代的城市发展道路与启示

城市与文明的关系一直是文明研究的中心议题之一。这一议题的主要内容包括:城市是怎样起源的;如何理解城市对于文明社会的意义;不同时代的城市是否具有不同的内涵与意义;如果不同时代城市的内涵与意义曾经发生过变化,那么,发生了怎样的变化,为什么会发生这样的变化。一言以蔽之,如何理解城市的本质与使命。当代中国学者虽然也有若干关于城市理论的建设性思考,但是,由于当代考古学起源于西方,而且西方也是当代工业文明的故乡,迄今的城市理论主要表现为西方学术的贡献。通过对当代各种城市理论的简单梳理,不难发现,学术界虽然对城市的本质与使命有林林种种的意见和观点,但是,总的来说,学者们对于不同时代的城市是否有不同的本质与使命缺乏自觉,他们倾向于认为城市的本质是一成不变的,并各自从某个特定的视角来构思关于城市本质的学说。

通过对中国农业时代城市发展道路的简单回顾,笔者认为,城市的本质并不是一成不变的。与农业时代的文明发展道路可以大致归结为从技术化时代(即解决在特定地理条件下与大众生活密切相关的各种核心技术问题)到伦理化时代(即在既定的技术或财富状况下,发明维持特定社会的稳定存续所需要的各种制度与思想)的发展历程相一致,中国农业时代的城市发展道路也相应地经历了从经济—技术性城市向管理—服务性城市的转变。对中国农业时代城市发展道路的这种研究,对于我们把握中国当下正在进行的大规模城市化运动及其未来,可能具有重大启示与借鉴意义。

一

陈淳发表在《都市文化研究》2007年第1期的《聚落形态与城市起源研究》一文,比较全面地展示了当代城市理论研究的主要思想成就。下面提到的西方城市理论是其中代表性理论的节选。

城市是与乡村相对的概念,城市的自然形态,通常表现为一个(相对于乡村来说)人口更加密集的生活实体。当然,理论家不会就此止步,他们执着于对城市本质的进一步追问与思索。雷德曼认为,定义一个城市的最重要标志,应该是它的复杂性与聚合形式,城市不单单是有密集的人口,还在于人口或职业的多样性,以体现经济与社会结构上的差异与相互依存。他认为城市一般具有如下几个特点:第一,具有大量而且密集的人口;第二,复杂而相互依存;第三,具有正式和非个人的机构;第四,存在许多非农业活动;第五,兼有为城市和周边地区社群提供的各种服务。

20世纪50年代,柴尔德提出了其极具学术影响的"城市革命"理论。柴尔德将新石器时代农业经济的发展和人口增长看作城市起源的重要因素,随着这个发展进程,大约在5000年前,在尼罗河、两河流域和印度河流域出现的剩余产品的积累程度,已经达到可以供养一批不需要自己生产粮食的定居专职人士。同时,对灌溉的依赖使这些地区的耕地限制在容易获得水源的地区,而为了防止洪水泛滥的威胁,使得人口的大量聚集成为可能和必要,这就导致了城市的出现。他这样总结古代城市的十个特点:第一,城市的规模和密度要比任何先前的聚落来得大,虽然它可能比现代的许多村落小;第二,城市人口的结构与村落不同,很可能城市的主要居民还是耕耘周边农田的农夫,但是所有城市存在不从事粮食生产的专职工匠、商人、官吏与祭司;第三,每个基本的生产者都必须以向神祇或国王进贡的形式缴纳一定的税赋,后者成为剩余产品的集中管理者;第四,出现了宗庙、宫殿、仓库和灌溉系统这样的纪念性公共建筑和大型劳力工程,以区别于一般的村落,并且是社会剩余产品集中的象征;第五,出现了一个完全脱离体力劳

第二章 中国诞生的地理学进程——从龙飞凤舞到龙凤呈祥

动的宗教、政治、军事的特权统治阶级,阶级社会成型并实施对社会的组织和管理;第六,为了提高管理效率、记录税收,导致了文字的发明;第七,农业和宗教活动的需要导致了数学、几何、历法和天文学等科学技术的产生;第八,由专职工匠生产的标准化或高度发展的艺术品,成为地位的象征并体现美学意识;第九,生产专门化和交换扩展到城市以外的地区,导致长途贸易的出现;第十,出现了按居住方式和职业范围而定的社会政治结构,国家机构取代了基于血缘关系的政治认同。柴尔德提出的上述十项标准被广泛引用,但很多学者都意识到,这十项标准在早期城市出现的过程中并不一定同步,而且每个特征的重要性在不同功能的城市形成中也存在相当的差异。

莫妮卡·史密斯把城市看作是社会日趋复杂过程中随机出现的少数结节或中心点,其使命是维持社会网络的稳定性。随着人口的增长和社会的不确定性增加,城市成为将农村和边远地区人群联系起来的纽带,因此,城市的本质是构建和促进人际沟通的手段。城市在社会政治日趋复杂化和人口分散的区域中,成为维系社会网络的中心,它们在诸如防卫、祭祀、经济等因素的刺激下,显示出社会交往与信息流通方面的便利与重要价值。但在另外一篇论文中,莫妮卡根据印度次大陆的案例,认为人口集中的城市不一定必然与大型政体相关,因而主张用质与量的两个标准来定义城市。一方面,如果一处遗址有大量人口聚居的证据,即使其内部功能的契合程度很低,也能定义其为城市;另一方面,有些遗址即使人口较少,占地面积较小,但其内部存在高度特化或专业化的功能契合,也应认定其为城市。

特里格认为,定义城市的关键应该着眼于它联系周边广大农村、发挥一系列特殊功能的特征。早期的所谓城市,主要是城市国家的首都或地域国家的首都与省会,它们是社会上层阶级及非农业人口聚集的地方,往往是高级的管理与政治中心,主要从事专业化的手工生产、商贸、长途贸易、高层次教育、文化、艺术活动。特里格反对将早期城市的起源归因于宗教功能,认为这与考古证据不合。

刘易斯·芒福德指出,古代城市与农村社会的不同,在于它是一个协调等级的社会,其组织方式主要是为了满足统治阶级的利益,不再是家庭互助共生的社会。古代城市在形成的时候把人类社会的很多分散机构集中到一起,促使它们相互作用与融合。城市通过其集中物质与文化的力量加快了人类交往的速度,并将其产品变为可储存与复制的形式。通过其纪念性设施、文字记载、有序的风俗与交际联系,城市扩大了人们的活动范围,将其复杂的文化代代相传。城市不但集中了传递和扩大这些遗产所需的物质手段,而且集中了人类的智慧和力量。城市的主要功能与贡献是化力为形、化能力为文化、化死的东西为活的艺术形象,化生物的繁衍为社会创造力。

考古学引入中国之后,中国学者在城市理论方面也有诸多建树。学界普遍认同,城市是历史发展到一定历史阶段才产生的复杂聚落形态,是一种复杂的自然、经济和社会复合体,不必将"城"与"市"的结合看作是城市出现的标志。张光直强调,中国早期城市与西方城市有重大不同,他认为,"中国初期的城市,不是经济起飞的产物,而是政治领域中的工具"①。他主要根据商代考古材料列出了城市的下述特征:夯土城墙、战车、兵器;宫殿、宗庙和陵寝;祭祀法器包括青铜器与祭祀遗址;手工业作坊;聚落布局的规整性。

许宏认为,"判断城市与否的决定性标志是其内涵而非外在形式,中国早期城市的特质在于其都具有作为政治中心的'都邑'的内在属性"。"与原始村落相比,中国早期城市具有以下几个主要特征:1. 作为邦国的权力中心而出现,具有一定地域内的政治、经济和文化中心的职能;王者作为权力的象征产生于其中,在考古学上表现为大型夯土建筑工程遗迹(包括宫庙基址、祭坛等礼仪性建筑和城垣、壕)的存在。2. 因社会阶层分化和产业分工而具有居民构成复杂化的特征,非农业生产活动的展开使城市成为人类历史上第一个非自给自足的社会;政治性城市的特点和商业贸易欠发达,又使城市作为权力中心而派生出的经济中心的职能,主要地表现为社会物质财富的聚敛中心和消费中心。3. 人口相对集中,但处于城乡分化不甚鲜明的初始阶段的城市,其人口的密集程度不构成判别城市与否的绝对指标。"②他尤其指出,中国尚未发现早期城市是由原始中心聚落直接演化而成的证据。"这表现了城市与中心聚落发展的非连续性,后者作为原始聚落的最终形

---

① 张光直:《关于中国初期"城市"这个概念》,《文物》1985 年第 2 期。
② 许宏:《先秦城市考古学研究》,第 9—10 页。

态,虽已萌生出了某些新的文明因素,但在剧烈的社会变革中已无法担负起承载国家这一崭新的社会组织的职能。设防城市的出现不仅仅在于其对外的军事防御意义,同时也是社会结构变化的显著标志物。"①

总括上述中外学者关于城市的各种观点与意见,不难发现其中有这样一个共同点,即虽然他们都认为城市从自然形态上表现为人口的相对密集居住,但更重要的是,城市在社会结构上应该有职业分殊,有相当的非农业人口,在功能上应该具有政治、经济、军事、文化与服务方面的多样性——莫妮卡那篇以印度次大陆为案例的论文是个例外。不过,由于我们实际上很难设想存在那么一个结构功能充分简单的聚落,因而聚落功能的复杂性与职业的分殊并不是完全等同的。只要有一群特定规模的常住人口,那里就一定存在着某种程度上的公共管理,也通常会存在社群的自我保护。同时,除了农业活动之外,它一定还会有简单的工业生产,而且很可能还要与其他聚落进行某些物品的交换。因此,任何一个早期聚落——无论其是否被认定为城市——不仅一定同时具有政治、经济与军事上的职能,而且也同时有农业、工业甚至是商业的活动,至于这些职能是否由职有专司的专业人员承担,是否有明确、稳定的职业功能分工则是另外的问题。因此,以往理论家们关于城市在结构与功能方面主张的实质,是认为城市应该具有**超出其自身生活范围之外**的多种社会功能。

以往城市理论的主要缺点,是未能在人口特定形式的规模化聚集即城市的外在形态,与特定的功能结构即城市的内在本质之间找到结合点。他们根据历史时代的城市都具有明确的结构功能分化,都具有超出其自身范围之外的多种社会功能这一经验事实,不仅认定城市应该从来就具有那样的分化与功能,而且实际上还认为,人口规模化聚集的使命就是为了实现或承担那样的分化与功能。认为城市的内涵与本质从其起源到历史时代是始终如一的,是造成传统城市理论困境的主要根源。如果我们抛弃传统城市理论的这一成见,洞察到促成早期人口特定形式规模化聚集的内在动力,我们就有可能形成一种新的城市起源与发展理论。这种理论将不仅有助于我

---

① 许宏:《先秦城市考古学研究》,第 10 页。

们对文明起源的认识,而且对于重新理解文明发展道路具有重要意义。

于是,我们的问题就转变为:什么原因导致了文明早期特定形式的人口规模化聚集?换言之,什么是早期城市的目标与使命?后期城市的使命是否发生过变化?如果有变化,发生了哪些变化?主要由于篇幅,也由于本人的知识结构,这里的讨论以中国早期城址为主。

二

中国文明早期人口的特定规模化聚集主要表现为考古学上的城址。华北地区目前发现的最早城址是距今 5300 年左右的郑州西山城址,面积约 34 000 平方米,有夯筑的城墙。城内建筑大多是 10 平方米左右一间的圆屋,且两三间成排分布。最大一间约有 100 平方米。出土遗物多为生产生活用品,墓葬无随葬品,没有表现财富和象征个人权威的设施与器物。考古学家对西山城址有这样几点推断:那里的社会分化或复杂化还不明显;那里的经济生活是完全自给自足的;那里是一处防御性的聚居点,还不是统领一方的政治中心。夯筑城墙被视为其防御性的坚强证据。前面的两点都没有疑问,关键是第三点。把那里定性为一处防御性聚居点似乎很让人费解。如果当时还没有出现明显的社会分化,各个聚居点在经济生活上都是自给自足的,那就应该不存在一种在聚居点之上并且把各个聚居点在某种程度上联系起来的公共权力。因此,防御性聚居点的说法是难以成立的。我们最多可以说那个聚居点似乎特别重视防御,以至于特意为此修筑城墙。实际上,在此之前或与此同时的几乎所有聚居点,如西安半坡和临潼姜寨,遗址四周都有壕沟一类的被认为与防御有关的设施。尤其值得提及的是,此前或同时期的考古遗址都表现为聚居点,即当时的人口都是集中居住的,而且非城址的聚居点在规模上并不比城址小,有的甚至大很多。可以合理地推断,城址与非城址不仅在社会结构上不一定有实质性的差别,而且在人口密度与规模上也大致相若。这似乎提示我们,以人口密度、规模和防御性设施来判定一处考古遗址是否为城址是非常表象的。

如果一般的中心聚落遗址与早期城址,无论在社会结构与功能区分,还

第二章 中国诞生的地理学进程——从龙飞凤舞到龙凤呈祥

是在人口密度与人口规模方面都没有或不一定有重大差异,那么是不是可以说它们在社会意义上就没有差别呢?如果有差别,差别是什么?在讨论这些问题之前,让我们先对其他史前城址作一些简单回顾。

除了西山城址,考古学家在中国大地上还发现了好几十座史前城址。而且这些城址大致出现在同一考古学时期,这一时期因而被考古学家称为"古城期"。

已经发现的华北地区城址的具体情形前面做过介绍,这里不再重复。此外,长江流域也发现了大量史前城址。长江上游四川盆地特别是成都平原一带,迄今已发现了近 10 处史前古城遗址,均属于和龙山时代相当的宝墩文化,年代距今约 4500—4000 年期间。长江中游已发现约近 20 座新石器时代晚期城址,是长江流域发现城址最多的地区。它们的文化年代有早有晚,分别为新石器时代的大溪文化、屈家岭文化、石家河文化,起始年代大约可早到距今 6000 年前后,跨度历时近 2000 年,这要比上述成都平原和长江下游的史前城市起源时间都早很多,延续的时间也更长。与长江中上游相比,长江下游的史前城址是长江流域目前发现最少的地区,迄今只在浙江余杭发现一座下限不晚于良渚文化晚期的良渚古城城址。良渚古城的兴盛年代约在公元前 2600 年至公元前 2300 年。

长江流域史前古城的发展高峰期距今约 5500—4500 年左右,前后持续了 1000 多年,与黄河流域基本同步。长江流域的古城也在使用一段时间之后被废弃,但与黄河流域不一样,当地的文明状况在古城废弃之后出现了长期而巨大的倒退或中断。

可以肯定,生活在某一特定古城中的先民应该是一个有组织的生活共同体,同时具有经济、政治和防御方面的功能。不过,在各个古城之上或各个古城之间,是不是存在某种把一些或众多古城联系起来的公共权力,古城之间是不是有某种隶属关系,或者说,古城在当时的社会生活中是不是具有超出古城人群之外的社会功能,则是需要进一步论证的问题。目前考古家们的主流意见,是基于城墙的普遍存在,认为古城首先或至少是具有军事目的的防御设施,并且进一步根据历史时代的经验,认定古城是一定区域的政治与经济中心,猜想古城的相当部分人口是非农业人口,即认为在古城之上存在更大范围的公共社会生活,从而把古城当作是这种公共社会生活的中心或枢纽。不过,他们对古城本质这种理解的证据不是很可靠。

首先,把古城的城墙理解为军事防御设施非常经不起推敲。考察当时城墙形制的特征,一是厚度,大部分发现的城墙都极其宽厚,良渚的古城墙厚达 60 米,其他发现的城墙厚度也有 30 米以上。根据后世战争激烈时代的历史经验,如此宽厚的城墙对于当时的防御需要来说无疑小题大作。二是坡度,目前发现的古城城墙,都是外坡过于平缓,大约 30 度左右,内坡却更陡峭,约 45 度。这样的城墙,明显不利于战争的守备。但是,我们显然不能设想这是因为古人的智商过低导致的历史性失误。如果破除了古城城墙的军事设施假象,那么以这种假象为前提展开的想象,即在古城之上存在某种公共权力并把古城作为这种公共权力的物质体现也就同时失去了依托。把史前古城作为政治中心会有这样一些理论困境:首先,为什么古城的选址都位于二级台地上,难道只有那样的地方才适合作为政治中心?其次,为什么古城都要在原来的中心聚落之外另立新邑?难道人们原来世代居住的地方都不能作为政治中心?再次,有些古城的地理分布过于密集,似乎与政治中心的任务不相适宜。最后,尤其是,为什么华北地区在古城运动结束之后,才真正迎来文明进化的飞跃,进入某种意义上的广域王朝或早期国家时代,出现覆盖较大地理范围的公共权力。而且,正如下文稍后将要表明的,在进入明确具有覆盖较大地理范围公共权力的早期国家时代之后,虽然城址规模巨幅扩大,但被认定的城址数量却大幅减少,而且并不是所有城址都有城墙,尤其是殷墟也没有发现城墙。

因此,要厘清史前城址的本质,关键在于从理论上说明,人们为什么要在那样的时间和地点发明出古城这种以城墙为首要特征的聚居形式。如果史前古城墙的修建不是为了战争或军事防御,从古城墙的形制考虑,最合适的用途就是防洪。考古发现,世界上最早的古城是一万年前的杰里科古城,那里的城墙也被其发掘者认为是防洪设施(见前引陈淳文)。只有为了抵御洪水,城墙才需要如此宽厚,城墙的外坡也才会做缓坡处理。实际上,很多

第二章 中国诞生的地理学进程——从龙飞凤舞到龙凤呈祥

理论家都已经意识到这种城墙的防洪功能①。当然,把城墙说成是防洪设施仅仅是回答古城性质这一问题的第一步。人们马上就要追问,古城城墙防御的究竟是何种性质的洪水?

按照历史传说与文献记载,中国文明的起源与洪水及其克服直接相关,其主要情节是鲧作城与大禹治水。但一些历史家与考古家可能对这些记载的意义缺乏正确解读。有人把华夏民族的洪水记忆理解为特定时期的超常降水所导致的一场大范围气候灾难②,这基本没有可靠的证据。华北从来就是旱作农业区域,人们对于那里的干旱记忆从史前到历史时代非常连贯③。尤其是,虽然传世文献中有大量关于史前洪水的记载,但几乎没有一处明确提到洪水是由于降水导致的。本文认为,由于所有伟大的农业文明都根源于人们对特定大河流域的成功开发,即把一大片大河冲积地带开垦成为历史时代的广袤平原,因此,现今的平原地带在史前时代应该是大河流出高原山地之后在低地任性漫流所造成的一片由沼泽和湖泊组成的浩瀚水域,那是一片真正的洪水。应该是那片位于低地的洪水导致了华夏民族的史前洪水记忆,也应该是为了应对那片低地洪水,人们发明了古城这种特别的居住形式。

古城运动兴起之前,人们普遍集中居住在高原山地的山坡上,那里远离低地洪水,虽然夏季集中的降水会导致山洪对人们住地的威胁,但只需要在其住地四周开挖一条便于行洪的壕沟就足够了。当人们因为山坡耕地有限,离开山坡来到二级台地试图开发更加广袤肥沃的台地与更低的沼泽时,他们就开始遭遇到处于现今平原地带的洪水,因为那洪水在夏季盛水季节很可能会漫上台地,威胁他们的住地,于是他们发明了古城这种居住方式。这应该是古城选址基本都位于二级台地并且都是另起炉灶的根本原因。古城这种居住方式与早先居住方式的差别,并不在于是否集中居住,即人口规

---

① 这种观点的代表是许进雄,他在《中国古代社会——文字与人类学的透视》一书中最详实有力地提出了古城的防洪作用。
② 见王巍:《公元前2000年前后我国大范围文化变化原因探讨》,《考古》2004年第1期。由他担任首席科学家的"中华文明探源工程"基本沿袭了他早先的这一猜想。
③ 关于华北地区的干旱记忆,最早可以追溯到黄帝时期的旱魃,尧帝与夏代早期有后羿射日的传说,夏代末年有夏桀时期的大旱,甲骨文时代就更不用说了。

模与人口密度,而在于大规模城墙的修建。相较于往日降水导致的山洪,今日的低地洪水需要有宽厚结实的城墙才能抵挡。正是借助古城这种独特而且显眼的聚落方式,人们才能在黄河漫流与沉积形成的巨大湖沼面前站稳脚跟,并以之为根据地,通过持续不断地沟洫即传说中的大禹治水,实现对华北低地的大规模次第开发,把水潦低湿的湖沼地区不断开垦成为平原沃野,从而奠定华夏民族安身立命的地理根基。

可以肯定,相对于其他仍然居住在山坡高地的居民来说,古城居民是当时社会的先进分子。正是他们不畏艰难、勇于面对洪水的伟大实践,为华夏文明的诞生作出了开创性贡献。因此,史前古城是华夏先民开发低地平原的桥头堡和根据地,是华夏文明的先锋。史前古城的本质或使命一开始可能完全是经济性质的。它既不一定比原来中心聚落的人口更多更密,也不一定比原来的中心聚落更需要防御外敌,在社会结构与功能分化方面可能也没有差异,更不一定有超出其自身生活范围之外的政治或服务功能。但是,正是通过古城而且只是通过古城,华夏先民才真正迈出征服大河流域的第一步,从而标志着中国文明起源与诞生进程的实质性开启。

有了对史前古城性质与使命的这种把握,我们也就能够合理地理解古城的废弃。既然古城聚落尤其是城墙的意义仅仅在于防洪,那么,通过以数百年计的沟洫式治水,湖泊不断退缩,往日的湖沼日益变成平原沃野,原来的城墙就不再必要了,于是城墙被废弃——这就是考古家们所说的古城被废弃。但人们不会放弃通过世代努力开垦出来的沃土。因此,华北地区的文明在古城运动之后,由于有大片黄河冲积平原的开发,进入了以广域王朝为特征的历史时代。但是,江南的情形却很特别。江南地区的文明在古城运动退潮之后进入黑暗时代,古城废弃之后,当地甚至很少有人类活动的迹象,江南的文明出现大幅衰退,古城的废弃是真正的废弃而不是城墙的废弃。考古家对此多有讨论,由于对古城的使命缺乏正确认识,似乎都不得要领[1]。江南文明的衰退应该是由于当时江南平原的沉积程度还不适合大规

---

[1] 王巍在前引文章中认为是天降洪水导致了江南文明的衰亡;另有人则认为当时发生了南北战争,南方战败;等等。

模开发。古城的人们最终发现,他们最多只能对古城周边有限的低地进行开垦,而不能通过古城的依托,把这种开垦持续地向更低处推进——那里当时还是一片渊薮。江南先民开发江南平原的努力受到江南平原沉积速度的顽强阻击,最后导致了那里人们的暂时退却。他们放弃古城,重新退回到高处生活。要经过上千纪的等待,江南才适合并得到大规模的开发。

三

对于史前古城性质的上述理解,为我们把握夏商时代城址的性质确立了一个全新的起点。

夏代最有代表性的城址是偃师二里头遗址。该遗址东西约2公里,南北约1.5公里,遗址兴盛时期的年代为公元前21世纪至公元前16世纪的夏文化时期——或认为其第四期属于商文化。二里头文化遗迹有宫殿建筑基址、平民住址、手工业作坊遗址、墓葬和窖穴等;出土的器物有铜器、陶器、玉器、象牙器、骨器、漆器、石器、蚌器等。遗址中部发现有30多座夯土建筑基址,是迄今为止中国发现的最早的宫殿建筑基址群。考古界公认它是中国古代最早的具有明确规划的都邑,其布局开创了中国古代都城营建制度的先河,被誉为"中华第一王都"。二里头没有发现城墙。

商代的代表性城址有偃师商城、郑州商城,以及被确认为晚商都城的殷墟。偃师商城是早商城址,离二里头遗址仅6公里。面积约200万平方米,发现多处大型建筑基址,有坚固的夯土城墙。郑州商城是商代早中期城址,面积达25平方公里,出土遗物(墓葬、器物、住址)表现了巨大的财富与地位分化,有坚固的城墙。偃师商城和郑州商城被认为是商代早中期都城。殷墟遗址包括洹北商城(约5平方公里)、王陵遗址和宫殿宗庙遗址,总面积达30多平方公里。殷墟的具体内容和意义众所周知,不赘述。需要特别说明的是,殷墟遗址实际上分为两个大的阶段,洹北商城的年代属于商代中期,而王陵与宫殿区即狭义上的殷墟属于商代后期,甲骨文的出土表明它确定是晚商都城。洹北商城有城墙,晚商时代的殷墟没有发现城墙。

夏商时代的城址被考古家们一致认定为政治中心，但是，城址当时的人口是否主要表现为非农业人口、城址是否具有贸易或商业功能及其重要性，或者说，那些城里人主要是些什么人，他们的主要职责职能是什么，人们的意见就很不确定而且很不一致。从考古发现推断，夏商时代的城市生活中，工业尤其是青铜冶炼已经具有很重要的意义，当时（甚至更早）就应该有专门的手工匠人。但是，没有任何迹象表明，工业生产是当时城市生活的主题。同时，由于没有在夏商时代的城址中发现专门的商业设施，人们对于那时商业的重要性普遍持怀疑态度，虽然甲骨文明确提到商业和贸易①。另外，这一时代的城址并不普遍具有城墙，尤其是殷墟这样确定的晚商都城也没有城墙，既应该表明当时的城墙并不是军事设施，同时还也意味着当时的政治中心并不一定要表现为后世的设防城市。比较肯定的是，从二里头遗址到殷墟，主要由于出土遗物（墓葬、器物、住址）所表现的巨大财富与地位差别，人们不仅认为当时那里已经出现了明确、稳定的社会结构与功能分化，而且根据传世文献中关于当时已经存在某种在聚落之上的公共权力即夏商王权的记载，推测那里就是当时公共权力的所在地即王都。

不过，把夏商时代的城址确认为政治中心，完全不意味着对当时城市性质讨论的结束。因为"政治"是统治者或社会精英分子的主要关心，其内涵既不是不言自明的，也不是始终如一的。我们还应该进一步追问，当时的政治生活主要关心哪些问题、政治人物如何关心这些问题。只有通过对这些问题的追问，我们才能真正明了当时城市的内涵与本质。关于这一点，甲骨文为我们提供了详实可靠的资料。甲骨文是当时王权活动的实录，记录了包括王在内的社会主要精英分子的日常关心与焦虑。甲骨文的首要关怀是与农业收成有关的气候、季节变化，尤其是降雨，无休止的卜雨求年是甲骨文留给人们的最深刻印象。为了农业生产的好年成，商王不仅带领其他各级官员参与到农业生产的各个环节，而且经常亲自占卜，询问如何解决农业生产中遇到的各种困难。甲骨文表明，具体安排当时以集体为单位进行的

---

① 甲骨文中有"丧贝""得朋""七日来复，利有攸胜"之类的卜辞，普遍认为与商业有关。

第二章 中国诞生的地理学进程——从龙飞凤舞到龙凤呈祥

日常生产事务,并解决生产中遇到的各种疑难问题,构成商王及其他精英分子的主要日常活动。这表明,"政治"在当时还表现为对农业生产的技术与效率的关心,当时的政治家主要还是生产方面的技术家。虽然甲骨文也比较多地提到战争——不是很清楚战争主题在甲骨文中所占的确切份额,应该明显比农业生产事务的比重低很多——但是,甲骨文没有出现对战争技术与战争策略的具体探讨,殷墟明确没有用于战争守御的城墙——商周之间的那场决战即牧野之战明确是在与城无关的旷野进行的,商代也没有常备军的设置,这些迹象很可能表明,战争还不是当时政治生活的常规性主题。

对夏商时代政治生活的这种把握,为我们理解夏商时代的城市提供了一把钥匙。笔者认为,夏商城市的使命是促进社会的总体技术进步与财富增长,是社会经济与技术进步的促进中心。这既与史前古城的性质保持了相当的连续性,又增加了某些新的时代内涵。史前古城作为人们进军低地的根据地和桥头堡,目标是开拓新的生存空间。很有可能古城只是一个封闭或独立的聚落,只不过为了应对洪水,才有城墙这种特别的设施。古城运动进行到一定阶段之后,由于对低地的长期开发必然导致一定意义上的广域国家,夏商时代的城市开始具有超出城市生活范围之外的公共功能,从而表现为考古家们所说的王都或政治中心。但是,古城时代最多实现了对华北低地的初步开发,华北平原的深度开发还需要经过漫长的努力,这使夏商时代的一些早期城市仍然兼有开发低地的使命,这应该是那时的有些城市继续保有防洪性城墙的原因。同时,那些成功摆脱或正在摆脱城墙束缚的先民会发现,他们在华北平原上的生产既需要进一步把握当地的季候变化,尤其还要应对经常性的降水不足。这些与生产收获密切相关的技术问题,之所以通常都用不着后世的精英分子即政治家们特别操心,是因为夏商时代的政治家们已经为此进行长期不懈的艰苦探索。他们当时解决这些疑难问题的方法是祭祀与占卜,即通过请神吃饭、给神送礼的方式向神灵请教或请求。这种方法被当代人称为巫术。这种巫术的实质是当时精英分子对自然现象的"科学"或前科学式研究。青铜礼器是他们研究自然以解决生产问题的重要手段①,甲骨文则是他们在长期研究问题过程中实现的伟大发明。这就是说,当时最主要的文明成就即冶金术和文字,都是直接为农业生产服务的。而这两者都集中出现在当时的城市——殷墟是商代甲骨文的唯一出土地点。这就表明,当时城市的主要使命是解决与生产有关的技术问题。

很难设想华夏文明在夏商时代的重大技术进步,是由某几个少数特定的血缘家族国家完成的,因此也很难设想夏商时代的古城居民(尤其是王都),主要只是某个或某几个特定血缘家族的成员。猜测当时古城居民的组成应该具有相当程度的多元性,即各个主要方国(血缘家族国家)都会定期或不定期、自主或被迫地将其具有管理或生产技术才能的优秀成员派往当时中央王国的行政所在地,既共同参与当时以王为代表的公共管理体系,也合力促进华夏文明的技术进步。关于这一点,传世文献和甲骨文都透露了相当的消息。甲骨文中有方国向中央王国进贡的记载,其中包括"来巫"。甲骨文的巫字写作两个工字的交叉,《说文解字》说巫"与工同意",《礼记·考工记》说:"百工之事,皆圣人之作也。"这表明巫是当时社会的精英分子,包括方方面面的能工巧匠与技术行家。相信甲骨文中那些具名或不具名的巫与卜人,相当部分应该来自其他方国。传世文献则告诉我们,各重要方国的首领或重要人物,都有机会或责任在夏商时代的中央王权政府中担任重要职务。如夏代的有扈氏、后羿明显来自外邦,商代的伊尹也是"有辛氏媵臣",商纣王的"三公"更不用说。也许,这两者共同组成太史公所说的"诸侯来朝"的主要内容。

四

但西周以后的城市表现出极其不同的品格。

西周早期有一次相当规模的造城运动。这次造城运动的原因是非常明确的,那就是随着中华统一帝国的雏形即周王朝的出现,需要建立一个覆盖

---

① 关于青铜器与物质生产的关系,可参阅拙著《中国的诞生》第三章"中国诞生的技术化进程",复旦大学出版社,2013年。

全"天下"的政治管理网络。其中最具有标志性的事件是西周早期成周洛邑的新建。新建洛邑当时就被称为"宅兹中国",其选址明确基于洛邑居"天下之中"(《史记·周本纪》),因而有利于王室对"天下"的政治管理。洛邑之外,各诸侯国也有相当规模的新建,主要是各诸侯国的都邑①。由于史书中有"工商食官"的记载,人们普遍认为这一时期的城邑开始具有商业功能。不过,西周只是中华帝国的早期形式,其主要制度发明——封建制——把社会的绝大部分人制度性地排除在社会的公共管理之外,先天性具有任人唯亲的制度缺陷,因而不可避免地必然被更加公平的帝国制度所取代。帝国制度确立了一种新型的政治管理格局,从而也确立了一种新的中国城市格局。

帝国政治制度的新发明主要是以郡县制取代分封制。分封制在城市格局方面的主要缺陷,是任人唯亲会导致本来以地缘管理为主要特征的政治治理受到血缘代际关系经常性变动的牵制,从而导致作为政治管理枢纽的城市布局经常表现出随意性。在分封制下,王都与早期分封的诸侯国都邑最具有稳定性,其城邑大都有漫长的历史延续。但除了早期的大规模分封之外,后世的历代天子与诸侯,理论上都可以而且应该对宗子之外的其他子弟进行分封,虽然可能有所偏废,但分封直到周王朝晚期一直都在进行,而且经常不可避免地具有随意性。而新的分封经常意味着一个都邑的新建或兴起。这就必然使都邑分布格局缺乏充分的合理性,导致社会资源的巨大浪费。帝国制度通过对中央与地方关系的郡县制安排,既克服了分封制任人唯亲的缺陷,也避免了由此导致的城市分布格局的随意性。实际上,郡县制不仅导致了中国农业时代最后一次大规模筑城运动——这次筑城运动的兴起,一则因为帝国版图的实质性扩大,需要设立一些新的政治管理网点,同时也是对西周城市分布格局的一次重大调整。随着帝国制度在秦汉之际趋于稳定,主要承载中国政治管理功能的中国城市格局也不再有重大变化。这种城市格局的主要特点,是以帝国行政首都为中枢,以郡、县治所驻地为枢纽,按行政区划与级别高低网状分布的城市格局。

---

① 关于西周的造城运动,详细可参阅许宏的《先秦城市考古学研究》一书。

可以断定，夏商时代的城不仅一定有工业制造，而且必定同时拥有与外部的商业交换，但工商业明确成为城市的固定组成部分，即在城市规划时给工商业划出专门的区域（从而导致"城"在形式上实现向"城市"的转变），大致是从西周开始出现的社会现象。根据"工商食官"的记载，人们通常得出这样的结论，即西周时期的工商业是官营工商业。但这显然是不够的，因为我们完全不可能设想西周之前的工商业不是官营而是私营的。考虑到西周世袭社会的特点，西周时期的"工商食官"很可能表征着工商业的这样一些社会变化，其一，由于工商业是一个比农业更需要特别技巧与天赋的职业，商代的工实际上是巫的一种，工商在上古及夏商时代是一种只有社会精英分子才能胜任的职业。由于当时技术还不稳定，所以夏商时代的工商业者是由那些表现出实际工商才能的聪明人或巫担任的，这些人尤其是工匠很可能来自不同的方国，因而虽然必然是食官的，但还不存在职业的世袭——因为不能保证聪明人的后代也必然聪明。但到西周时期，随着技术日益趋于稳定，工商业的职业世袭开始成为可能，而工商在西周仍然是一个高尚的职业，又使职业世袭在当时能够促进工商业的发展。很可能是由于这样的历史背景，造成西周王权不仅在城市规划时对工商业予以专门规划，而且职业世袭。所以"工商食官"是特定历史条件下，为促进工商业发展而采取的集中管理措施。但是，到春秋战国时期，由于技术的进一步稳定和相关知识的普及与下移，工商业的智力准入门槛就下降到与农业基本相同的水平，这就使与职业世袭共生的"工商食官"制度丧失了历史合理性，成为工商业发展的障碍，官营工商业随之被私营工商业所取代。但专门规划的工商业早已成为城市生活的重要组成部分。

虽然从西周开始尤其是到战国以后，工商业稳定地成为城市生活的重要组成——工商业者肯定是此后城市人口的主体——但却完全不意味着我们应该主要从工商业来理解此时城市的使命或性质，把当时的城市仍然理解为过去的经济—技术性实体。这是因为，虽然西周尤其是帝国时代的城市工商业，在量上相比之前的时代无疑有极其巨大的发展，而且帝国时期的工商业在量上也可能存在很大幅度的波动与增长，但质上却具有高度稳定性。这种质的稳定性集中表现在工业技术方面的基本停滞。虽然帝国时代

第二章 中国诞生的地理学进程——从龙飞凤舞到龙凤呈祥

也有一些重大技术进步,如造纸术、印刷术,但这些技术进步对整个社会,尤其是大众的生产与生活方式缺乏革命性影响。在整个漫长的帝国时代,城市工商业既没有像此前那样成为社会技术进步的促进中心,也没有成为社会经济增长的引擎,它只是一个稳定或可持续发展社会的必要组成部分。同时,工商业相对集中于城市的制度安排,虽然在其早期阶段(至少到管仲那个时代)有促进工商业发展从而增加政府财政收入的考虑,但在帝国时代,帝国政府通常不考虑通过发展城市工商业来增加财政收入。就工业而言,帝国不仅公开藐视技术进步,而且由于技术稳定和普及导致社会的工业主要表现为家庭手工业的汪洋大海,从而使可能的大工业局限在少数几个特定的部门。即便如此,帝国时代的城市工业除了为政府提供服务之外,为社会主要只提供家庭手工业不能自主生产的少数生产、生活必需品,从而使工业完全缺乏做大的可能性。与此同时,历代王朝经常使用各种手段限制城市商业的发展,尤其是对(通常与投机有关的)大商业持续实行打击政策。由于帝国政府是城市商业最重要的服务对象或买家,所以对商业投机或大商业的打击既有社会道德建设层面的意义,也直接是对政府利益的自我保护。因此,帝国时代城市所承载的工商业职能,实际上是把农村不能提供而社会又迫切需要的那部分工商业加以集中的结果。在工商业的发展水平还不敷社会生活需要的历史发展阶段,这种集中的目标与后果是促进工商业的发展。但是,当社会正常生活所需要的工商业得到满足之后,这种集中就成为管控工商业的有效方式。因此,帝国时代的城市虽然在形式上可能有强大的工商业职能,但城市工商业既不推动社会的技术进步,也不促进社会总体的财富增长,一直是一个处于帝国政府管控之下的必要但相对次要的经济部门。

诸多国内学者已经明确指出,帝国时代城市的本质是政治中心。但是我们还应该进一步指出,此时政治生活的中心任务,已经从过去的技术进步与财富增长转变为社会生活秩序的建立与维护,即确立与维护特定历史条件下的公平与正义。因此,帝国时代城市的使命与本质应该理解为管理—服务或统治。在帝国时代,各个城市按其在当时地缘政治管理中的地位——从而也大致决定其大小,首先是帝国各级管理机构的驻地,是帝国行政管理网络的各级枢纽和中心。对于良好社会秩序的建立与维护来说，最重要的方法首先无疑是教化，即用儒家思想这种具有最高接受度的价值观念持续地教育民众。这就使当时的城市首先表现为文化传播尤其是文化教育的中心，官学是当时城市的灵魂。当时的社会管理者不仅首先要深刻领会儒家经典，而且还要是践行儒家思想的模范——显然后者更难。但教化并不总是有效的，在教化无效的地方，强制就随之而来。所以城市也集中了当时进行社会管理所必需的各种暴力手段，如警察和监狱。虽然税收的征管也是社会管理的重大事项，但帝国通常不追求税收的持续增长。帝国对占主导地位的小农经济生活（包括家庭手工业）一向采取自由放任政策，只有在非常时期或个别地域，帝国政府才会对经济事务予以特别关注。帝国时期适度把工商业集中于城市，一方面由于政府是主要购买方——政府购买的工商业服务除了部分用于满足政府自身的消费之外，另有相当部分则用于调剂市场、平抑物价（尤其是盐铁），同时也是一种重要的社会管理举措。

五

通过对中国城市发展历程的上述分析，我们至少可以得到这样两个基本结论。

其一，从古城时期到夏商时代，城市都以财富增长、技术进步为主题。如果不是借助古城的保护，人们就不能从山坡高地来到平原，实现对大河冲积平原的大规模开发，从而为伟大的农业文明奠定地理基础。如果没有城市先进分子对大自然天道季候变化规律的不懈探索，中国农业生产的稳定性将永远难以呈现，华夏文明的文明化进程也无从展开。早期**城市对于中国农业文明如何实现财富增长与技术进步作出了决定性贡献**。正是由于早期城市的这种历史性贡献，为中国文明在下一阶段的文明跃进或伦理转折奠定了坚实的基础。因此，笔者把中国早期城市的本质理解为经济—技术型城市。西周尤其是春秋战国之后的城市，主要都表现为各级政治中心，其职能主要是提供社会管理与服务。那时政治生活的主要内容已经转变为建

第二章 中国诞生的地理学进程——从龙飞凤舞到龙凤呈祥

立与维系秩序,当时社会的精英分子即政治人物都显著地表现出疏远具体生产与技术事务、热衷于道德说教与法律强制的行为品格。当时的城市虽然也集中了很多与经济有关的职能,但是,此时的经济职能只是社会主体经济生活的必要附属与补充,完全没有促进经济增长与技术进步的功能。因此,可以把农业时代后期的城市归结为管理—服务型城市。农业时代城市内涵的这种从经济—技术型城市到管理—服务型城市的转变,与农业文明从技术化时代向伦理化时代发展的道路正好合拍。

其二,大体上说,中国农业时代有两次大规模的造城运动。第一次是发生在中国文明起源时期的古城运动,造城的目的是实现对华北低地的大规模开发。这些古城大多在使用一段或长或短的时期后被废弃了。第二次造城运动发生在中国文明即将进入成熟与稳定的两周时期,造城的目的是便于王朝对统一帝国的行政管理。这些城市后世虽然也有主要由于政治格局变化而导致的兴替,但大多有漫长的延续。按照笔者的理解,中国文明起源的标志是分居于现在华北低地两边的山坡居民开始对华北低地的大规模开发,换句话说,只有那些参与开发华北低地的华夏先民才是中国文明的拓荒者。由于古史茫昧,我们很难具体估计第一次造城运动过程中的城市人口(即居住在古城的人口)与非城市人口(不居住在古城,但参与开发华北低地)的比例,考虑到当时洪水的实际情形,城市人口的比例应该非常高。第二次造城运动之后的帝国时代,根据有关学者的研究,宋代城市人口的比例可能达到12%—20%之间[①]。如果考虑到清末的1893年,中国的城镇人口只有6%,到1949年,城镇人口才达到10.6%[②],帝国时代的城市人口应该在10%上下。这就意味着,农业文明早期曾有一个城市化率很高的时代,到农业文明的成熟时期,城市化率会稳定在一个较低的水平。城市化率的这种变化与城市使命的变化是完全一致的。

对中国农业时代城市发展道路的上述研究及其结论,对于理解中国当

---

① 漆侠先生估计北宋的城市人口为12%,见漆侠:《宋代经济史》(下册),上海人民出版社,1988年,第932—933页;美籍华裔学者赵冈估计为20%,见赵冈等:《中国经济制度史论》,台北联经出版事业公司,1986年,第386,397页。
② 胡焕庸、张善余:《中国人口地理》(上册),华东师范大学出版社,1986年,第261页。

下的城市化运动及其未来,很可能具有重要的启示与借鉴意义。中国当下正在进行的大规模城市化运动,实际上是中国文明从农业时代向工业时代转变过程中必然发生的社会运动。迄今为止的工业时代,一直是工业文明的技术化时代,如何实现社会的技术进步与财富增长,是当代社会生活的中心任务。就像农业文明的技术化时代一样,工业文明的技术进步与财富增长也主要经由城市而实现,现代城市无疑是工业文明的先锋。这就使城市化成为工业时代最具有普遍性与认可度的制度安排,一个社会的城市化率也被普遍作为衡量其工业化或现代化程度的标尺。可以预计,工业时代尤其是中国的城市化运动还将有波澜壮阔的历史进程。但是,根据中国农业时代的历史经验,城市化并不是不可逆的社会运动。按照笔者的推测,工业文明也将经历从技术化时代到伦理化时代的社会变迁,随着技术进步与财富增长极限的到来——已经有很多理论家洞察到诸多这样的征兆,人类文明很可能将重新迎来一次大规模的逆城市化运动。若果然如此,基于现代城市建筑与古代城市之间的巨大差别——现代城市建筑对自然生态难以逆转的巨大破坏是有目共睹的,那就需要我们现时代的社会精英分子,具有充分的历史远见与果敢的行动能力,为人类未来很可能将要到来的逆城市化运动未雨绸缪。

第三章 中国诞生的技术化进程
——从技术统治到抵制技术

物质生产是人类最重要的生产活动之一。马克思说:"人们为了能够'创造历史',必须能够生活。但是为了生活,首先就需要衣、食、住以及其他东西。因此第一个历史活动就是生产满足这些需要的资料,即生产物质生活本身。"①人类生活与动物生存的根本区别,在于人类的物质生活是通过一定的技术手段实现的。技术的发展状况对于权衡一个文明的发展水平与阶段具有极其重要的意义。"各种经济时代的区别,不在于生产什么,而在于怎样生产,用什么劳动资料生产。"②这里的主题是讨论中国从史前到帝国时代的技术进步轨迹。技术涉及与衣食住行有关的各个领域,是一个庞大的体系,主要出于篇幅的考虑,这里以农业生产领域的技术进步为主,附带讨论其他重大技术进步。

一、中国农业时代的技术进步轨迹

1. 史前时代的技术进步

任何地域的农业生产需要解决的第一个重大技术难题,无疑是确定生产的品种或作物。这是各地区的先民根据大自然的馈赠,在漫长的采集生活岁月中选定的。中国南方的作物主要是稻。位于湖南道县的玉蟾岩和江

---

① 《马克思恩格斯选集》第2版第1卷,人民出版社,1995年,第32页。
② 《马克思恩格斯选集》第2版第2卷,人民出版社,1995年,第179页。

西万年的仙人洞,是距今1万年以前的洞穴遗址。在仙人洞的早期堆积中,发现了数量众多的野生稻植硅石,在时间稍晚的堆积中,开始出现具有栽培稻形态的植硅石。而在玉蟾岩,甚至还发现了这一时期的几粒稻谷。考古数据表明,中华先民对水稻的种植大约始于1万年以前。

大约从8000年前开始,水稻种植成为江南人们的主要食物来源。只要开始种植,人们首先就要和土地打交道,因而要发明与土壤状况相适应的农具组合。最早的农具由石器、骨器、木器组成,其中最重要的是石器。以石器为代表的农具组合的主要意义是解决与生产有关的土壤问题。7000年前的浙江余姚河姆渡遗址,出土了大量的石斧、石凿、骨耜和木铲等农耕生产工具,但石器的制作还很粗糙。那里发现了大量的稻谷遗存[①](据推测达百吨以上),农业生产已经是当时人们的主要生计。江南最有代表性的石器是良渚文化出土的石犁和耘田器。那时的石器制作已经很精致。

农业生产不仅要和土壤打交道,气候也是不能回避的重要因素。生产的气候问题首先是确定农业生产周期何时开始,即确定播种季节。史前江南对于播种季节问题的解决是通过鸟(燕子)崇拜的方式来实现的。在长江中下游尤其是下游地区,从河姆渡到良渚文明,各地的出土遗物中都发现了很多与鸟有关的器物,最著名的有河姆渡遗址的"双鸟朝阳"象牙雕刻和良渚文化出土的众多玉器和陶器上的鸟形刻符。这些刻符上的鸟形应该都是燕子的象形,表征那时江南的人们是通过燕子的定期到来作为一个农业生产周期的开始。这是一个对中国文明具有重大意义的思想发明。对江南当时的农业生产来说,土壤问题与季节问题虽然都很重要,但都似乎不难解决。尤其是江南生长期长,允许人们在季节上可以有相当的耽误与迟钝。

土壤与季节问题基本解决之后,5000年前左右江南农业生产面临的最大问题,在于那时的人们居住在山坡高地导致的耕地面积的狭窄,向低地平原进军成为文明向前发展的内在要求。由于长江沉积速度的缓慢,现在的江南平原那时还是一片渊深的湖泊,只有很有限的高地露出水面可供人们耕作和生息。高地周围的浅滩沼泽显然是最容易开垦的区域,为了开发那

---

① 转引自袁行霈等主编:《中华文明史》第1卷,北京大学出版社,2006年,第32页。

些容易受到雨季洪水威胁的滩涂,江南的史前文明在很早就进入古城期①。江南最有名的古城是良渚古城与石家河古城,它们都有极其夸张的城墙。对于古城的意义,学界历来倾向于通过政治与战争来解读,把古城当作政治中心,把城墙理解为防御设施。但当时生产落后,小国寡民,政治中心完全不需要修筑得那么宏大。尤其是当时战争规模很小,也没有任何先进武器,那么宽厚的城墙绝无必要。而且,根据文献记载,早期的战争基本上是在旷野进行的。如《史记·五帝本纪》描述:黄帝"与炎帝战于阪泉之野""与蚩尤战于涿鹿之野",到武王伐纣,仍然是战于牧野。史籍关于上古时代的战争,完全没有任何攻城与固守的记载。这可能说明古城的出现与战争无关。

实际上,正如现代城市是工业文明的先锋一样,古城是农业文明的先行者开发低地的根据地与桥头堡。在人们从山坡、高地向低地进军的途中,他们一定会遇到由大河漫流形成的巨大洪水,这种洪水在夏季特别汹涌澎湃。为了抵御雨季洪水对他们住地可能出现的入侵,这些率先开发低地的农业文明的先行者们选择了集中居住,并且在他们住地的四周修筑起极其宽厚的城墙,为了行洪通常还同时开挖护城河壕。对于古城城墙的这种防洪性质,学者许进雄已经有所体悟。他在考察诸多古城城墙的内外坡度之后说:"在较早的时代,在中国的华北地区,如何解决河流泛滥才是最切要的问题。很可能城墙当初是为防洪而建。"②

但江南先民开发低地沼泽的努力,受到江南平原沉积速度的强有力阻击,当时的江南文明还完全不具备大规模开发江南低地的能力和条件,当人们经常被洪水围困孤城,收获的希望荡然无存时,人们最后选择了放弃。所以,江南文明在气势不凡地进入古城期以后不久就出人意表地衰亡了,其标志是中游石家河文明与下流良渚文明的众多古城被废弃,江南文明进入黑暗时期。

同时期的黄河中下游地区也取得了相应的技术成就。在农作方面,那里的人们根据黄河流域黄土的性质,发明了相应的石器农具组合,代表性的

---

① 目前已知的江南最早的古城,是6000年前湖南澧县的城头山遗址。
② 许进雄:《中国古代社会——文字与人类学的透视》,中国人民大学出版社,2008年,第313页。

农具是耒和耜。按照考古学家的研究,石器的制作技术在史前时代已经达到顶峰①。土壤问题之外,北方黄河流域由于生长期短,播种季节问题显得尤其重要。北方文明的东部地区即现在的山东半岛是燕子迁徙的必经通道,那里也以家燕的到来作为一个农业生产周期的开始。不过,那里的人们究竟是独立地发展出鸟崇拜信仰,还是由于受到江南文明的影响而接受了这种信仰,我们很难作出判断。北方文明的西部地区即现在华北平原以西的河南、山西、陕西、甘肃等地,那里的人们发展出了一种与鸟崇拜迥然不同的龙崇拜信仰,即以闪电在隆冬之后的出现作为一个农业生产周期的开始。《易经·乾卦·初九》说"潜龙勿用",意思是说,当龙还处于潜伏期,没有"春分而登天"(《说文解字》)时,不要开始进行农作。龙崇拜不仅有利于季节的确定,尤其对于当地生产迫切需要的降水能够产生直观的判断。就像鸟崇拜是东部或江南文明最伟大的文化创造一样,龙崇拜信仰是西部文明最伟大的文化创造,它们对于中国文明的起源产生了极其深刻的影响。

北方东西部地区即黄河中下游地区的文明,在前中国时代可能极少直接交往,当黄河中下游地区的文明发生直接交往的时候,中国文明就进入传说时代,华夏文明开始起源。

2. 传说时代的技术进步

传说时代最重要的技术进步首先是筑城。就像江南文明一样,黄河流域东西部的文明在四五千年前也开始从山坡高地向低地运动。当时的华北低地——现在的华北平原和黄河流出山地之前的河谷地带——也是黄河漫流形成的滩涂、沼泽和河湖,这些水域周边的滩地地势开阔、土地肥沃,是理想的农作地带。由于黄河流域的黄土土质疏松,河水含沙量大,黄河冲积平原的沉积速度大大高于长江流域,这使人们那时有可能把滩涂逐步开发成为田园。开发这些地域的最大威胁是夏季洪水对人们住地的入侵,于是人们同样选择了集中居住,并在自己的住地四周垒起一道极其坚实的围堤,这就是古城及其城墙。按照历史传说,筑城的办法是鲧首先发明的。得益于筑城居住所取得的成功,人们起初开垦低地的办法仍然是筑堤围垦。但这

---

① 李学勤主编:《中国古代文明与国家形成研究》,云南人民出版社,1997年,第75页。

第三章 中国诞生的技术化进程——从技术统治到抵制技术

个办法当时明显行不通,后来人们改变思路,改用挖沟疏浚的办法,加深沼泽中自然形成的水道,让低处更低,高处更高,加速水的下泻,使往日的沼泽日渐干爽,成为可以种植的田园,效果非常显著。这就是华夏民族记忆中的洪水、古城与大禹治水。筑城和治水是中国文明起源时期最伟大的技术进步,它使人们从山坡高地移居低地平原成为可能。正是这一技术进步导致了华夏先民对华北低地的大规模次第开发,把华北低地从一片浩瀚的黄河漫流区蚕食为沃野千里的华北平原。

传说时代的另一重大技术进步是开启了对历法的探讨。按传说,尧帝的主要政绩之一是"乃命羲和,钦若昊天,历象日月星辰,敬授民时"(《尚书·尧典》)。那时的人们可能已经对季节轮替有所认识,但不可能一下子达到《尚书·尧典》记载的"期三百有六旬有六日,以闰月定四时,成岁"那样高的水平。

冶金术也在传说时代开始出现。传说青铜冶炼是黄河下游地区的鸟崇拜民族基于战争的需要首先发明的,即蚩尤作兵。不过考古学很难证明这一点。可以肯定的是,冶金术在传说时代已经出现了,虽然其水平与应用都还处于很幼稚的状态。

3. 夏商时代的技术进步

传说时代的技术进步使开发低地成为现实,在共同开发华北低地的过程中,华北东西部地区的龙崇拜与鸟崇拜民族相遇了。对低地的开发和龙、鸟(凤)民族的相遇、斗争与融合,开启了华夏民族与中国文明诞生的伟大历史进程。传说时代是其序曲,由龙崇拜民族建立和主导的夏王朝和由凤崇拜民族建立和主导的商王朝则是龙凤民族斗争与融合的两个主要阶段。

夏商时代前后持续了大约 1000 年。在这 1000 年中,成长中的华夏民族首先是持续地进行对华北地区的次第开发,把越来越多的低地沼泽蚕食为平原沃野。在开发低地的过程中,水退人进,于是人们废弃古城,散居原野。洪水退却之后的人们会发现,他们在原野生活的最大障碍来自华北地区的降水不足。相传由伯益发明的掘井技术意在解决人畜的生活用水,对于干旱时期的农业生产就难有作为。经常发生的干旱严重影响生产的收获,如何克服干旱对于华北平原农业生产的影响,是夏商时代人们面临的重大技术难题，这也是华北地区生产气候问题的进一步展开。与此同时，人们对季节轮替即历法的探索也没有停止。

人们对一个完整农业生产周期的基本认识，即对一年的比较精确的把握可能开始于夏代的某个时期，其标志是干支纪年法的出现。夏代早期有个王叫太康，李学勤先生说太康即太庚，庚是天干之一，因此他认为那时已经流行干支纪年。但太康（中康、少康）之后夏代各王，除了孔甲（倒数第四王）和履癸（末王桀）以干支命名外，其他王都不以干支命名。这只能进行两种推测，即干支纪年要么在太康时还没有出现，康并不是干支，要么干支不是龙崇拜的民族发明的，所以他们不喜欢以干支命名。先商时代的先公先王名称可以作为有力的参考，先商时代的先公先王从王亥之子上甲微（先商倒数第七世）开始稳定地以干支命名，经六世而到成汤。成汤之后的商代各王，无不以干支命名。再来看看先周时期的先公先王。文王之前的各代先公没有一位是以干支命名的。周天子也不以干支命名。周人以夏的后裔自命，属于龙崇拜族群。而且，根据史书记载和甲骨文，王室之外的人极少以干支命名①，因此，以干支命名应该是当时王室的特权。由于凤崇拜的商族群比龙崇拜的夏族群更早、更坚定地以干支命名王室（包括王的配偶），很可能干支纪年是由凤崇拜民族首先发明的。起初只有王及其配偶才能有此殊荣，说明干支在当时被赋予极其崇高与神圣的意义。干支的真正意义是对年月日的区分与把握，这可能说明最晚从夏代后期开始，华夏民族已经发明了一套完全中国特色的纪年方法。干支纪年方法的出现，意味着人们对于年月及其轮替已经具有明确的观念。

但是，华北地区生产最大的问题是降雨不足。这个问题当时实际上是不可克服的，但那时的人们并不这么认为。他们认为，降雨以及其他各种自然现象及其变化都是由各式神灵操纵的，只要让那些神灵高兴，就会满足他们的各种要求。于是他们发明各种取悦神灵的方法，这就是祭祀与占卜。

---

① 对此，王国维说："继思《商书》中以日名者，皆商之帝王，更无臣子称祖之理。《白虎通·姓名》篇臣民亦得以生日名子者，以《尚书》道殷臣有巫戊、有祖己也。余所见商周间彝器，臣称其祖父为祖甲、祖乙、父丙、父丁者，不知凡几，然门内之称不能施之于国史。"见王国维：《观堂集林》（外二种）上，河北教育出版社，2001年，第14页。

那时的人们认为,取悦神灵最有效的途径是请神灵吃饭、给神灵送礼。人们认为神灵是真实存在的,而且对生产具有至关重要的影响,因此对神灵的祭祀即"请客送礼"就极其虔诚和慷慨。祭品的丰盛在甲骨文中有明确的记载,每次都有数量不菲的牛羊猪等牺牲,少则几头,多则几十上百头,甚至包括人牲。这些祭品是真正奉献给神灵的,按照人们对各种神灵生活习性的推测,奉献的方式多为选择一定的时机或埋或烧或置于水中。为了表示人们的虔诚,人们对祭品的装盛以及祭祀时的氛围也极其讲究,青铜礼器就是人们祭祀占卜时请神吃饭的餐具、酒器与乐器。不过,虽然祭祀的形式表现为巫术,其实质则是当时人们对各种自然现象所进行的似乎不是很"科学"的研究。商代的甲骨文是当时的实录,它最为关心的主题是农业生产的收获,尤其是与降水有关的气候问题。无休止的卜雨求年是人们对甲骨文最深刻的印象。甲骨文的行文格式分为叙辞、占辞、命辞、验辞,分别包括时间、地点、占卜的人与事、占卜的结果等,极类似于现代的科学研究报告。根据许进雄的研究,甲骨文中的占卜极少有发生错误的时候,这显然是由于人们故意只把占卜正确的案例予以记录的缘故。据推测,殷墟发现的有字与无字甲骨的比例大约为1:3①,也就是说占卜的准确率为四分之一,似乎不能算高。另外,"从统计商代甲骨上的纹路与答案,知道甲骨上的吉兆与兆纹形状之间没有必然的关系,若要确定兆纹所代表的吉凶就得通过另外的手续"②。这说明人们不是或至少不完全是根据兆纹的走向作为判断依据的。甲骨应该只是一个传媒或道具,让人们作出判断的应该是人们的相关知识。在巫术的形式背后,必然有一个具有一定水平的知识系统作为支撑。如果巫术仅仅只是毫无根据的猜测——虽然很多时候他们只能猜测——那就很难想象巫师及其判断所具有的神圣性。根据文献传说与甲骨文,巫师要为其重大错误承担责任。共工和鲧因为治水失败被杀,商汤因为求雨而准备自焚,甲骨文中的很多巫师因为天不下雨而被曝晒甚至焚烧。巫师的这种淘汰与惩罚机制,既表明知识对于巫术的重要,也会鼓励巫师钻研有关

---

① 参见李学勤主编:《中国古代文明与国家形成研究》,第412页。
② 许进雄:《中国古代社会——文字与人类学的透视》,第561页。

领域的知识。所以祭祀只是巫术的形式,巫术的实质是对相关问题的研究,青铜礼器实际上是当时田野"科学"研究的仪器。

青铜礼器的意义一直是中国学术界长期讨论而且备感困惑的重大理论问题。由于青铜在其出现之后的相当长时期,都主要不是表现为直接生产工具或翻土工具,这就一方面使有些理论家试图通过工具的改进轨迹来说明文明进步的努力无从下手,另一方面,有些理论家如张光直则旗帜鲜明地指出:"青铜农具没有发现,这是一个事实上的而不是我们主张上的问题。青铜农具假如有的话,也是非常少的。在春秋战国时代,长江流域下游有较多的青铜农具出现。但是据我所知,在殷商、西周时代,青铜农具非常稀罕,甚至是没有。……换言之,生产工具、技术这个领域中本质上的改变,不是中国古代文明出现的主要因素。在生产技术领域里,从新石器时代到文明时代,有着很强烈的连续性。"[1]"三代考古遗物所显示的衣食住一类的基本生活方式都是一样的。三代都以农耕为主要生业,以黍粟为主要作物,以猪狗牛羊为家畜;衣料所知的有麻丝;在建筑上都是茅茨土阶,以夯土为城墙与房基。"[2]因此,"中国古代文明的生产工具、技术与文明产生以前的生产工具、技术并没有本质上的改变"[3],"所以,在考古学上文明所表现出来的财富的集中并不是借生产技术和贸易的革新之类,而几乎完全是靠生产劳动力的增加而造成的,即是靠政治性的措施造成的"[4]。

具体来说,"对三代王室而言,青铜器不是在宫廷中的奢侈品、点缀品,而是政治权利斗争上的必要手段。没有青铜器,三代的朝廷就打不到天下"[5]。所以,"从本质上说,中国古代青铜器等于中国古代政治权力的工具"[6]。不过,青铜器如何帮助三代王室打天下,他完全没有任何具体说明。

对于张光直这种咄咄逼人的观点,我们只看到这样软弱无力的评论:"在由史前到国家的过程中,社会的物质生产方式、生产水平与社会的组织

---

[1] 张光直:《中国青铜时代》(二集),生活·读书·新知三联书店,1990年,第121页。
[2] 同上书,第37页。
[3] 同上书,第120页。
[4] 同上书,第127页。
[5] 同上书,第30页。
[6] 同上书,第123页。

第三章 中国诞生的技术化进程——从技术统治到抵制技术

结构和形态都是缓慢向前发展的,这是两条错综复杂的发展线条,对此我们大可不必找出它们之间一一对应的关系。"①

需要指出的是,根据翻土工具从史前到西周基本没有变化这样一个事实,完全不能得出中国农业生产技术在这一漫长时期内"没有本质性改变"的结论。张光直先生和一些历史学家的共同错误,是对中国农业生产技术进步的轨迹缺乏正确认识。由于当时生产的主要问题不是土壤问题而是气候问题,所以人们把他们最宝贵的青铜不是当作直接生产工具或翻土器,而是当作研究气候与季节变化的"仪器",这无疑是理性的历史选择。对当时的农业生产来说,礼器是比翻土器重要得多的别样的"生产工具"②。正是这种上千纪的、以青铜礼器为媒介的巫术式研究,使人们逐步掌握了大自然天道气候变化的基本规律。实际上,中国古人为当时最重要的技术发明——冶金术——找到了一条极富中国特色的使用方式。冶金术或技术的这种社会应用,非常接近于法兰克福学派所说的技术的意识形态化。

夏商时代之后,主要以研究气候降雨为目的的生产性巫术不再是巫术的主流。到西周以后,生产研究性祭祀开始向政治礼仪性祭祀转变,祭祀日益形式化。首先是祭品不像过去那样丰盛,并且后来合理地允许被人们食用,为求雨而焚烧巫师也不再被社会先进分子所认同③。这时,青铜器就变成统治阶级维护统治秩序的政治工具。

西周青铜器与夏商青铜器的一个重大差别,是夏商青铜器基本没有铭文,而西周青铜器普遍有长篇铭文。夏商青铜器没有铭文应该是因为,那时的青铜器主要是用来供奉神灵即研究自然的,是真正的神器,因而人们不敢在上面留下太多自己的痕迹(那时的青铜器通常只有作为记号的族徽)。但西周以后,青铜器不再是研究自然的仪器,而是演变为维护社会统治的政治工具。西周分封除了分土授民之外,还要分"官司彝器"(《左传·定公四年》),这里的"彝器"主要是青铜礼器。在西周,青铜礼器是界定家族社会等

---

① 李学勤主编:《中国古代文明与国家形成研究》,第72页。
② 具体可参阅谌中和:《青铜时代的本质》,《求索》2004年第2期。
③ 甲骨文中的祭品活人都是不能吃的,但最晚到孔子时代,食用祭品就被认为是件光荣而且幸福的事。《论语》中记载了一次孔子分到祭品后怡然自得的情形。子产则明确反对焚烧巫师。

级的重要媒介。由于青铜器的这种新功能,贵族们纷纷在青铜器上铭刻表现自己家族光荣历史与现状的篇章,以彰显本家族政治地位的合法性。迄今所发现的西周青铜器铭文,大多以讲叙某个贵族如何获得某种政治或经济利益为主题,并希望通过作器铭刻永久地保有这种利益。不过,这已经是另外的话题了。

商代在历法方面也取得了重大进步。商代晚期,人们发明了周祭,即按照一定的顺序以一年为周期把祖先逐一祭祀一遍。这样,"祖先的祭祀与季节就有固定的联系,可以作为农业的工作表与行政的日历,可看作变相的太阳历。……这种一年有三百六十五日,年中置闰的历法,已很接近后世的历法了"①。

4. 西周到春秋战国时代的技术进步

西周至春秋战国时代最重大的技术进步,是冶铁技术的发明和灌溉事业的大兴。通常认为,中国冶铁技术的发明比西方晚(西方在 3500 年前开始炼铁),但中国从一开始冶铁后,很快就发明了生铁即铸铁的技术,比西方要早上千年的时间。铸铁的特点是锋利、坚硬而且易于大量铸造,从而能够大规模应用于农作。

铁制农具的大规模使用被公认为农业生产领域的最后一次革命性技术进步,但以往的历史家们对于铁器时代的本质缺乏洞察。人们大多从铁制工具相对于石器或铜器工具的性能效用来评估其意义。对此,许倬云指出:"现在尚未提出和认可一种能令人满意地将技术产品的改进与社会制度变革联系起来的假说。虽然铁器使用的重要性的确涉及了这个问题,但在更多证据出现之前,它仍不能在战国时期得到确定。郑德坤正确地指出,新社会需要铁器的推广和技术的进步,反过来它们却加速了统一中国的形成。现在,任何比这更进一步的说法似乎仅仅表现为对铁器重要性的夸大,他们常常将战国时期社会变革的动力归因于铁器的采用。"②许氏的观点具有相当的代表性与深刻性。诚然,如果不能从灌溉农业阶段的高度来俯瞰铁器时代的意义,停留于铁器与石器的表象直观,我们就不可能真正明了铁器工

---

① 许进雄:《中国古代社会——文字与人类学的透视》,第 583 页。
② 许倬云:《中国古代社会史论——春秋战国时期的社会流动》,广西师范大学出版社,2006 年,第 158 页。

第三章 中国诞生的技术化进程——从技术统治到抵制技术

具的使用对于社会变革与帝国时代到来的意义。

商代虽然可能已经知道炼铁①,但商代生产所要解决的主要任务是生产的气候问题,人们对于气候变化与降雨问题解决的着眼点,还在于通过祭祀占卜以研究和祈求,主动运用地表水以弥补降水的不足还没有成为解决问题的现实选项。所以,虽然可能知道冶炼铁器,但铁器用于祭祀明显不如铜器合适,因而不能得到推广。到西周时期,随着人们对气候问题的认识不断趋于深入和理性,人们对通过祭祀解决降雨问题的热情和执着就日益消退,而开始转向发展灌溉事业以弥补降水的不足。《诗经·小雅·白华》有"滮池北流,浸彼稻田"的诗句,《礼记·考工记》列举了农田大小沟渠的不同名目,包括浍(大沟)、洫(中沟)、遂(小沟)等。《周礼·稻人》这样讲到调节水利的方法:"以潴蓄水,以防止水,以沟荡水,以遂均水,以列舍水,以浍写水。"这些记载说明,战国之前的人们已经在水利灌溉方面取得了很多经验。应该是在开挖这些大小不一的沟渠即发展灌溉事业的过程中,激发了人们大规模使用铁制工具的需要。如果使用石器松土还是很有效率的话,以之去开挖沟渠就很笨拙,锋利坚硬的铁器肯定更有效率。

正是由于铁器的大规模使用,使春秋战国之际的堤防修筑、运河与大型水利工程的开挖成为现实。人工修筑的河堤始于何时似乎无从稽考,但到春秋时期,黄河与济水已筑有部分堤防,如黄河旁边的周地有"堤上"的地名(今河南洛阳西南),济水旁边的齐地有"防门"的地名(今山东平阴东北)。战国时代,堤防的修筑更加普遍,规模也更加宏大。当时齐与赵魏以黄河为界,赵魏居上游,齐居下游,齐受黄河泛滥影响更大,于是齐国首先沿着黄河修筑了一条离河25里的堤防,有效扼制了黄河泛滥对齐国的影响。之后赵魏两国起而效仿,分别也沿河修筑了一条离河25里的长堤。这是大规模人工修筑黄河堤防的最早记载,也应该是中国治理大江大河的真正开始②。大规模人工堤防的修筑与运河和大型水利工程的开挖具有同构性。中国最早

---

① 考古学家在河北平谷与藁城两个中商遗址发现了两件镶嵌铁刃的铜兵器,说明当时人们已经知道铁,而且认识到它的锐利性质。
② 杨宽:《战国史》(增订本),上海人民出版社,1998年,第57—58页。战国时期黄河堤防的这种格局从侧面印证了远古时代黄河漫流的情景。

的运河是吴国于公元前486年开凿的邗沟,它实现了长江和淮河的沟通。最有名的水利工程是李冰父子开凿的都江堰,它使成都平原成为天府之国。

铁器的大规模使用与灌溉事业的兴起,在时间上的高度相关决不是偶然的。这种相关性表明,铁器时代的本质不在于铁器在解决土壤问题方面相对于石器的锋利与高效,铁器时代与石器时代实际上代表两个完全不同的生产发展阶段。石器代表农业生产的土壤阶段,石器农具组合以阶段性地解决与生产有关的土壤问题即整理土地为目标,是生产发展的早期阶段。铁器时代则代表生产发展的灌溉农业阶段,铁器农具虽然与石器农具在形式上相仿,都表现为挖土工具,但它以解决生产发展的水源不足与不均衡为主要目标,是生产发展的高级阶段。更重要的是,铜是贵金属,分布很少,不能普及或家庭化,而铁的分布很广,被称为"贱金",能迅速而且充分地家庭化。

铁器时代之后,中国农业时代的生产技术再没有出现新的重大进步。此后,中国生产的发展主要表现为,把已有的生产技术运用推广到更加广阔的地域,尤其是大规模开发江南,表现为量的扩张,没有质的进步。

如果我们把上述各项重大农业生产技术进步,按取得的时间依次排列,可以得到如下表格:

中国农业时代核心技术简表

主要问题	解决方法	解决时间
品种问题(种什么)	采集	史前时代
土壤问题 (如何与土地打交道)	石器农具组合	史前时代
如何确定播种季节	龙、鸟(凤)崇拜	史前时代
如何开发华北低地沼泽	筑城与沟洫	传说时代
如何把握降水与季节变化	运用(青铜)礼器祭祀占卜	夏商时代
如何应对降水不足与不均	灌溉与铁器	春秋战国

从上表可以看出,中国农业生产的绝大部分重大技术进步,都在夏商时代取得了,夏商时代之后只取得一项重大技术进步,这表明重大技术进步都

第三章 中国诞生的技术化进程——从技术统治到抵制技术

分布在农业社会的早期。从各项技术的重要性来看，愈是后起的技术对于生产的边际价值相对愈小。铁器时代之后并不是完全没有技术进步，但那些进步完全谈不上革命性，最多只具有小修小补、锦上添花的性质。

二、技术进步的社会地位

技术进步的社会地位主要通过实现技术进步的人的社会地位或其历史评价得到反映。三皇五帝是华夏民族对于自身早期历史的集体记忆，这种记忆的具体细节不一定真实可靠，但这种记忆所蕴含的精神取向却极其值得玩味。三皇的组成有多种，以燧人氏、神农氏、伏羲氏最典型。燧人氏是发明钻木取火的人，神农氏是农耕技术的创始者，伏羲氏不仅有诸如结绳、织网之类的发明，而且完全可以说是个大科学家，因为"包牺氏始作八卦，以通神明之德，以类万物之情"（《易·系辞》）。三皇之外的其他远古记忆也具有高度的同构性，如有巢氏因构木为巢而被尊为帝。五帝也有多种不同的版本，最有影响的是太史公提供的版本。太史公是帝国时代的思想家，这使他很自然地倾向于把五帝的事迹与文治武功联系起来。尽管如此，他还是大量地讲到五帝在生产方面的事功。《史记·五帝本纪》：黄帝"治五气，艺五种"，"时播百谷草木"，"节用水火材物"，尤其还采首山铜以铸鼎；颛顼"养材以任地"；帝喾"顺天之义，知民之急"，"取地之材而节用之，抚教万民而利诲之"；尧帝的主要功绩一是任命羲、和观象授时，二是组织治水；对舜的考察也重在生产方面的经验与组织能力，"入于大麓，烈风雷雨不迷"，"耕历山，历山之人皆让畔。渔雷泽，雷泽上人皆让居。陶河滨，河滨器皆不苦窳"；大禹的功绩更是众所周知的治水。五帝如此，五帝之外的其他知名人士也是如此。如共工（号称"水师"，亦即治水方面的大巫师，是大禹的先驱）、鲧（筑城、治水专家）、后稷（农业专家）、冥（治水专家）、伯益（掘井专家）等，都因生产、技术方面的事务而被人们怀念。关于远古名人与技术发明的关系，《世本·作篇》的记载最详细。《作篇》之外，先秦的其他文献也大量讲到这一点，出于篇幅考虑，这里不一一引证。《周礼·考工记》则有这样的总结："知者创物，巧者述之。守之世，谓之工。百工之事，皆圣人之作也。烁金以为刃,凝土以为器,作车以行陆,作舟以行水,此皆圣人之所作也。"《考工记》的作者认为,圣人是各项技术的发明者,圣人是因为发明而成为圣人,这与后世的圣人观念大异其趣——帝国时代的圣人要么是道德高尚的思想家,要么是有文治武功的政治家。

于是我们可以得到这样的直观,即先秦时代的几乎所有思想家都认为,上古时代的社会精英缘于他们的技术发明或与生产有关的贡献。这种价值取向并不是那个时代的人们所具有的——正如后面要谈到的,帝国时代的价值取向是轻视并明确抵制技术进步,因此,这种历史记忆不可能是当时人们的杜撰。任何早期社会的主要努力,肯定是发明与自然环境有关的各种生存技术,这种记忆无疑具有逻辑的真实性。这种记忆的价值取向不仅具有逻辑的真实性,而且得到了商代甲骨文的印证。甲骨文中,包括商王在内的各级社会精英分子,不仅亲自参加农业生产,而且主要表现为生产方面的技术专家[1]。历史传说与甲骨文的这种状况表明,技术进步在当时具有很高的社会地位,以至于社会或者选择那些具有重大技术发明的人成为社会领袖,或者社会领袖的主要职责是与技术有关的生产事务。

随着生产中各种重大技术问题的逐步解决,从西周时期开始,技术进步的紧迫感开始缓解,其社会地位也随之进入下降通道。虽然在《尚书·无逸》中,周公对成王谆谆教诲,要他效法殷商历代先王勤劳稼穑、亲事农作,《诗经》中也有反映成王亲事农作的诗歌,如《诗经·周颂·噫嘻》,但以天子为代表的西周社会的主要精英分子已经开始淡出生产领域。西周精英分子对生产的参与主要表现为《籍田礼》中的仪式性劳动,另外,还有部分低级别的技术官员专职督导农业生产的各个重要环节[2]。西周社会部分精英分子对生产的有限参与主要完成了技术普及的历史使命[3]。春秋时期,随着技术普及的基本实现,精英分子进一步退出生产领域。孔子是中国私学的开创

---

[1] 商代的社会精英表现为巫,巫的主要职能是沟通(自然)神灵。王是巫的领袖,王字与巫字同构。尤其是商代的职官体系如"小籍臣""小刘臣""牧正""牛正""多马"等,一看就直接与生产相关。
[2] 《周礼》中提到的农业生产管理官员,职级大多为士一级。
[3] 按杨宽的考证,"籍田礼"主要是天子在农业技术专家的陪同下参加重要生产节点的开工仪式。这种仪式要在一年生产的各个重要节点多次进行,仪式之后要派人到各地宣告、督导。见杨宽:《西周史》,上海人民出版社,1999年,第268—272页。

第三章 中国诞生的技术化进程——从技术统治到抵制技术

者,他号称有教无类、海人不倦,门下弟子三千、贤者七十二,但当他的学生樊迟向他请教农业生产方面的技艺时,他首先是很不耐烦地表示"吾不如老农",并且背后批评他是胸无大志的"小人"(《论语·子路》)。孔子有句名言"不患寡而患不均"(《论语·季氏》),意思是说,统治者用不着关心财富的多少,而要关心财富分配的公正。财富的多少即生产效率主要是由技术决定的,由于技术已经稳定而且普及,所以关心它不再有现实意义。君子与小人、劳力与劳心的分离,既意味着技术的稳定与普及,也意味着技术进步不再具有社会地位。当时人们对于冶铁技术的态度极其有力地表明了这一点。冶铁是春秋战国时代最重大的技术发明,铁器对于生产的重大意义包括当时的思想家如孟子也都有清醒的意识,但是,他们那个时代虽然对远古时代各种技术的发明者保留着深刻的历史记忆,对当下冶铁技术的发明者却熟视无睹,以至于我们这些后人完全不知道,到底谁是这一重大技术的发明家。但是,人们对于灌溉设施的修建者却有深刻印象,如李冰父子和水工郑国,这可能从侧面印证了,铁器时代的本质是标志灌溉农业时代的到来。

实际上,到春秋战国时期,人们不仅认为技术进步不再是重要的,而且认为技术进步根本就是有害的,因而应该予以抵制。孔子说"君子不器"(《论语·为政》),他认为精英分子应该成为"道",即社会价值的承担与守护者,而不应该成为专业技术人员。孔子本人懂得多门技艺,即使是农艺园圃,他也自称只是"不如老农""不如老圃",但他并不以此为荣,他把技艺称为"鄙事",他说:"吾少也贱,故多能鄙事。君子多乎哉,不多也。"(《论语·子罕》)与孔子的态度相比,老子的《道德经》对技术进步的抵制态度更加坚决:"不贵难得之货,使民不为盗;不见可欲,使民心不乱"(《道德经》第三章);"绝巧弃利,盗贼无有"(《道德经》第十九章);"民多利器,国家滋昏;人多技巧,奇物滋起"(《道德经》第五十七章);"小国寡民,使有什伯之器而不用,使民重死而不远徙。虽有舟舆,无所乘之;虽有甲兵,无所陈之。使民复结绳而用之,甘其食,美其服,安其居,乐其俗"(《道德经》第八十章)。老子反对技术进步的思想被庄子学派进一步发扬光大。《庄子·天地》:"有机械者必有机事,有机事者必有机心。机心存于胸中,则纯白不备;纯白不备,则神生不定;神生不定者,道之所不载也。"老子、庄子认为,技术进步会导致人心诡诈、社会离散,因而主张"绝圣弃智",摒弃一切先进技术,回复到原始质朴的"自然"状态。

上述讨论表明,技术进步的社会地位经历了极其重要(从史前到夏商)—相对不重要(西周)—完全不重要(春秋战国)的历史转变。而且,技术进步的社会地位与技术进步的分布正相关,即技术进步的社会地位越高,重大技术进步的分布越是密集;技术进步的社会地位越低,重大技术进步的分布越是稀疏。因此,可以把从史前到夏商这一段历史时期称为中国农业文明的技术化时代。在技术进步没有社会地位的时代,即使出现了重大技术进步,其实际影响也常常被当时所忽略和低估,从而使完成重大技术进步的人不能获得相应的社会尊重①。

三、技术统治与技术的意识形态化

正如不能把技术进步这种疏密不匀的分布状况归结为当时人们的智力水平一样,也不能把技术进步社会地位的变化归因于人们兴趣偏好的转移,它们都应该理解为现实社会生活的需要,并且是特定制度设计的结果。如果社会生活迫切需要技术进步,社会就会通过相应的制度设计鼓励人们特别专注于技术领域,技术进步也会有很高的社会地位,并且使技术进步的分布相对密集。反之,如果社会生活对技术进步的需要不迫切,或者技术进步已经达到其瓶颈状态,社会也会通过相应的制度设计引导人们疏远技术进步,既使技术进步的社会地位不高,也使技术进步的分布很稀疏。总的说来,中国农业时代的经济制度经历了从精英集中支配生产资料的大集体生产到大众分散支配生产资料的家庭小生产的变化,政治制度则经历了从原始民主或有限权力到君主集权或无限权力的变化。具体讨论中国诞生过程中的制度设计及其变化不是这里的主题,但是,根据历史传说与甲骨文,我们可以得出这样的结论:农业时代早期或技术化时代的社会统治,直接表

---

① 除了冶铁技术的发明之外,中国在帝国时代实际上有很多被后世认为具有重大意义的技术发明,最有名的是造纸术、印刷术、火药、指南针四大发明,但这些发明的意义明显被帝国时代的人们所疏忽和低估,其发明者即使没有被遗忘,也没有因此而获得与技术化时代的发明者同样的社会尊重。

第三章 中国诞生的技术化进程——从技术统治到抵制技术

现为技术统治或"技术王",而且,技术有明显的意识形态化倾向。

关于中国技术化时代的技术统治与技术王,前面已经有非常充分的展示,这里只稍稍补充一下技术统治发生失败时的情形。在技术统治时代,统治者作为技术专家对于解决当时生产的重大技术问题负有责任和义务,如果他无力解决,他统治的合法性就会受到质疑,他可能会因此丧失权力甚至生命。中国在传说时代所面临的主要技术问题是如何应对华北低地的洪水,鲧因为发明筑城的技术使人们得以在低地平原安居而得到权力,但他(或其后继者)通过围垦的办法开辟田园却不可避免地失败了,这使他(或其后继者)得到"鲧堙洪水"的罪名并因此被舜帝处死。夏商时代的主要问题是应对华北地区的干旱,太康面对大旱无能为力,于是失国即被放逐,取而代之的是东方有穷的神射手后羿,据说他射落了天空中十日并出之九日,他因为克服了干旱而"因夏民以代夏政"。到夏末,夏桀又遇到他无力克服的大旱,于是他也被放逐,取而代之的是东方商部落的商汤。商汤的办法是准备自为牺牲——亲自到上帝那里去请求降雨,但他比较走运,正当他准备自焚时奇迹般地下雨了[①],他很可能因此被称成为圣王。

与这种技术统治相适应的是技术的意识形态化,即技术为统治提供合法性。那时的统治者都表现为巫,而巫是沟通鬼神的传媒,人间的统治借助神灵的意旨而实现,巫师沟通鬼神的方式是祭祀与占卜,沟通鬼神的器物是各式礼器。韦伯将其称为"巫魅"文化,并认为,文明化的过程就是"祛除巫魅"的过程。他的这个思想只在非常有限的程度上才具有真理性,即从技术化时代过渡到伦理化时代表现为"脱魅",伦理化时代的文化不再以巫魅为主要特征。但如果把巫魅与合理化、理性化对立起来,那就极大地偏离了巫魅的真相。由于当时鬼神的管辖主要是自然界的各种自然现象及其变化,巫师沟通鬼神也就是把握或研究自然。因此,巫魅是农业技术化时代的技术理性,巫术是当时的科学,巫师是技术统治的专家。由于巫术为当时的统治提供了合法性,这使巫术即当时的技术成为意识形态。

对中国农业时代技术进步的这种分析,对于理解当代工业文明的发展

---

① 这个故事在先秦的诸多古籍中多有记载,即使是"不语怪、力、乱、神"的孔子也曾经提到过。

状况可能具有重要启示。当代的历史家们普遍发现,所有农业时代的重大技术成就基本都是在农业文明的早期争得的,之后,各个文明在技术上都进入停滞时期。这就印证了技术化时代存在的普遍性。技术停滞的这种状况的真正改变实际上与工业时代的兴起同步。换句话说,工业时代的开启伴随着技术进步在农业时代早期之后再次获得崇高的社会地位。"知识就是力量"是培根的名言。诗人亚历山大·蒲伯这样谈到科学家牛顿:

> 自然和自然规律隐没在黑夜中,
> 上帝说"要有牛顿",
> 于是一切变为光明。

随着技术进步再次获得重要社会地位,技术进步突飞猛进。人类在最近几个世纪获得的技术进步只有史前时代可以与之比肩,其结果是社会财富在长期处于一个区间徘徊之后出现暴发式增长。技术进步所带来的巨大社会效应也导致了实行"技术统治"的政治呼声[①]。不过,到20世纪,人们对技术进步的盲目崇拜开始动摇。科学史家萨顿说:"单靠科学,即使我们的科学比现在再发达一百倍,我们也并不能生活得更美好。"[②]海德格尔在《技术的追问》一文中更深刻地指出,科学技术引导人们去征服大地,而征服大地是无限掠夺的第一步,是人与自然关系错置的开始。包括他在内的很多思想家都意识到,技术理性的泛滥将人类引入歧途,忘却了人的本真生活方式和思维方式,导致了对存在的遗忘。

以法兰克福学派为代表的当代技术批判思想的重大缺点,是没有自觉到当代技术进步本身实际上必然具有的有限性,错误地认为现代资本主义生产方式可以使技术不断得到进步,把当代主要表现为大工业机器的大技

---

① 这种呼声在工业时代没有像早期农业时代那样成为社会政治生活的现实,这应该是因为农业技术化时代的技术发明对于人类生存具有更为根本性的重要意义。农业时代的技术进步不仅使人类摆脱了此前的动物式生存,开创了某种公认的"人类的""文明的"生存样式,而且到现在为止一直是人类得以生存的坚实基础——即使在工业文明的发达区域也是如此。相对于早期农业时代的技术成就,工业时代技术进步的"革命性"实际上大为逊色。

② 乔治·萨顿:《科学史和新人文主义》,陈恒六、刘兵、仲维光译,华夏出版社,1989年,第2页。

术当作技术不可超越的最高形式。从他们非常不恰当地把现代西方社会称为"发达工业社会"或"后工业社会"这一点来看,他们不仅对当代技术的历史地位缺乏准确研判,而且对技术发展的未来走向缺乏前瞻性把握。

关于当代技术的性质及其可能的改变,20世纪七八十年代出现的技术的社会建构论与技术控制主义思想,已经有一些不乏深刻的思考与洞见,可以视为新一代的技术批判理论。这种理论认为,技术是社会选择的产物,社会的各种因素以其独特的方式塑造了技术,因而也可以对技术进行控制。这一理论的代表人物之一芬伯格认为,马克思对资本主义的批判包括所有制批判与劳动过程理论批判,社会主义不仅是一种理想的社会制度,同时也是一种新的文明模式,社会主义将规划出一种新型的技术体系。安德鲁·芬伯格把社会主义描绘成对被资本压制的技术潜能的实现,资本时代的技术是由资本的目标与利益规划选择的结果,共产主义将要进行技术转化,"我的目标是确立一种文明转化的潜在的技术逻辑"①。与之相类似,芒福德认为,当代技术是一种单一性的"巨技术",这种技术"以科学知识和大量生产为基础,主要指向经济扩张、物产充盈和军事优势"②,使传统的多元性生活技术转变为单一性技术,演绎出机器的神话,导致人生活目标的丧失,成为巨机器的一部分,巨技术是反人性的,应该回归生活技术。舒马赫提出,可以在早期的原始技术与当代的超级技术之间,找到一种更富于人性的技术——中间技术,那是一种自力更生的技术,民主的技术,他的口号是"小的就是好的"。

技术建构论虽然意识到当代技术的缺点,并且对技术的未来建构提出了各种建设性意见,但是,由于他们把技术的社会建构等同于技术的主观建构,缺乏对技术自身发展道路的理论自觉,最终就变成了一种道德理想主义的理论空想。

当代技术的基本特点可以归结为这样紧密联系的几个方面:技术总体上一直处于快速进步的时期,技术的升级换代非常频繁;为了便于技术进步

---

① 安德鲁·芬伯格:《技术批判理论》,韩连庆、曹观法译,北京大学出版社,2005年,第188页。
② 刘易斯·芒福德:《机械的神话》,钮先钟译,台湾黎明文化实业股份有限公司,1972年,第156页。

各个击破,技术的细分程度很高,技术总体上具有分析的性质;为了实现技术进步,社会精英分子深度参与到技术的发明与应用过程中,技术只掌握在少部分精英分子手里;技术很不普及,大众与技术非常隔膜、疏远,还只能表现为技术的被动俘获物;实体化的技术通常表现为功能单一、笨重庞大、粗糙丑陋、价格昂贵、有待改进的各式大机器。正是当代技术的这些特点使家庭无力、更不愿意承担生产的重任,大众在生产中也需要精英分子的组织和引领,从而人成为机器的附庸,也受到他人的压迫。换言之,是当代技术的相对落后或初级状态,迫使当下的工业生产采取以各种生产要素大规模集中使用为基本特征的社会化大生产形式,而社会化大生产形式是与工业时代的早期发展阶段相伴随的,它必然导致的制度性财富不公以及人的物化、单向度或受压迫状态,是人类为取得最大可能的技术进步而不得不付出的制度性牺牲。

因此,当代技术一定将按其自身发展的逻辑进入高级状态——那种状态的首要特点是技术的稳定或停滞,因而精英分子不再关心技术进步,大众则由于技术的普及与下移不再与技术隔膜,成为技术的自觉主人,而核心技术的物化形式则从当代的大机器最大限度地再度手工工具化并最终家庭化。

可以想象,如果把一个世纪之后的技术与我们现在的技术相比较,我们现在的技术一定会显得粗陋无比,正如一个世纪之前的技术与当下的技术相比较,一个世纪之前的技术显得粗陋无比一样。但依此类推并不总是正确,22世纪的技术相对于21世纪会有巨大进步,但23世纪的技术就有可能和22世纪的技术没有差别。这就是技术的停滞或稳定。人们通常对停滞抱有偏见,其实停滞时代的技术才是技术发展的巅峰。技术进步的这种情形很类似于一个人的长高,我们的身高在生下来之后的十几二十年内总是不断增长的,会从20多厘米持续增长到160、170厘米甚至更高,但我们绝不会无休止地长高,我们一定会在一个可以预期的人生时段停止长高。而当我们不再长高的时候,也是我们身高最高的时候。

由于农业时代的技术停滞与技术的家庭化高度同步,可以认为,技术的家庭化是技术进步的边界。这就意味着工业时代的技术还有相当大的进步空间。当代技术的特点是表现为大机器的大技术,在技术发展的这种状况下,人们日常生活所需要的各种生活必需品,都是通过集中在大工厂的大机器生产出来的,因为这种机器过于笨重庞大、功能单一而且昂贵,完全不适合家庭使用。但机器的小型化与家庭化已经初现端倪,我们现在不仅有品类繁多的家用生活机器,如电视机、洗衣机之类,而且部分生产机器也开始家庭化,如运输用的汽车、功能强大的电脑等。可以预期,未来技术革命的方向是发明各种精致小巧、功能强大、适合家庭使用的生产机器,从而最大可能地实现工业时代技术的家庭化。笔者预计,工业时代技术的家庭化很可能会在 22 世纪基本实现。到那个时候,工业文明的技术化时代将宣告结束,人类文明的技术将进入一个漫长的稳定或停滞时期。

第四章 中国诞生的土地制度与生产组织形式的演进

——兼论井田制是小农经济时代小农的空想

这里的土地制度是指土地产权(包括所有权和使用权)的有无与土地产权的形成与变更等因素,生产组织形式是指与土地产权有关、但不一定与产权同一的生产组织与实现形式。土地制度与生产组织形式是两个关系紧密的方面,对于权衡一个农业社会的生产发展水平与社会性质具有重要意义。帝国时代以后,中国的生产组织形式是家庭小农经济,即由小农家庭自主耕作小块土地。帝国时代的土地制度具有这样两个特点:首先,国家是全部土地的所有者,因而有权对所有土地征收税赋;其次,国家追求对所有土地的直接控制,然后把土地分授给小农家庭耕种。当国家可以支配的土地枯竭,大量小农家庭沦为佃农或失地破产,社会动荡与王朝更替通常接踵而至。土地国有与家庭经济是帝国时代经济生活的基本特征。这种特征并不是从来就有的,而是此前漫长历史时代社会发展的产物。考查其诞生与形成的具体过程,不仅对于理解中国农业时代的历史具有特别重要的意义,而且对于把握当代工业文明的现状与发展趋势具有重要启示。

一、商代

虽然有些古代文献中有关于夏代土地与贡赋制度的记载,如《孟子·滕文公上》:"夏后氏五十而贡,殷人七十而助,周人百亩而彻,其实皆什一也。"不过这类记载多数属于以今释古,非常靠不住。由于我们完全缺乏有关商代以前土地制度与生产形式的可靠文献资料,考古学在这方面至少暂时还

第四章 中国诞生的土地制度与生产组织形式的演进——兼论井田制是小农经济时代小农的空想

没有提供有力的帮助,为了慎重起见,这里的研究以商代作为起点。而且,对于商代及以后土地制度与生产形式演进态势的研究,应该足以让我们对商代之前的相关情形产生相当的把握。

甲骨文是研究商代社会生活的可靠资料。甲骨文中已经开始有准确的数量概念与计量单位,如一、二、三、四、十、百、千、旬、朋等,甲骨文对想要准确计量的物事已经有非常精确的统计,如甲骨文提到二千六百五十人、七十朋、十又五牢、九旬有一日、二十屯(贡甲骨数)、十伐(用牲数)、三邑、五卣等。关于土地,甲骨文有东土、南土、西土、北土、西单、西鄙、西乡、西奠等表示地点方位的名称,也有王田、北田、我田、南田、盂田、妇井田等可能与土地管理甚至权益有关的说法,还有"多田"的官名,但没有表示土地面积大小的计量单位,如后世的"步""里""亩"等,甲骨文的"田"字完全看不出有表示面积大小的意义。甲骨文中也没有土地交易的记载。而且,甲骨文中没有表示谷物计量的单位,如后世的石、担、钟、升、斗等,也没有出土与计量谷物有关的标准衡器。上面提到的五卣是祭祀时用酒的数量,不同的祭祀,用酒有五卣、六卣、十卣的差异,每"一卣"很可能已经表示特定的数量。商人重酒,酒是商代最重要的祭品,所以尽管酒似乎比谷物更不方便计量,却率先有了计量的单位——是不是有标准的衡器则不确定。甲骨文有表示外地或方国向中央王国贡献的记载,如致龟、致犬、致牛、致巫、致羌、致马、致齿(象牙)、来人(献浮)、来女、来犬、来牛、来白马等,但没有外方给商王贡献谷物或商王收取谷物税的记载。甲骨文中外方的贡献都是祭祀用的各种品物(包括活人),这与文献记载大体一致。《逸周书·王会解》后附有《商书》中《伊尹朝献》一篇佚文,记载伊尹受商汤之命制定的"四方献令"。综观四方来献,多为奇巧异货,无一与粮食有关。

甲骨文的这种状况,应该表明商代的土地还没有被准确地丈量,商代的谷物也没有被准确地衡量,因而也不会有定量收取谷物税的传统。丈量土地、衡量谷物与税收这三者实际上具有因果连带关系。如果没有表现为谷物的实物税——这是农业社会税收的通常形式,土地丈量与谷物衡量就显得完全多余。甲骨文中提到的"我田""王田""我西单田",以及东南西北土,很可能都是王室直接经营和管理的土地,与所有权或使用权的划分无关。

甲骨文显示,商王不仅对王国土地的收成很关心,而且会亲自或指派臣属督导、参与包括耕籍、种植、田间管理与收获的生产全过程。甲骨文中这一类的卜辞极多,由于古今字体差异,这里不便也不必一一列举。

关于商代的土地制度与生产形式,李朝远说:"以商王为代表的王室贵族土地所有权通过他们的直接经营管理表现出来……商代的土地所有者与经营者为同一主体,反映了当时社会等级的分化、政治和经济的分化尚十分浅显以及土地所有制形式过于单一的历史现状。商王室土地的所有与经营合二为一的结构……是在国家形态的发展仍不完备的情况下出现的租税合一的雏形。……商代的租税合一处于最原始的阶段,其实质是租税不仅没有分离,而且两者尚未出现。"[1]李朝远在大量引用甲骨卜辞后指出,商代的生产组织形式是"众或众人在商王室的土地上,以协田的形式进行集体耕作"[2]。总之,"殷商王国就是殷商王室的国家,王国的土地与王室的土地不论在内涵与外延上都相一致。就土地所有制的内部关系而言,商王室直接经营管理农业生产的全过程,农田上实行公社成员的奴隶性劳动;商王室的各个阶层包括商王在内,共同所有王室的土地,不存在奴隶主阶级内部各个阶层对土地和土地所有权的分割;就外部关系而言,殷商王国与其他方国是普天之下的并列政权"[3]。

总括以上李朝远对于商代土地制度与生产形式的论述,他最有见地的观点,是指出了商代对所有权不加分割的土地集体所有制、所有权与经营权的合一以及与之相应的集体劳动形式。不过,他把这种土地制度与生产形式产生的原因主要归结为抛荒耕作制,完全没有说服力。考古发现的商代生活方式已经是定居的农耕生活。从甲骨文的内容来看,商代生产面临的主要问题,并不是土地肥力不够导致抛荒式耕作,而是如何把握大自然的天道气候变化,尤其是克服华北地区的降水不足对于农业生产的影响。商代的集体劳动形式与相应的土地制度都应该合理地看作是生产技术不发达、生产知识不普及的必然结果。以商王为代表的王室与精英集团与其说是当

---

[1] 李朝远:《西周土地关系论》,上海人民出版社,1997年,第37—38页。
[2] 同上书,第41页。
[3] 同上书,第53页。

第四章 中国诞生的土地制度与生产组织形式的演进——兼论井田制是小农经济时代小农的空想

时的奴隶主与剥削阶级,不如说是社会生产或族群生存的引领者。

商代土地所有权与经营权的重叠表明,社会最重要的财富即作为生产资料的土地是在高度集中的情况下被统一使用的。由于商王国的土地没有所有权与经营权的分离,我们应该可以合理地推断,整个王国就是一个以商王为领袖的集体农庄,商代社会就是由很多个基本独立的集体农庄即方国组成。至于商代的集体农庄规模具体有多大,即商王国或各个方国的面积,文献上的说法是"方百里"或"方七十里"。不管这些数字具体意味多大的面积,如果生产以"国"为单位进行,应该可以肯定是大规模的集体劳作,即大生产[1]。任何时候,只要是大规模的集体行动,就一定离不开精英分子的组织与协调。甲骨文所表现的商代职官体系,主要由"小籍臣""小刈臣""牧正""牛正""多马""豕司""羊司""司工"等生产事务性职官组成。甲骨文表明,商代社会生产的各个领域与各个环节都是在以商王为代表的社会精英分子的实质性参与和组织之下进行的。《尚书·无逸》还专门讲道,商代有名的王在即位之前都曾长期和"小人"即大众一起生活劳作[2]。一种生产如果是大规模集体进行的,而且得到了精英分子的全面、深刻的组织和参与,我们就称之为"社会化大生产"。由于商代生产所具有的"国家—庄园"性质和全体精英分子的深度参与,我们可以把商代的生产称为"绝对社会化大生产"。在这种生产形式下,由于生产资料被少数社会精英集中支配,必然同时导致社会剩余产品主要由少数社会精英集中支配,因而造成社会财富的极其不均匀分配。商代社会财富的不均匀分布状况,既可以从考古发掘中得到直观,也可以从甲骨文中得到印证。考古所见的社会财富,主要表现为铜质或玉质的礼器,甲骨文中所见的剩余产品,主要是各种祭祀用的牺牲。牺牲的用量很庞大,一次用几十上百头牲口很常见。它们中的相当大一部分应该来自外方的"贡献"。无论是礼器还是牺牲,它们都大量集中于王室。

---

[1] 当然,我们很难想象整个商王国的生产都由商王一人统一安排与实施。甲骨文提到的妇井田应该是商王指派妇井进行具体管理的土地。
[2] 《尚书·无逸》中有这样的记载:"其在高宗,时旧劳于外,爰暨小人。作其即位,乃或亮阴,三年不言。其惟不言,言乃雍。""其在祖甲,不义惟王,旧为小人。作其即位,爰知小人之依,能保惠于庶民,不敢侮鳏寡。肆祖甲之享国三十有三年。"

相对于王室,大众由于与生产资料支配的疏离,他们不仅必然与剩余产品处于疏离状态,而且肯定没有自主劳动的自由。剩余产品的这种不均匀分布不应该主要理解为强迫与武力的结果,而是技术或知识不发达、不稳定、不普及的表现。王室独占了与神灵沟通的渠道,而沟通神灵实际上是当时的科学研究——这种研究不仅直接为生产服务,而且直接在生产过程中进行。目前为止的考古发掘,商代甲骨文集中出土于殷墟一地,这表明殷墟是当时知识与技术的中心,所以也成为剩余财富的主要集聚地。

二、西周

社会精英直接表现为生产技术精英即劳力与劳心不分离,是早期生产不发达阶段才有的社会现象,体力劳动与脑力劳动、社会生产与社会管理的分离是社会发展的必然趋势。当生产技术发展到一定程度,社会精英分子就开始淡出生产领域,主要以社会管理或政治统治作为其主要职守。这时,必然要求社会的生产形式与土地制度相应地发生变化。西周王朝的诞生正是顺应了历史发展的这种内在要求。

殷墟之外,周原是甲骨文集中出土的另一地点。周原甲骨占卜的基本特点是,明显不再以气候变化、降水及生产收成为首要事项,社会管理与政治事务空前重要起来。周原甲骨中文字最多的几片都以商周关系为主题[①]。农业时代的人们首先要处理的社会事务无疑是土地产权的划分及其收获的分享。对于这个问题的开创性处理可能首先是由周王国开端的。甲骨文中的"周"字与"田"字同构,写作田中有点的形状(田中的点有时也可以省略)。《说文》认为"周"字的创意取法于治玉,完全看不出充分的理由。也有人认为"周"字的创意表示周人生活于一片田畴肥美的平原,考虑到甲骨文是商人发明的,似乎也不是很得要领。笔者猜测,田中加点有可能是表示对土地产权的划分。《尚书·大传》和《诗经》都讲到文王平息虞、芮两族为争田而发生的纠纷。虞、芮争田久不能决,于是请文王调解,双方进入周境,见"耕

---

① 见杨宽:《西周史》,上海人民出版社,1999年,第69—71页。

第四章 中国诞生的土地制度与生产组织形式的演进——兼论井田制是小农经济时代小农的空想

者让其畔,行者让路"。"耕者让其畔"就是把田界让给对方以示对土地产权的谦让,这说明周人那时已经开始进行土地使用权的划分了。周可能是最早开始进行土地产权划分的方国,从而成为"周"字创意的缘起。文王则在进行土地产权划分方面很能保持公正,因此获得了很高的声望,所以虞、芮才会来向他请教和要求调解。《尚书·无逸》说:"文王卑服,即康功田功。徽柔懿恭,怀保小民,惠鲜鳏寡。自朝至于日中昃,不遑暇食,用咸和万民。"注释家们对"康功田功"的理解多有分歧①,但多倾向于把"田功"理解为亲事稼穑,如郭沫若说"文王这位氏族酋长还在种田风谷"(《奴隶制时代》)。按照甲骨文记载的情形,文王亲自种田是一点都不应该让人感到奇怪的,《楚辞·天问》也说,"伯昌号衰,秉鞭作牧"。如果文王只是亲自种田,就不能显示文王的特别,因为商代的王都亲自种田。杨宽把"康功田功"理解为安居之事与田作之事,大体正确但还欠具体。笔者以为,安居之事(康功)可能指调节族群或邻里关系,田作之事(田功)则应该与土地分配有关。把主要精力放在处理族群内部的关系与合理地进行土地分配,是文王区别并高明于以往社会领袖的地方,他率先把社会生活事务而不是具体的生产与技术事务作为社会领袖的主要关怀。由于文王实现了领导职能的这种转型,所以周公称赞他"咸和万民"。当生产的技术问题解决到这样的程度,即不需要社会的主要领袖亲自关心的时候,对土地进行一定的产权划分可以很大地提高人们生产的积极性,从而实现更高的生产效率,周王国率先进行土地产权划分——当然,肯定不应该把文王进行的土地产权划分理解为分田到家庭,而是在王国内各大家族之间进行土地分配——这很可能使它因此走上强国之路,最后一举灭商。

武王灭商以后,最重要的政治措施是分封诸侯,具体内容主要是授土授民。《左传·定公四年》这样记载分封鲁公的情形:"分鲁公以大路、大旂,夏后氏之璜,封父之繁弱,殷民六族,条氏、徐氏、萧氏、索氏、长勺氏、尾勺氏,使帅其宗氏,辑其分族,将其类丑,以法则周公……分之土田陪敦,祝、宗、卜、史,备物、典策,官司、彝器。因商奄之民,命以《伯禽》而封于少皞之虚。"

---

① 具体可参阅杨宽:《西周史》,第 80 页。

出土西周铜器"宜侯夨簋"铭文中，讲到天子分给宜侯土地300川、35邑。要分田分土，就要对土地进行计量，于是西周首次开始出现土田计量的单位。"里"是土地的计量单位，"田"是耕地的计量单位。《召卣》讲到周王"赏毕土方五十里"。"方五十里"肯定是一块经过丈量的特定大小的土地。西周时期的众多青铜器铭文都讲到周王赏赐有功之臣一定数量的"田"，如"田十田""五十田"之类。这里的每"一田"肯定指有特定大小面积的耕地。

分封诸侯中的授土是第一层次的土地产权划分，表示周天子的天下共主地位。诸侯得到天子的土地和人民，就要承担相应的责任与义务。诸侯的义务包括听从命令、镇守疆土、缴纳贡品、朝觐述职等。诸侯的贡品主要是象征意义的土特产之类，没有按土地面积大小向天子交纳固定谷物税或地租的要求——即使到春秋时期，南方的楚国对于天子的贡品无非是宿酒用的一种茅草。天子的收入来源依靠天子直接管理的很大一片王室直辖领地即王畿。诸侯从天子那里领受土地之后，除一部分亲自掌管的籍田作为其主要收入来源之外，也要把封国的其他土地分赐给他的臣属。西周铜器"卯簋"铭文中讲到荣伯赐予卯四田，卯受田之后，"拜手稽首，对扬荣伯休，用作宝尊"。诸侯的臣属从诸侯那里得到土地之后，也要向诸侯承担一定的义务，但也不包括按土地面积大小交纳定额的谷物税或地租。

因此，分封制实际上表征社会主要财富即土地的所有权与使用权的分离。土地使用权至少经历了从天子到诸侯、从诸侯到卿或大夫等几个社会层级的分离，但肯定没有达到把土地使用权分配给各个家庭这一层级。许倬云把西周的这种土地制度称为庄园制度。"在这种庄园制度下，庶人倚靠领主，并用自己的劳力种植谷物，养活整个庄园。庶人没有自己的私有土地，因此也就没有向庶人收取租税的需要。"①与商代的"国家—庄园"经济相比较，西周贵族庄园经济对土地使用权的多重分割首先意味着社会生产单位在规模上的相对与绝对缩小②。《诗经·周颂·噫嘻》："骏发尔私，终三十

---

① 许倬云：《中国古代社会史论——春秋战国时期的社会流动》，广西师范大学出版社，2006年，第129页。
② 天子分封给毕的土地为"方七十里"，这与史书记载的商汤与文王之国相仿佛。毕是一方诸侯，按惯例，他要把他封地的大部分再分给其他的卿大夫，这就必然意味着最终的生产单位即西周庄园比商代的国家庄园在规模上的大幅缩小。

第四章 中国诞生的土地制度与生产组织形式的演进——兼论井田制是小农经济时代小农的空想

里。"成王的庄园大约有"三十里"大小,成王作为天子是最大的庄园主,而三十里比七十里小了很多。与生产规模的缩小相适应,西周精英分子也只部分、有限地参与到社会生产中,大部分社会精英已经退出具体生产领域。这种情形在史料中有明确的记载。首先,天子虽然亲领籍田,但天子对生产的参与主要变成"籍田礼"所表现的象征性活动。"宣王即位,不籍千亩",天子彻底从具体生产事务中退出。其次,金文所见的西周官职体系分为"卿事寮"和"太史寮"两大系统,"卿事寮可以说是周王的办公厅和参谋部,掌管着政治、军事、刑法等等。……卿事寮的长官,无论大师或大保都掌握军政大权。……太史寮的长官是太史,掌管册命、制禄、图籍、记录历史、祭祀占卜、礼制、时令、天文、历法、耕作等"①。农事已经变成一个相对次要部门的事务之一。最后,《周礼》被认为是一本经儒家修订过的记载西周官制的经典,在这本经典中,具体生产事务仍然有"草人"(下士)、"稻人"(上士)等职有专司的官员管理,但这些官员的级别都不高,而且只是庞大职官系统的很小一部分,其他绝大部分职官都与生产无关。而且,《诗经·魏风·伐檀》说:"不稼不穑,胡取禾三百廛兮? 不狩不猎,胡瞻尔庭有县貆兮? 彼君子兮,不素餐兮!"这里的"君子"即贵族庄园地主,他们已经完全不事稼穑,从生产领域退出了。生产组织形式在规模上的绝对与相对缩小和精英分子对生产的有限参与表明,西周农业生产的社会化程度与商代相比已经有相当程度的降低,但西周仍然是庄园集体经济,因而可以称之为"相对社会化大生产"。

西周庄园经济所具有的土地使用权的有限分割与精英分子的有限参与即相对社会化大生产的特点,可以从当时的技术发展状况得到说明。西周"籍田礼"表明②,当时的少数精英分子对于生产开始的时间节点(这是华北农业生产的首要事项)已经能够凭借经验积累作出判断,不再需要通过占卜的方式与鬼神商量。但大众依然很茫然,所以需要通过国家礼仪的方式予

---

① 杨宽:《西周史》,第 325 页。
② 籍礼的具体内容可参见杨宽:《西周史》,第 268—272 页。但杨先生对籍礼举行的时间有明显的误判,他认为籍礼在立春那天举行。但立春在春节前后,即便在江南,气温也太低,不可能那么早开始农作。华北更是如此。而且,包括立春在内的各个节气那时可能都还没有诞生。实际上,籍礼作为一年农作的开工典礼,它最重要的意义在于确定并告知大众一个农业生产周期的开始,所以籍礼举行的具体时间要由太史观察天时和土壤的变化之后确定。

以提示和广告。按杨宽的意见,籍礼不仅在一年农事开始的时候,而且在生产与收获的多个关键时刻都要进行。大致在每年的同一时期一次或多次举行的籍礼,既体现了精英对生产的参与和指导,也是一个普及与推广农业生产知识的过程。西周在农业生产的技术方面缺乏重大创新,它主要完成了农业生产知识的普及与平民化。大致到西周后期,中国农业生产所需要具备的气候历法知识已经成为农夫们的常识,这最清楚地表现在《诗经·豳风·七月》的诗歌中。

>七月流火,九月授衣。一之日觱发,二之日栗烈。无衣无褐,何以卒岁?三之日于耜,四之日举趾。同我妇子,馌彼南亩;田畯至喜。
>
>七月流火,九月授衣。春日载阳,有鸣仓庚。女执懿筐,遵彼微行,爰求柔桑。春日迟迟,采蘩祁祁。女心伤悲,殆及公子同归。
>
>七月流火,八月萑苇。蚕月条桑,取彼斧斨,以伐远扬,猗彼女桑。七月鸣鵙,八月载绩。载玄载黄,我朱孔阳,为公子裳。
>
>四月秀葽,五月鸣蜩。八月其获,十月陨萚。一之日于貉,取彼狐狸,为公子裘。二之日其同,载缵武功。言私其豵,献豜于公。
>
>五月斯螽动股,六月莎鸡振羽。七月在野,八月在宇,九月在户,十月蟋蟀入我床下。穹窒熏鼠,塞向墐户。嗟我妇子,曰为改岁,入此室处。
>
>六月食郁及薁,七月亨葵及菽。八月剥枣,十月获稻;为此春酒,以介眉寿。七月食瓜,八月断壶,九月叔苴。采荼薪樗,食我农夫。
>
>九月筑场圃,十月纳禾稼。黍稷重穋,禾麻菽麦。嗟我农夫!我稼既同,上入执宫功:昼尔于茅,宵尔索绹,亟其乘屋,其始播百谷。
>
>二之日凿冰冲冲,三之日纳于凌阴。四之日其蚤,献羔祭韭。九月肃霜,十月涤场。朋酒斯飨,曰杀羔羊,跻彼公堂,称彼兕觥,万寿无疆!

第四章 中国诞生的土地制度与生产组织形式的演进——兼论井田制是小农经济时代小农的空想

这首长诗非常生动地展示了农夫们一年中各个重要节点的生产与生活。从诗的内容来看,那时人们对于一年农事的节奏安排已经非常自信和肯定,诗中没有请求神灵指引的内容。而且,农夫们的一部分生活消费已经家庭化了,即家庭各有其住房和衣物。从打猎后要把肥美的猎物送给主人这一点来看,饮食至少已经部分家庭化了,但是没有完全家庭化——既然还是集体劳动,而且有人监管或指导,送饭到田间的妇子应该不是各送各家。根据诗中农夫们的生产知识与生活状况,《七月》应该不可能是西周早期的作品。这首长诗所反映的社会生活表明,生产知识的普及已经到相当的程度,家庭经济的时代正在到来。

三、春秋战国——小农经济的诞生

农业时代的技术进步与普及迟早一定会达到这样的程度,即社会生产需要解决的主要技术难题与生产手段都已经阶段性地获得解决与满足,并且这种解决问题的方法即知识已经成为社会大众的生活常识,解决问题的手段也能轻易地为大众所获得。这时,社会精英分子就可以完全从日常生产领域退出,更加专注于生产之外的其他社会管理事务。由于每个家庭的主要男性成员都具备完成农业生产所需要的基本知识,而且每个家庭都能比较方便地获得完成生产所需要的正常生产手段,于是家庭小生产第一次成为现实的生产组织形式。经过西周漫长的知识普及和春秋时代冶铁技术的发明,中国大致在春秋时代开始进入这样的历史时期。

春秋时期,冶铁技术的发明与迅速推广,是中国农业时代最后一次革命性进步,其实质是灌溉农业时代的到来,即人们能够通过调动地表水以弥补降水的不足与不均衡。铁器不同于青铜器,铁被称为贱金,因其能够大量获得,故迅速被平民化。最晚到战国时期,各种农业与手工业工具已普遍使用铁器[①]。灌溉农业和铁器时代的到来,深刻地动摇了传统的土地制度与生产

[①]《管子》的作者认为必须有铁工具,"然后成为农","然后成为车","然后成为女"(《轻重乙》),"不尔而事成者,天下无有"(《海王》)。《孟子滕文公》记孟子问难主张君民并耕而食的许行的弟子陈相:"许子以釜甑爨、以铁耕乎?"可知铁器当时已经成为寻常农夫们普遍使用的工具了。

组织形式。

生产知识的普及①与铁器使用的大众化,使传统的庄园集体经济日趋没落。春秋时代,"民不肯尽力于公田"(《公羊传》宣公十五年何休注)。《诗经·齐风·甫田》说,齐国的甫田上"维莠骄骄""维莠桀桀"。陈国的情形亦然,"田在草间,功成而不收""野有庾积,场功未毕"(《国语·周语》)。庄园集体农作日趋没落的同时,家庭垦荒开始大量出现。《论语·微子》记载了两则孔子周游列国时遇到隐士的故事。一则是子路向长沮、桀溺两位耦耕的隐士问路,一则是子路掉队后向以杖荷蓧的丈人打听夫子的下落。孔子称这些人为隐士,说明家庭垦荒在当时已经成为现实。到战国时代,在庄园土地之外出现大量新开垦的耕地。②"为了增强国力,战国时期列国特别注意从无主荒地中开垦可耕地,政府甚至建立了专门管理荒地开垦的机构来鼓励垦荒。因此,相当数量的平民成了独立农夫,他们耕种着那些从未隶属过庄园的土地。"③这是必然的。如果人们既具备种田的知识,也能获得种田的基本工具,人们就一定渴望自己独立耕种。

因此,各国相继采取以承认家庭土地、鼓励小农家庭经济为导向的各种措施。晋国最早于公元前654年采取"作爰田"与"作州兵"两项措施,总的来说,是承认私垦土地(私田)的合法性,因而要求耕作私田的人也服兵役。更强有力的鼓励土地家庭化使用的措施,是新型土地租税制度的推行。春秋时期,最早的租税改革是管仲进行的"相地而衰征",即根据土地面积的大小与优劣收取相应的实物税。70年后,即公元前594年,鲁国实行"初税亩",废除籍法,不分公田、私田——这里的私田亦即庄园主或独立农夫新开垦的土地,一律按土地面积的大小交税。"相地而衰征"与"初税亩"有两方面的意义,首先,它意味着传统贵族即庄园领主开始每年定额向国家(诸侯国)交税,这标志着诸侯国君主已经开始进行具有深远历史意义的角色转

---

① 农耕技术的普及在春秋时代已经达到这样的程度,以至于当孔子的学生向孔子请教农业生产技术方面的问题时,孔子完全不是出于谦虚地回答说"吾不如老农",并且因此很生气,认为那个学生关心生产技术是胸无大志。在孔子看来,技术的进步与普及已经使生产的技术问题不再是社会生活的首要问题,因而不需要社会精英分子操心。

② 详细可参阅杨宽:《战国史》,第155页。

③ 许倬云:《中国古代社会史论——春秋战国时期的社会流动》,第133页。

第四章 中国诞生的土地制度与生产组织形式的演进——兼论井田制是小农经济时代小农的空想

换,即从大庄园主或庄园主领袖转变为国家公共权力的代表。其次,由于所有土地都要按面积与质地交税,实际上就不仅承认了私垦土地的合法性,而且也承认了新兴土地所有者与旧贵族至少在土地方面的同等权益,从而开启了消除旧贵族特权的历史进程。

不过,承认私垦土地的合法性,与小农家庭经济主导地位的确立还有相当的差距。小农家庭经济的主导地位要到战国时期各国进行进一步的改革之后才成为现实。战国时期,最有名的变法是商鞅变法。商鞅变法中与土地制度有关的内容主要有:"为田开阡陌封疆,而赋税平"(《史记》);"决裂阡陌,教民耕战"(《战国策》);废止"田里不粥"(《礼记》)。商鞅"开阡陌封疆"被很多历史学家认为是井田制存在的重要证据,并认为正是商鞅的这条措施终结了井田制,这完全是误读。商鞅决裂的"阡陌封疆"只是传统庄园经济的象征,与井田制完全无关。实际上,包括"相地而衰征""初税亩""作丘赋""初租禾"在内的各种田赋制度改革的重点,是强调国家对于所有土地(包括庄园土地与私垦土地)的征税权,这一点从它们的名称即可以得到明确的直观。但这些改革都不涉及对原有庄园土地所有制度的根本变革。春秋时期,传统世袭贵族的力量还很强大,改革很难以直接剥夺旧贵族根本利益的方式来进行,春秋时期的大部分土地仍然被世袭领主所控制。到战国时期,传统世袭贵族的力量已经大为削弱,改革开始直接表现为牺牲或剥夺旧贵族的利益。公元前390年吴起在楚国变法的主要措施是"损其有余而继其不足"。他认为楚国"贫国弱兵"的原因是"大臣太重,封君太众",因此主张精简裁汰"不急之官",对封君的子孙"三世而收爵禄"(《韩非子·和氏》)。封君的爵禄主要是土地收入,"三世而收爵禄"意味着废除封君对土地的世袭权力。更甚之,吴起下令"贵人往实广虚之地"(《吕氏春秋·贵卒》),即把旧贵族迁往荒凉边远地区开荒。商鞅变法比吴起变法更加有力和彻底,它不仅打击了旧贵族的经济利益,而且是小农经济的催化剂。"为田开阡陌封疆",通过重新丈量土地,废除原来的阡陌封疆,让旧贵族无法逃避税收,从而使(庄园公田与小农私田的)"赋税平"。允许土地买卖是消除庄园世袭土地所有制的重要举措。促进小农经济最有力的措施是公元前348年的"初为赋",即按户按人口征收军赋。特别是"民有二男以上不分异者,倍其赋"(《史记·商君列传》),提倡以核心家庭作为组织生产的基本单位。"初为赋"政策通过差异户口税迫使旧贵族放弃庄园经济形式,为家庭小农经济时代的到来铺平了道路。

总之,从春秋时期开始,在传统庄园经济形式日趋式微的同时,家庭小农经济蒸蒸日上,到战国时代,家庭小生产已经成为占主导地位的生产组织形式。当家庭生产成为通行的生产形式时,必然呼唤家庭小土地所有制,即每个家庭拥有自己耕种的小块土地。但家庭生产形式并不必然意味着家庭小土地所有制,战国时期以前,土地要么掌握在旧贵族手中,要么是荒地,所以战国时期各国改革都有打击旧贵族与鼓励垦荒的内容。帝国时代以后,小家庭获得土地的途径通常是国家授予,其前提是国家拥有大量可直接支配的土地。因此,土地国有是帝国政府的一贯主张。

由此观之,中国先秦时代土地制度的变迁,是从商代没有土地所有权与使用权分离的王国族群土地所有制,经过西周土地所有权与使用权有限分离的土地国有、领主世袭的庄园土地所有制,最终演变为春秋战国以后土地所有权与使用权最大分离的土地国有、家庭使用的家庭小土地所有制的过程。与之相适应,先秦时代的生产组织形式,也经历了从商代王国庄园经济、西周贵族庄园经济,最后过渡到家庭小生产的过程。在这个过程中,社会精英分子与社会生产的关系也经历了从深度直接参与(商代)、有限指导性参与(西周)到完全退出直接生产领域的过程。由于家庭经济具有不容置疑的小生产特征,因而这个过程也是一个从社会化大生产到家庭小生产的过程。这个过程的各种变化都指向一个共同的目标,即赋予家庭以物质生产的职能,从而使社会的人口生产与物质生产的单位最终达到统一。家庭作为通行的人口生产组织形式,是人类社会生活中最符合人性、最能体现道德与善的社会组织形式。在家庭经济时代,国家通过给每个家庭分配一块大小基本相等的土地,实际上意味着社会生产资料在最大限度上的平均分配,因此通常导致社会剩余产品最大可能的均匀分布。这就使家庭经济成为社会公平与正义的体现。而且,家庭经济由于给予劳动者以充分的生产自主权——在家庭生产中,劳动者除了受到自然必然性的约束外,基本不受

第四章 中国诞生的土地制度与生产组织形式的演进——兼论井田制是小农经济时代小农的空想

政府约束——因而也最大限度地实现了农业时代的个人自由。

对中国先秦时代土地制度与生产形式的这种考察表明,首先,社会化大生产是技术不发达、不普及或技术处于上升时期的制度选择,随着技术停滞和技术普及,小生产将取代大生产成为社会高级阶段的生产组织形式。其次,社会公平与正义主要通过生产资料的分散支配而实现,如果生产资料由少数精英集中支配,必然导致人与人之间的奴役与不平等。

这种历史考察对于理解当代工业文明的现状及其未来发展趋势具有非常重要的启示。当代的思想家们习惯于把社会化大生产看作是比小生产更高明、更有效的生产组织形式,虽然很多思想家对市场制度多有批判,但没有人对大生产方式的优越性表示过怀疑,更没有人设想过小生产代替大生产的可能性。

两种生产的历史观认为,只有对当代工业文明展开生产形式批判才能为人类文明的未来指明方向。当代文明最显著的特点是两种生产在形式上的分离及其导致的价值观上的冲突。具言之,当代文明的物质生产采用社会化大生产形式,其目标是实现工业时代的技术进步和财富增长,但人口生产仍然采用人类文明自诞生以来就一直选择的家庭形式,这就是两种生产在生产形式上的分离。正是这种分离导致了法兰克福学派的理论家们所说的技术理性对价值理性的压迫。但技术理性对价值理性的压迫——这种压迫使人们在享受技术进步喜悦的同时,深刻而且真诚地感受到技术对人的支配与驱使,使人产生普遍的精神分裂感——实际上是人类文明为获得必要的技术进步必须忍受的痛苦。消除这种文明痛苦的唯一途径,是消灭大生产制度本身,使社会的物质生产重新回归到家庭小生产形式,从而实现两种生产在实现形式上的统一。可以合理地预期,一种吸纳了工业时代一切积极文明成果的家庭小生产将在不太遥远的未来重新走到历史的前台。不过,正如马克思指出的,自我异化的扬弃同自我异化走的是同一条道路。在工业时代的技术进步还没有达到其边界即没有实现充分的家庭化之前,工业时代的大生产形式是绝不会消亡的。因此,抽象地赞美与诅咒生产资料的集中支配即大生产是肤浅的,而故意对大生产导致的社会不公与奴役视而不见,甚至认为它体现了道德与正义,因而具有永恒与普适意义就更是历史的短见。

附论：

井田制是小农经济时代小农的空想

关于先秦时代尤其是西周的土地制度，聚讼最多的是井田制。井田制实际上意味着一种特定的土地制度与生产组织形式。关于井田制的记载，最为人所称引的是《孟子·滕文公上》："方里而井，井九百亩，其中为公田，八家皆私百亩，同养公田。公事毕，然后敢治私事。"《周礼·地官·小司徒》也有相类的记载："乃经土地，而井牧其田野。九夫为井"。关于井田制存在的最有力的证据，是《诗经·小雅·大田》中"雨我公田，遂及我私"之句，注释家们大多认为它是在讲公田和私田，很符合孟子关于井田制的描述。

近代之前，人们主要倾向于相信井田制存在的真实性，很多人甚至认为井田制在夏商时代就已存在。西学传入尤其是"疑古运动"开始以后，很多学者认为孟子所说的井田制是他托古改制的乌托邦。黄现璠在20世纪40年代写出了他的名文《周代无井田制》，对井田制存在的反驳很是有力。他的理由是：周天子的绝大部分土地要么授予诸侯——畿外之地，要么赐予卿大夫——畿内之地，根本不可能有土地授予人民，所以天子授土于民的井田制不可能存在。另外，天子也不可能通令诸侯让他们把土地授予人民，因为天子根本没有那样的权威。"施行井田制，大前提必须是天子有充分的土地，以及中央权力健全集中，而周于此两点未之能行，则井田制之实施，不知从何说起。"他尤其谈到西周有大规模之耕作和大剂量之收获。《诗经》中讲到"千耦其耘"（《周颂·载芟》）和"终三十里"（《周颂·噫嘻》）之耕作，这是井田制所不会有的景象。还讲到"多黍多稌，亦有高廪，万亿及秭"（《周颂·丰年》）和"获之挃挃，积之栗栗。其崇如墉，其比如栉，以开百室。百室盈止，妇子宁止"（《周颂·良耜》）之收获，这也是八口之家的井田制绝不可能得到的。关于《诗经·小雅·大田》中"雨我公田，遂及我私"之句，黄现璠认为，所谓公田，主张井田制者，即谓系井田中八家共耕之公田，其实不然。周为封建社会，天子有籍田，卿大夫有圭田，此即所谓"公田"，非井田中之公田。籍田、圭田，不过是天子诸侯所有田亩中之小部分，而大部分分赐农奴

第四章 中国诞生的土地制度与生产组织形式的演进——兼论井田制是小农经济时代小农的空想

耕种,所谓"遂及我私"是也。故"雨我公田,遂及我私"云云,不足为井田制成立之根据①。黄现璠前面对井田制的反驳,很是有力。可惜对"雨我公田,遂及我私"之句缺乏深究,他认为西周有分赐小农家庭耕种的私田,于史无征,让人大有功亏一篑之感。

今人顾孟武认为,"雨我公田,遂及我私"之"私",并不是指与公田相对的私田,而是指在公田上劳动的人。他说:《大田》全诗共四章,分别以四季农事为主题,第三章讲秋天收获时发生降雨,雨不仅落到田里,也淋到了在田间收获的人们。人们为了抢收,做事就不免匆忙草率,所以田里多有滞穗遗秉②。顾孟武把"私"理解为劳动者,并以此来证明井田制之不存在,虽然不无创意,但终显乏力。

随着疑古思潮日渐成为历史,主流意见又日益倾向于认同井田制的存在,如杨宽,但不再执着于孟子所说的那样整齐划一的八夫一井,各私百亩,中为公田。不过,这种主张既不是依据新的文献证据,也没有得到考古学的支持。走出疑古时代的当下史学界,似乎在某种程度上重新回归了对传世文献的迷信。疑古派的错误是过度使用"默证"。过度使用"默证"固然不妥,但如果反过来,以为某时代已经出现关于此前某史事之称述或记载,则这种称述或记载就一定可靠,或者因为某书关于甲史事的称述已经得到考古证明,于是认为此书之所有称述都基本可靠,则无疑同样离谱。走出疑古时代的学者大有这样的意气:"越来越多的考古材料证明,传统古典学是基本可靠的,不可轻易怀疑。"(李学勤语)不过,仔细考究他们所说的考古学证据——主要是考古出土的各种简帛与铜器铭文,最多能够证明现存的古典学不是出于后人的伪托,而完全不能证明古典学之"基本可靠"。如西周铜器"遂公盨"铭刻提到大禹,春秋时期的诸多文献也提到大禹,且两者的提法基本一致,这只能证明:第一,西周已经存在有关大禹的故事;第二,春秋时期的文献不是作者信口胡编的,而是有其来源。但证明了春秋时期人们的大禹观念源自西周,并不能证明人们关于大禹的这个观念本身就一定可靠。

---

① 见黄现璠:《古书解读初探——黄现璠学术论文选》,广西师范大学出版社,2004 年,第 325—329 页。
② 顾孟武:《"雨我公田,遂及我私"新解》,《农业考古》1988 年第 1 期。

传世的书证与地下的书证相吻合，并不能证明书证本身即其内容的可靠性，除非地下的书证（如甲骨文）记录的是当时的实况。一个人即使伟大如太史公，他的关于商代世系的记载虽然得到了甲骨文的证实，但并不能由此认为他的其他记载也一定可靠。无论是传世的文本还是出土的文献，都只能列为书证，书证内容的可靠性无疑还要通过历史实事的证明。有些书证内容的可靠性，虽然历史暗昧，仍可将其置于历史发展的逻辑之中予以推断式检验。如果书证中关于某事的称述在历史发展的那个阶段是完全可能的，即符合历史发展的逻辑，我们可以认为这一称述是可靠的。反之，如果在历史发展的那个阶段，书证（包括地下出土的书证）关于某事的称述是完全不可能的，即不符合历史发展的逻辑，我们仍然应该认为这一称述是不可靠的。这就是历史与逻辑一致的方法。

  类似于井田制之存在与否一类的历史疑难杂症，完全可以用历史与逻辑一致的方法予以澄清。传世文献中关于井田制的称述，至少包含这样三重核心思想：第一，井田制是土地国有、家庭经营的土地制度。无论是孟子说的八夫一井，还是《周礼》说的九夫或十夫一井，每井是九百亩还是一千亩，每户的一百亩换算成今天的面积是三十一亩（杨宽）或者其他什么数字，对于理解井田制都不重要，重要的是，井田制是国家将土地按一定额度直接平均地分配给每个家庭经营。第二，井田制是家庭小生产。一家无论是八口，或是五六口，也不重要，总之是以小家庭作为生产的基本单位。第三，家庭对于国家的义务是力役，即共养公田，而不是按家庭耕地面积或人口多少缴纳固定数额的税赋。那么这三个要素在西周时期是否存在或者可能存在呢？

  首先，按家庭人口平均分配耕地的小土地所有制与家庭生产形式，在西周时期的可靠文献资料中完全得不到支持。分封制下天子建邦、诸侯立家、卿置侧室都明确表明，社会的土地与大部分人口是在特定统治集团内部按其所属的社会等级进行分配的。金文中大量讲到分赐贵族以土地和人口，但完全没有贵族把土地分配给普通家庭的记载。正如前引，西周早期的诗歌中有很多反映人们大规模集体劳作的场面，也讲到大规模的收获，但没有表现家庭小生产的诗句。其次，对于《大田》中的那句"雨我公田，遂及我

第四章 中国诞生的土地制度与生产组织形式的演进——兼论井田制是小农经济时代小农的空想

私",其实根本用不着像顾孟武那样颇费心机地把"私"理解为劳动者,完全可以合乎历史事实地把"私"理解为"私田"。不过,这里的私田既不是井田制意义上的私田,也不是黄现璠所说的由天子、公、卿分赐给农奴耕种的小块土地,而是在西周后期或春秋早期庄园经济走向没落、家庭垦荒成为现实的时候,由庄园的家庭农夫在庄园土地之外独立开垦的小块土地。前引《诗经》等文献中讲到春秋时期"民不肯尽力于公田"的原因,应该在于那时的(部分)农夫已经开始有双重身份:他们既是庄园经济的集体劳动者,也是庄园经济之外小块土地的独立经营者。所以,当秋收时节天不作美突然下雨时,大田的劳动者人在公田心在私田,公田收获之后多有滞穗遗秉就在情理之中了。可以设想,庄园农夫们在获得经营私田的自由时,不仅首先要把主要精力贡献给庄园劳动,而且很可能同时要给庄园主一定的经济回报,这就是力役与实物地租的最早表现形式。应该正是这种地租与力役的早期形式开启了后世帝国时代地租与徭役相结合的家庭对国家的义务。孔子旅行途中遇到的隐士则是脱离庄园的独立拓荒者。最后,井田制所设想的家庭小生产与纯粹的力役地租从来就没有同时存在过。中国历史的实际情形是,在家庭小生产出现之前,力役是普遍的地租形式。在家庭小生产出现之后,纯粹以力役为地租的情形从来就没有出现过。

因此,井田制在历史上从来就没有存在过,也不可能存在。井田制是家庭经济时代到来之后,小农家庭对土地制度的一种理想与期盼,由于它过于理想,最终成为空想。那么,井田制是一种什么理想?井田制的什么主张使它最终变成空想?

任何一种社会理想都蕴含或表现为对某种社会正义的追求,空想则是对社会正义的过分追求。在井田制的三项主张中,家庭小生产在孟子生活的时代已经成为占统治地位的生产组织形式,因此完全没有理想的成分。但家庭经营的土地就大有讲究,从家庭经济诞生开始,家庭土地的来源无非这样几种:国家授予、自行垦荒、购买、租佃。垦荒是特定时代才有的情形,购买则需要相当的经济实力,都不具有普遍性。小农获得土地的正常渠道是国家授予和租佃。如果小农通过中间地主获得家庭经营的小块土地,小农就会受到国家与中间地主的双重盘剥,这不是小农所希望的。在整个家庭经济时代，"耕者有其田"一直是小农家庭的梦想。井田制主张国家直接将土地授予家庭耕种是这种诉求的最早表达，它构成家庭经济时代社会公平与正义的基石。井田制的这一主张在帝国时代的相当部分时期都得到了实现，它并不是不可企及的社会理想。家庭经营的土地从来不是无偿使用的，家庭需要向国家缴纳税赋。单个家庭对于国家政权来说处于绝对弱势地位，软弱家庭经济的持续存在不仅需要上天的眷顾（风调雨顺），尤其还需要政权的呵护（轻徭薄赋及其他政策保护，如平籴、均输之类）。但国家政权并不总是目光远大的，贪婪或雄心勃勃的君主经常会使家庭由于赋税过于沉重而破产流离。这一点在家庭经济刚刚出现的时代就有非常充分的表现①。因此，如何避免小农家庭经济在国家政权可能的高额税赋下破产，是小农经济时代的社会理论家们一直认真考虑的重大现实问题。孟子的办法是取消实物地租，以共耕公田的力役作为代替，从根本上杜绝政权过度榨取小农的可能性，这就是井田制中最具有理想色彩的制度设计。但这种制度设计似乎既过于忽略了大国公共政权的实际财政需要，也过于忽略了小农必然具有的自私与惰性，所以从来就没有得到真正的实行。即使是对井田制最为向往的王莽，也没有天真到以劳役地租代替实物地租的程度，因为那一定会导致国家政权的破产。

可见，井田制的核心主张实际上是以某种限定的劳役地租取代实物地租，这无疑是小农家庭单方面的梦想，因而是一个不可能实现的乌托邦。但是孟子按照当时思想家们托古改制的思想惯例，把解决现实问题的理想与设计假托为古已有之的历史定制，于是引起了一场旷日持久的笔墨官司。

---

① 《论语·颜渊》："哀公问于有若曰：'年饥，用不足，如之何？'有若对曰：'盍彻乎？'曰：'二，吾犹不足，如之何其彻也？'"

第五章　中国诞生的政治学进程
——从有限王权到无限王权

亚里士多德说,人是政治的动物。一个社会的政治生活样式是每个文明最重要的核心内容之一。这里的主题是中国诞生过程中的政治制度或社会治理方式的变迁及其与外部人群的关系。君主集权的帝国制度是帝国时代持续稳定的政治制度,无论王朝如何变幻,集权制度始终如一。但这种制度并不是一开始就有的,它是数千年中国诞生过程的历史选择。作为中国文化的必然产物,集权制度曾经长期受到人们的拥护,应有其深刻的历史合理性。追溯帝国制度产生形成的历史轨迹及其与文明进步的关系,无疑将有助于我们对帝国制度的本质与意义的认识。

近代以来,由于西方工业文明的强大与话语霸权,君主集权制度受到广泛而猛烈的批评,它被指控为"极权"制度,是一切罪恶的根源。与此同时,当代的形式化民主被认为具有内在、本质或永恒意义上的善,并被誉为"普适价值"。如果帝国制度在过去得到了太多的荣誉,那么它现在则得到了太多的侮辱。通过对帝国制度在中国产生、形成的历史考察,这里的基本结论是:第一,中国诞生的过程亦即中华帝国诞生的过程,是一个权力不断从分散趋于集中、从有限趋于无限的过程,换句话说,是原始民主或有限权力在中国不断走向死亡,集权不断走向完善的过程。第二,原始民主或有限权力制度与中国农业的技术化时代相联系,集权或帝国制度则与中国农业的伦理化时代相联系。总的来说,技术越是落后,原始民主制度或分权现象越是显著,随着技术化时代的没落与伦理化时代的到来,社会的主要问题愈来愈表现为社会秩序的建立与维护,权力的集中或集权化趋势也愈是明显。因此,民主(即权力的分散或有限性)与集权(即权力的集中或"无限性",帝国制度是集权的最高形式)不仅是相对的,而且都是解决特定社会历史问题的手段与工具。第三,所有的政治制度在形式上都更多地与人口生产而不是物质生产的形式相关联。总的说来,中国技术化时代的社会治理,主要通过直接借用人口生产形成的族群组织形式来实现,但是它在价值观上以追求技术进步和财富增长为目标。技术化时代的权威类型是以知识或力量为合法性基础的兄弟型权威。伦理化时代的社会治理则表现为把人口生产的宗族或家庭形式改造提升为社会治理的组织形式,同时强调用宗族或家庭生活的伦理观念来维系社会的秩序和稳定,因而不仅更自觉地表现出对公平与正义的追求,而且实现了更高水平的公平与正义。伦理化时代的权威类型是以善为合法性基础的父子型权威。

一、传说时代的禅让——族际民主

华夏文明有两大文化基因,即龙崇拜与鸟(凤)崇拜。华夏文明的起源缘起于龙崇拜族群与鸟崇拜族群在共同开发华北低地过程中的历史性相遇。龙、凤是华夏文明的父精母血。根据传说,当时在华北地区发生相遇的有三大集团,即黄帝集团、炎帝集团与蚩尤集团。传世文献认为,黄、炎都来自西部的陕西地区,本是兄弟氏族。把历史传说中最有名的两个人或两大族群都说成是周人的同乡和祖先,很可能是周王朝建立以后,周民族为了增加自己的荣耀而特别发明的。至少现有的考古发掘很不支持这种说法。内蒙辽西地区的史前文明被发现以后,很多人猜测黄帝集团可能来自北方辽河流域。可以基本确定的是,炎、黄都是龙崇拜的族群,因而可能首先合并为统一的炎黄集团。蚩尤集团则肯定是来自东方的鸟崇拜族群。所以,华夏文明的起源总体上可以看作是龙崇拜集团与鸟崇拜集团相遇、斗争、融合的结果。这种相遇和斗争的过程虽有族群之间的争斗,如炎、黄之间的坂泉之战、炎黄集团与蚩尤集团之间的涿鹿之战、共工与颛顼争为帝等,更多的则是相互学习与融合,如黄帝集团掌握了据说是由鸟崇拜集团首先发明的

第五章　中国诞生的政治学进程——从有限王权到无限王权

铸造铜器、丝织与酿酒技术等[①]。政治上的结果，则是由相遇之后的龙、凤族群共同组成的华夏联盟的建立。

黄帝因为在战争中取得胜利而成为华夏联盟的首任最高领袖，并被追认为中华民族的人文初祖。黄帝成为联盟最高领袖意味着龙崇拜集团的首先胜利。龙崇拜集团的首先胜利，既有可能是历史的实事，也有可能是后来龙崇拜的周民族在华夏文明中获得主导地位以后的有意编造。可以肯定的是，虽然龙崇拜最终在华夏文明中占据主导地位，但龙崇拜的这种主导地位并不是从来就有，更不是始终如一的。龙、凤集团在华夏联盟或华夏文明诞生的历史中，曾经长期相互竞争、此起彼伏。在中华统一帝国的早期形式——西周之前，即龙凤文化充分融合并且龙崇拜最终确立其在华夏文明中的主导地位之前，龙、凤集团力量的消长大致可以分为这样三个阶段：第一，传说中的五帝时代，即龙、凤集团轮流担任华夏联盟最高首领的时代；第二，夏王朝，即龙崇拜族群垄断华夏联盟最高权力的时代；第三，商王朝，即凤崇拜族群垄断华夏联盟最高权力的时代。

有好几种不同的关于五帝的版本，与五帝时代传说相关的主要人物有黄帝、炎帝、蚩尤、共工、颛顼、太昊、少昊、喾、尧、舜、禹等。比较一致的意见是：首先，在这些人物中，黄帝、炎帝、蚩尤大约同时而且年代最早，黄炎属于西部集团，蚩尤属于东部集团；共工、颛顼同时且年代稍晚，共工属于西部集团，颛顼属于东部集团；尧、舜、禹前后相及且年代最晚，依次属于西部、东部、西部集团。太昊、少昊、喾[②]可能都属于东部集团，年代也可能早于尧舜禹时代，更有可能的情形是，他们属于鸟文化族群记忆中的古史人物系列。其次，黄帝与颛顼的"帝位"是争来的，尧、舜、禹的帝位则与禅让有关。最后，五帝时代各主要代表人物的事迹都与发展生产或治理史前洪水有关，而治理洪水的实质，应该理解为东西部的山坡居民通过疏浚沟洫的办法把华北低地沼泽开发成为华北平原的艰苦努力。因此，如果可以把西部集团称

[①] 根据考古发掘，丝织与酿酒技术首先从鸟崇拜文化区起源。根据传说，东方蚩尤集团最先发明金属兵器，黄帝集团在用铜铸鼎之际，也应该会使用金属武器。
[②] 喾有些特殊，有的文本把他说成是华夏民族的共同祖先，因为据说他的三个妃子分别诞育了尧、契和后稷。

为龙崇拜集团,东部集团称为鸟崇拜集团,那么五帝时代的传说就大致反映了来自东西部的龙、凤集团在共同开发华北低地的过程中,从早期相遇后的相争到逐步形成既区别于原来单纯的龙、凤文化,又同时具有龙、凤文化的某些特征,因而具有一些全新共识的华夏联盟——它是日后统一华夏民族的前身——的历史过程。

五帝时代最让人留恋、也最让人聚讼的是有关尧、舜、禹禅让的传说。关于禅让故事的最完整版本是由儒家提供的。《论语·尧曰》:"尧曰:'咨!尔舜!天之历数在尔躬,允执其中。四海困穷,天禄永终。'舜亦以命禹。"《孟子·万章上》:"万章曰:'尧以天下与舜,有诸?'孟子曰:'否,天子不能以天下与人。''然则舜有天下也,孰与之?'曰:'天与之。'""尧崩,三年之丧毕,舜避尧之子于南河之南,天下诸侯朝觐者,不之尧之子而之舜;讼狱者,不之尧之子而之舜;讴歌者,不讴歌尧之子而讴歌舜,故曰天也。夫然后之中国,践天子位焉。"孔孟讲禅让,在承认尧、舜、禹的聪明能干、勤劳吃苦精神的同时,尤其强调他们由于个人美德而得到人民的拥戴,其中的"天命"思想明显受到周公的影响。

墨家也讲禅让。《墨子·尚贤下》说"舜耕于历山,陶于河滨,渔于雷泽,灰于常阳",被尧立为天子。这与《史记》所记相类:"舜耕历山,历山之人皆让畔。渔雷泽,雷泽上人皆让居。陶河滨,河滨器皆不苦窳。一年而所居成聚,二年成邑,三年成都",其贤名远扬,故尧命举贤时,"众皆言于尧曰'有矜在民间曰虞舜'"。在尧试用他时,"五典能从""百官时序""诸侯远方宾客皆敬"。墨子认为,舜之继尧是因为舜之贤能。《墨子》说:"尚贤者,政之本也","大人之务,将在于众贤","虽在农与工肆之人,有能则举之,高予之爵,重予之禄,任之以事,断之以令"(《墨子·尚贤上》)。包括天子都可选、可立,唯看其是否"贤":"选天下之贤可者,立以为天子"(《墨子·尚同上》)。墨家抛弃了儒家的"天命""仁爱"观念讲禅让,认为禅让的实质是"尚贤"。

法家祛除了儒家禅让故事中的仁爱谦让,直指尧、舜、禹之间的权力转移都是实力争斗与篡夺的结果。《韩非子·说疑》:"舜逼尧,禹逼舜,汤放桀,武王伐纣。此四王者,人臣弑其君也,而天下誉之。"庄子讲到的禅让故

第五章 中国诞生的政治学进程——从有限王权到无限王权

事过于戏剧性,主要表达了庄子的人生态度,不在讨论之列。

儒、墨、法关于尧、舜、禹的说法,虽然各有千秋,但是不难发现存在这样三个共同点。

首先,他们都承认尧、舜、禹之间的权力传承是禅而非继,排除了血缘继承的可能性。实际上,正如这里将要揭示的,权力在中国的血缘传承经历了一个漫长的演变过程,如果直系血缘传承即嫡长子继承制是这个过程的逻辑与实际历史终点,那么禅让的传说则可以看作是这个过程的逻辑与实际历史起点。如果我们确认华夏文明的诞生是由于龙、凤族群在特定历史时期的相遇,我们就有可能通过对尧、舜、禹的族属分析得出某些有趣的结论。所有的传世文献都把尧活动的区域指向华北西部的山西地区——虽然似乎过于偏西,尧的出生则明确地与龙崇拜有关。有人以为尧即《左传·昭公元年》中所说的与"阏伯"同居于旷林而日寻干戈的"实沈",前者是商人始祖(实际上应该说是鸟崇拜集团的领袖),后者是夏人先世(即龙崇拜集团领袖),应该大致不虚。总之,尧属于龙崇拜的族群。舜的故乡是"东海上人",历山、雷泽也都在东方的山东地区。根据很多前辈学者如郭沫若等的考证,帝舜即帝俊,《山海经·大荒东经》载:"有五采之鸟,相乡弃沙。惟帝俊下友。帝下两坛,采鸟是司。"这里的五彩鸟,便是神话中的"凤鸟"。帝俊之"俊"又写作"夋",此字在甲骨文中实为一只鸟的形象。这表明舜是东方鸟崇拜族群的代表。大禹的族属也很明确,大禹的禹字在西周金文中写作三条闪电重叠,表明那时的人们还明确知道禹与闪电的关系,而电是龙崇拜的原形。禹的后人建立的夏王朝以龙作为图腾,都表明他属于龙崇拜的族群。这样一来,尧、舜、禹禅让的传说可能就隐晦地反映了这样一段历史实事,即在华北相遇的龙、凤族群共同建立华夏联盟的过程中,华夏联盟的最高权力曾经由两大族群轮流执掌。这是当时极有可能发生的情形。

其次,儒、墨、法都认可尧、舜、禹在生产方面的勤劳与才干,只是儒家在才干之外还强调个人德性,法家则在才干之外强调个人诡诈。比较而言,似乎墨家对于禅让的理解更接近历史的真实。在文明草创的洪荒时代,生存艰难,社会最需要的是个人在面对纷繁复杂自然界时的聪明能干。质朴敦厚是人心之始,无论是儒家所主张的仁孝还是法家所揭示的权谋诡诈,都与社会的道德自觉有关,那时可能都还没有来得及产生。从思想发生史来看,甲骨文时代人们最关心的主题,是与人的勤劳和能力密切相关的生产的收获,还没有对于个人道德的自觉鼓励,中国要到西周时期才开始刻意强调个人的道德与善恶。虽然这并不是说西周之前就没有善或恶的行为,但是,应该可以肯定的是,禅让的本质是尚贤而不是尚德。

最后,儒、墨、法都讲到尧、舜、禹与三苗之间的战争。苗民的族属可能原本属于东夷集团,《山海经·大荒北经》:"颛顼生骧头,骧头生苗民"。战争的原因是"苗民弗用灵"(《尚书·吕刑》)、"有苗不服"(《韩非子》)。对苗民的战争在整个尧、舜、禹时期都有发生,参战的部队按《墨子·非攻下》:"高阳乃命玄宫,禹亲把天之瑞令,以征有苗。四电诱祗,有神人面鸟身,若瑾以侍"。明显是龙凤联军共同对付三苗。三苗很可能是鸟崇拜民族中顽固的原教旨主义派,拒绝鸟崇拜的华夏化,所以被认为"不服"与"弗用灵",因而受到华夏化龙凤联盟的打击。对三苗的战争,是中国最早的华夷之争,标志着超越龙、凤崇拜之上的华夏族群意识已经开始萌芽。

由此可以看出,传说时期的禅让故事曲折反映了华夏联盟形成初期,龙凤族群轮流推选、担任联盟最高首领的政治格局。历来把禅让只简单地理解为华夏联盟最高权力不世袭、不传子,没有排除在同族群内传递的可能性,这可能是不够的。在族群联盟刚刚诞生之际,联盟内部最有可能存在的是强烈的族群意识。两大族群轮流推选、担任族群联盟最高首领,这成为华夏民族关于原始民主政治的深刻历史记忆。儒家则通过引入后世家庭生活的仁爱原则,将其作为中国文化对于理想社会的最高寄托。正如《礼记·礼运》所说:"大道之行也,天下为公,选贤与能,讲信修睦。故人不独亲其亲,不独子其子,使老有所终,壮有所用,幼有所长,矜寡孤独废疾者皆有所养;男有分,女有归;货恶其弃于地也,不必藏于己;力恶其不出于身也,不必为己。是故谋闭而不兴,盗窃乱贼而不作,故户外而不闭,是谓大同。"

二、夏商时代——龙、凤文化族群分别垄断华夏联盟最高权力的时代

禅让是龙、凤族群在相遇之后大致势均力敌时做出的历史选择。但这种均势迟早会被打破,这主要是由龙、凤族群各自的图腾信仰与生活的地理位置所决定的。相对于家燕崇拜,龙崇拜在把握气候季节变化与降水方面似乎都表现出更大的优越性,尤其是龙文化族群生活在华北西部地势相对高爽的地区,这使他们在应对史前洪水时受到的压力相对较小,也更容易总结出应对洪水、垦殖田园的有效法门。鲧作城与大禹治水的传说反映了西部的龙文化族群率先在开发低地沼泽的伟大事业中作出重大贡献。正是这种贡献使龙文化族群强大起来,打破了传统的力量均衡,从而试图垄断原来由两大族群轮流推举、担任的华夏联盟最高首领职位,这就是历史家们所说的夏王朝的建立。

按照禅让制的历史惯例,大禹担任联盟最高首领后,他的继任者应该来自东方鸟文化族群,这正好与历史传说相符合。按历史传说,大禹的法定继承人是皋陶,皋陶的族属很明确是东方鸟文化族群。但皋陶还没有即位就死了,于是推举了另一位继承人伯益,伯益的族属也明确是东方鸟文化族群。但大禹死后,本该属于益的华夏联盟最高首领职位被龙崇拜族群的启——据说是禹的儿子——通过武力霸占了,启代益被认为是禅与继的更替和中国"家天下"即传子制度的开始。

在近代以前,人们很少注意到"家天下"即传子制度的具体内容应该有一个形成、发展与完备的过程。《孟子·万章上》说:"唐、虞禅,夏后、殷、周继,其义一也。"在孟子看来,夏商周的继承制度是一脉相承的。太史公在《史记》中也有同样的看法。直到王国维在《殷周制度论》中才率先提出,"殷以前无嫡庶之制",西周的传子制度是中国嫡长子继承制的开始[①]。但王国维没有对夏商王制进行有说服力的考查。王国维之后,当代学者张光直对

---

① 王国维:《观堂集林》(外二种)上,河北教育出版社,2001年,第289页。

商代的王位传承进行了很有见地的考证。他虽然没有对夏代的王位制度有所指证，但他有一个很重要的意见，对于我们推测夏代的王制大有裨益。他说："我们学历史的人，知道历史的进展是向前，不是向后的。自秦汉以后，中国皇帝传位的方式，一直以男性家族制为主，所谓家天下。我们回头去看商代，也就带了先入为主的成见，觉得商代也该是同样的制度才对，才正常。但是秦汉的帝制是商周的王制演变出来的，商周的王制不是秦汉的帝制演变出来的。"[①]张先生的这个说法很是平易，却时常不被人们自觉。他启发我们，可能同样不能把夏代的王制与商代的王制等量齐观。

由于太史公对于商代世系的记载基本不误，我们也没有怀疑他关于夏代世系记载的强有力的理由，他对夏代的世系记载如下：

启—（太康—中康）—相—少康—杼—槐—芒—泄—（不降—扃）—廑—孔甲—皋—发—履癸。

夏代的各王中，只有太康—中康、不降—扃是兄传弟，其他都是父传子。这就非常不同于商代的情形。按照太史公的记载，商人（包括先商时代）的世系如下——这些记载基本上都得到了甲骨文的证实：

契—昭明—相土—昌若—曹圉—冥—振—微—报丁—报乙—报丙—示壬—示癸—天乙。

以上是先商时代的世系，都是父传子。商汤以后的世系为：

成汤—（大丁-外丙-中壬）—大甲—（沃丁-大庚）—（小甲-雍己-大戊）—（中丁-外壬-河亶甲）—祖乙——（祖辛-沃甲）—（祖丁-南庚）—（阳甲-盘庚-小辛-小乙）—武丁—（祖庚-祖甲）—（廪辛-康丁）—武乙—文丁—帝乙—帝辛。

[①] 张光直：《中国青铜时代》，生活·读书·新知三联书店，1999年，第218页。

以上括号内的世系为兄弟相及，其余为父子相继。由于先商世系属于夏代积年，因而从侧面印证了夏代的情形。不难看出，从夏代到商代，王位传承最大的差别是商汤以前基本都是父子相继，商汤之后则是父子相继与兄终弟及相结合。商代共17代31王，兄弟相及占了一半左右。这就让我们有理由感到很困惑：就中国王位传承制度的发展趋势而言，王位继承的可能候选人总体上是越来越少，以避免导致王位纷争。按照常理，如果夏代已经稳定地建立了父子相继的王位传承制度，商代似乎不应该在更有利于社会稳定的父子相继制度的基础上横生枝节，再发展出好像有些倒退意味的兄弟相及的王位制度。但基于正常的历史理性，应该可以推断，后起的商代王位制度应该比夏代的王位制度更加合理，或比夏代的王位制度更加接近于后世的单一王位继承人制度即嫡长子继承制。

因此，对夏商时代的王位制度就有进一步深究的必要。关于商代的王位传承，张光直先生有非常独到的研究，他研究的具体过程很是复杂精微，这里只把他的几点重要结论条陈如下：

1. 商代的父子并不一定是我们现在意义上的父子，兄弟也不是现在意义上的兄弟。商代的亲属关系是，父母之亲堂表兄弟皆称父，父母之亲堂表姊妹皆称母；己之亲堂表兄弟皆称兄弟，己之子与兄弟姊妹之子皆称子[1]。

2. 商代的政权为一个子姓的王族所掌握。王族里与王位有关的成员，在仪式上分为甲乙丙丁戊己庚辛壬癸十个以天干命名的天干群。

3. 十个天干群彼此结合分为两组。

4. 王位继承法则最严格执行的有两条。一条是王位不在同一天干群内传递。第二条是，王位如留在同组之内，则新王一定要是老王的同辈，即兄弟辈；如传入另外一组，则必须由晚一辈的人承继[2]。

张光直甚至推测，"王位传递之自父传子，乃是亲称上的父传子，而实际上是舅传甥"[3]。张先生关于殷商王制最有见地的思想，是王位在由十个天干宗族组成、大致分为两组的王族之内轮流继承。也就是说，殷商王制排除

---

[1] 张光直：《中国青铜时代》，第176页。
[2] 同上书，第220—222页。
[3] 同上书，第188页。

了其他非天干子姓宗族继承王位的可能性。张先生关于殷商王制最让人无法信服的想法,是依据后世王者的主要职责,推断商王的职责也是政治军事宗教方面的事务。根据甲骨文透露的消息,商代王者的主要关怀仍然集中在农业生产的技术事务方面。这是由商代社会所处的农业技术化时代的性质所决定的。技术化时代的社会领袖最重要的个人素质是对生产技术问题——商代生产最重要的技术问题是气候季节变化尤其是降雨——的领悟和解决,这种能力的获得与表现最需要的是勤劳与经验,它们都需要充分的时间积累,这就排除了小孩子继承王位的可能性。商代及以前的王,没有幼年即位为王的记载。根据《尚书·无逸》,商代有名的王在即位之前都是和大众一起劳作的。《史记·殷本纪》记载了一则伊尹放太甲的故事:"帝太甲既立三年,不明,暴虐,不遵汤法,乱德,于是伊尹放之于桐宫。三年,伊尹摄行政当国,以朝诸侯。帝太甲居桐宫三年,悔过自责,反善,于是伊尹乃迎帝太甲而授之政。帝太甲修德,诸侯咸归殷,百姓以宁。"太史公说太甲被放是因为他德行不好,但商代似乎还没有开始强调个人德行。而且一个人的德行是否可以通过放逐而得到提升也很让人怀疑。太甲后来被周公在《无逸》中称赞为勤劳能干的王,我很怀疑太甲被放到桐是去补劳动技能方面的课,而不是进行思想改造。

这样一来,相对于整个以鸟崇拜为文化特征的子姓商族集团来说,分为两组、由十个天干群组成的王族,肯定是个相对狭小的封闭集团。王位在这个相对狭小的王族内传递,而王的主要职责是与生产有关的技术事务,特别需要勤劳与时间的积累,不允许有年幼的小孩子做王,此时,如果先王在年轻的时候就死了,下一辈的王位继承人还在幼年之际,不适合继承王位,就需要有同辈的兄弟继承王位,这可能是商代在父子相继的基础上发展出兄终弟及王位继承法的根本原因。换句话说,商代采取父子相继与兄终弟及相结合的王位继承法的前提,应该是由于商代的王位开始局限于在鸟崇拜族群的王族集团内传递的缘故。

应该可以肯定,首先,夏代或先商时代的父子或兄弟关系不可能比商代更接近于其现代意义。其次,考虑到夏代后期或末年才有王以天干作为庙号的事实,而且天干在夏商时代似乎是王族庙号的专利,史籍上极少发现王及其配偶之外的人以天干命名的成例——这应该是由于天干的发明是当时社会生活的重大事件,所以那些在我们当代人看来极平常的字眼在当时却具有极其神圣的意义。因此,以天干来表示王族宗室群也不会早于夏代后期。我们虽然不能由此推导出王族的概念与天干的起源有关,但是,如果夏代之后的商代存在着由若干宗族组成的王族——从而把王族与其他鸟崇拜的子姓宗族区别开来,夏代之前的传说时代主要只存在龙、凤族群意识,龙、凤族群内部的各个宗族还不是华夏联盟政治生活的独立单位,我们应该有理由合理地推断,在处于中间过渡时期的夏代,用以排除龙崇拜族群内的大部分宗族继承王位的王族概念很可能还没有形成。也就是说,夏代的家天下是比商代的王族天下更加宽泛的龙崇拜族群天下,即华夏联盟的最高权力由禅让时期的龙、凤两族轮流执掌,转变为单独由龙崇拜族群垄断。在龙崇拜族群内部的各大宗族之间,理论上对于王位的继承都有同等的权力或均等的机会。至于联盟内有多少龙崇拜的宗族,各宗族之间如何轮流或分享王位,我们就无法妄加猜测。由于父子关系完全缺乏后世血缘关系的约束,而王位即联盟最高首领候选人的范围又覆盖龙崇拜的所有宗族,所以夏代的王制主要都是"父子"相继,不需要有兄终弟及的制度安排。但那时看起来比较纯粹的王位父子相继制度,却完全不意味着比商代的王制更加接近于后世的以单一王位继承人为指归的嫡长子继承制。

总的来说,如果传说时期是华夏联盟的诞生,是龙、凤两族"轮流执政"的时代,那么夏商时代则是华夏联盟的鼎盛,是龙、凤两族分别"长期执政"的时代。在整个华夏联盟时代,由于龙、凤族群意识的存在,族群是当时政治生活的主体或基本单位。龙、凤族群之间的斗争与轮替是那一时代政治生活的主流,族群内部各宗族之间虽然也应该或一定存在某种意义上的利益冲突,但各宗族之间的冲突不会成为联盟时代政治生活的主流。

关于夏商的政治生活,需要讨论的第二个问题是华夏族群的内部关系及华夏族群与外部族群的关系。

夏王朝的建立,把两族轮流担任华夏联盟最高首领的禅让制,转变为龙文化族群垄断最高首领职位的"家天下",一定会激起鸟文化族群的强烈不满和反抗,因此,龙、凤族群之间争夺华夏联盟最高领导权的斗争是夏王朝的重大事项。夏王朝建立之初,最有名的事件是启与有扈氏之间的甘之战。很多历史著作受太史公的影响,认为有扈氏与启一样都是禹的同姓后裔,把甘之战当作是禹的同姓后代为争夺最高领导权而发生的政治斗争,这可能不符合当时的历史情势。按《史记·夏本纪》,战争的原因是启即位后"有扈氏不服"。《淮南子·齐俗训》则明确说:"昔有扈氏为义而亡,知义而不知宜也"。从龙、凤两族轮流推举联盟最高首领的禅让制,过渡到龙文化族群垄断最高首领的"家天下"制度,是龙文化族群的"不义",对这种不义最有可能表示"不服"的应该是凤文化族群。的确,有扈氏的族属是与启所属的龙文化族群不同的鸟族群,今人刘起釪对此进行过有力的考证①。但"有夏之方兴也,扈氏弱而不恭,身死国亡"(《逸周书·史记解》),鸟文化族群无力阻止龙文化族群对最高联盟首领职位的僭取,从而使启光荣地成为夏王朝的开创者。

但这并不意味着东方凤文化族群就完全心悦诚服地接受了这种"不义"和僭取。启之后,太康即位。太康可能并不是一位称职的王,他"盘于游田,不恤民事,为羿所逐,不得反国"(《尚书注疏》)。羿的族属很明确,来自东方鸟文化族群的有穷国。按照有关记载,羿首先是放逐了太康,立太康之弟中康,继而又立其子相,但相只是一个傀儡,后来羿干脆把相也废除了,自己做了王,这就是羿"因夏民以代夏政"。从这个记载应该可以合理地推测,虽然当时夏王朝即华夏联盟的最高首领是由龙文化族群的夏后氏担任,但凤文化族群的领袖在联盟中也相应获得了仅次于王位的重要职务,羿应该是代表凤文化族群在联盟中担任要职,所以在太康不称职时能够放逐他并另立其子弟为王。从羿能废相自立来看,他在相为王时在王朝中的地位应该相当于后世的摄政王。后羿代夏可以看作是凤文化族群的复辟或试图垄断联盟最高首领职位的尝试。但凤文化族群占据最高职位只持续了两代 40 年左右的时间。少康复国之后,王位就开始稳定地被龙文化族群垄断,直到夏

---

① 刘起釪:《古史续辨》,中国社会科学出版社,1991 年,第 440 页。刘先生的结论是:有扈氏不是夏的同姓部落,而是异姓的东夷少昊族的九扈,其地就是殷代的雇,也是周代的鲁庄公二十三年及文公七年、十五年、十七年"盟诸侯于扈"之扈。

第五章 中国诞生的政治学进程——从有限王权到无限王权

亡。值得注意的是,"在少康复国的过程中,夏王朝的同姓诸侯和异姓方国以及夏王朝的旧臣和遗民起了重要的作用。我们可以看到,夏后帝相逃到商丘,就是为依其同姓斟寻。而少康,不仅其母出于有仍,而更重要的是受到有仍方国的礼遇,被任命为牧正。逃到有虞后,更是受到关心和爱护。……并使他拥有田一成和众一旅的复国资本。……不论是夏朝的原方国诸侯也好,还是夏王朝的遗臣、遗民,都已接受并逐渐承认了夏后氏家族为夏王朝的合法统治者"[①]。如果把这里所说的同姓诸侯理解为王朝中的龙崇拜族群,异姓方国理解为王朝中的凤文化族群,可能更符合历史实际。至少有虞是鸟文化族群。同姓与异姓诸侯共同努力实现少康中兴的历史记载,表明相遇之后的龙、凤两族已经形成相当的文化共识,而且这些共识是以龙崇拜文化为主体的,正是这些共识使夏王朝的存在成为可能。

到夏代末年,夏王朝主要以龙崇拜为基础的"意识形态"受到质疑,其标志性事件是"孔甲乱夏"。孔甲养龙、吃龙并因此而死的故事表明,当时的部分精英分子对古老图腾崇拜的信仰已经开始动摇,因而试图对龙崇拜的真相进行某种实证主义的思考,这种思考的结果是"诸侯莫朝",联盟的凝聚力受到极大削弱。到夏桀时期,本已摇摇欲坠的由龙崇拜主导的华夏联盟在干旱和部分鸟崇拜族群的双重打击下土崩瓦解,最后商汤建立了商王朝。商王朝的建立表象上看是鸟文化族群的复辟,本质上则是建立在鸟崇拜基础上的新型自然宗教对原始龙图腾崇拜的胜利。

商王朝是由鸟文化民族垄断联盟最高权力的时代。正如前文已经表明的那样,商代垄断的方式即商代王制与夏代相比已有相当的差异与进步。和夏代一样,鸟文化族群对联盟最高权力的垄断也受到龙文化族群的挑战。这种挑战最明显地表现在商族群尤其是王族的迁徙上。《尚书·盘庚》:"先王有服,恪谨天命,兹犹不常宁。不常厥邑,于今五邦。"商代的屡次迁都应该主要理解为王族的迁徙而不是整个鸟文化族群的迁徙。关于商代迁都的原因历来有很多有趣的探讨,最具有启发的还是太史公的说法。他把商代

---

① 李学勤主编:《中国古代文明与国家形成研究》,云南人民出版社,1997年,第334—335页。

屡次迁徙的时期称为"九王之乱",认为九王之乱的原因是"废嫡更立诸弟子,诸侯莫朝"。我们知道,王位的嫡长子继承制实际上是西周时期才开始出现的制度发明,所以商代前期的九王之乱不可能是由于"废嫡更立诸弟子"而导致的政治内乱。商代后期的甲骨文有周祭谱,对历代商王逐一祭祀。如果九王之中的一些王在商代被认为不具有正统性,应该会在甲骨文尤其是周祭时有所表示,但我们完全看不出这种迹象。所以,九王之乱应该不是内乱,而是外患,即龙文化族群对商王室的反击。正是这种反击迫使历代商王屡次迁都,并造成太史公所说的"诸侯莫朝"的政治局面。

说商代的迁徙是由于华夏联盟内部龙、凤族群之间的斗争,可以在《尚书·盘庚》中找到明显的证据和支持。《盘庚》篇是盘庚在迁都前发表的动员讲话,虽然其中有些概念明显经过了后代的改定,但总体上被历史学家认为是可靠的商代文献。盘庚在讲话中直言不讳地说,迁往新地的目的是为了"绍复先王之大业,底绥四方",这意味着商汤开创的大业早已是他们记忆中的光荣。盘庚批评那些反对迁都的人"不畏戎毒于远迩",对外部潜在的威胁麻痹大意,属于"惰农自安"。他用"戎毒"一词指称外部威胁,很值得体味。盘庚发表讲话时,商人的首都在奄(今山东曲阜),远离西部游牧区,所以他这里所说的"戎"不可能指西部的游牧民族,而是指与他们宗教信仰不同的龙文化族群。这让我们想起顾颉刚先生讲到的戎禹。后世有文献把禹说成是戎人,很多人因此推测禹是出生于华夏之外的蛮族,这是对历史文献的误解。正如"夷"是西部民族对东部民族的贬称一样,"戎"也是东部民族对西部民族的贬称。这两个词首先反映了龙、凤民族还没有实现充分的融合,因而华夏民族意识还没有充分诞生之前,他们各自基于对自身文化优越感的认同,彼此把对方视为野蛮。夷与戎成为对东西部野蛮民族的称呼,应该是龙、凤民族融合到一定历史阶段,华夏文明基本诞生以后才有的情形。中国历史上的夏商时代,是龙、凤文化相互争胜的时代,华夏与中国都还处于孕育之中。

很多人之所以不同意搬家,显然是由于安土重迁,故土难离。对于龙、凤族群之间政治与宗教上的矛盾冲突,只有上层统治集团最敏感,受到的影响最大。所以当潜在的危机加深,上层集团感到有必要进行战略转移的时

第五章 中国诞生的政治学进程——从有限王权到无限王权

候,不关心政治的小民通常会消极反对,这应该是盘庚软硬兼施讲话的原因。但这种转移与搬迁,其实就是逃跑,真正的理由既不好意思直接说出来,又很难有什么其他冠冕堂皇的理由,说服那些既不关心政治、也难以感受到什么具体威胁的无知小民,为什么要"震动万民以迁"。所以盘庚的讲话,虽然篇幅不小,实际上却没有透露搬家的真正原因,以至于后代的学者为此大费神思。

商代的迁徙集中发生于商代的第 11 任国王仲丁到第 20 任国王盘庚的大约 80 年期间。即仲丁、外壬居隞 19 年(今河南郑州);河亶甲居相(今河南内黄)9 年;祖乙至祖丁居邢(今河北邢台)46 年;南庚、阳甲居奄(山东曲阜)10 年;盘庚迁殷(河南安阳)以后,商都不再迁移直至商亡。如果把商王室在这几十年期间迁移的路线在地图上标示出来,很容易看出,商人总的来说是从西部向东部运动,这和商汤当时向西部迁都正好相反。他们向东部运动,实际上是从西部龙文化的中心区域撤退。这种退却无疑是由于受到西部龙文化集团的排挤与压迫。

整个夏商时代,虽然文献记载主要反映了华夏联盟内部龙、凤族群之间的融合与斗争,但同时也透露了一些华夏联盟与外部族群之间必然存在的斗争即华夷之争。如"后芳即位,三年,九夷来御"(《太平御览》卷 784 引);"后荒即位,元年,以玄珪宾于河,命九东狩于海,获大鸟"(《北堂书钞》卷 89 引);"帝泄二十一年,加畎夷等爵命"(《通鉴外纪》卷二引)。这些正面的赞歌背后,一定隐藏着更多的四夷背叛故事,只是古史茫然,后人难以寻其踪迹。商代已有关于"华夷之争"的确切记载。"高宗伐鬼方,三年克之"(《周易·既济》),"震用伐鬼方,三年有赏于大国"(《周易·未济》),鬼方据考是西北的少数民族,甲骨文中也有关于鬼方的记载[①]。《左传·昭公十一年》中讲道:"纣克东夷而陨其身",甲骨文中也有夷方或尸方的记载。商王朝把部分东方鸟崇拜民族称为"夷"并与之发生战争,表明那时的商王国已经把自身与其他鸟崇拜族群区分开来,这种区分就是华夷之别。

[①] 见孟世凯:《甲骨学辞典》,上海人民出版社,2009 年,第 408 页。

三、西周——大国时代的开启与家族伦理化时代

西周是中国古代文明的转折点,这一点王国维先生最先洞察到。他说:"中国政治与文化之变革,莫剧于殷周之际。"具体而言,"周人制度之大异于商者,一曰立子立嫡之制,由是而生宗法及丧服之制,并由是而有封建子弟之制、君天子臣诸侯之制;二曰庙数之制;三曰同姓不婚之制。此数者,皆周所以纲纪天下。其旨则在于纳上下于道德,而合天子、诸侯、卿、大夫、士、庶民以成一道德之团体"①。王国维这里最重要的见地,是指出了西周政治上的封建制度创设及其所导致的社会道德化或伦理化。

封建制度是西周最重要的政治创设。在西周以前的华夏联盟时期,众多的部落方国以自然的形式存在着,夏商王国的盟主地位只在王国充分强大的时候才真实存在。这就使夏商时代的权威具有典型的兄弟型权威特征。华夏文明的核心区域虽然已经很广阔,而且文化上也达到了比较高度的一致,所以后世的史家称之为王朝,但政治上依然是互不统属的小国林立局面,大国政治体制还没有建立起来。牧野一战,周人以小邦周灭了大邦殷,成为华夏联盟实际上的新盟主后,如何控制东方的广大区域成了周人需要认真对待的现实问题。周人发明的新办法是,把王室子弟与功臣分封到东方成为统治一方的诸侯。这种地方诸侯是周天子策命的,大部分与周天子有血缘亲戚关系。这些诸侯权力的合法性来源于周天子的册封,所以天子与诸侯之间就有某些强制性的权利与义务。诸侯的义务包括听从命令、镇守疆土、缴纳贡品、朝觐述职等,诸侯的贡品大约是土特产之类,其象征意义大于实际意义,还没有按耕地面积大小向天子交纳固定谷物税或地租的要求。天子与诸侯的关系主要是政治上的,这就是《左传·僖公二十四年》上说的"封建亲戚以蕃屏周"。

封建制度的基本特征是把血缘关系政治化,亦即把人口生产形成的家族血缘关系提升为社会治理的政治架构。当然,用家族血缘关系治理社会

---

① 王国维:《观堂集林》(外二种)上,第287—288页。

第五章 中国诞生的政治学进程——从有限王权到无限王权

并不始于西周,而是任何时代都会发生的社会现象,尤其是蒙昧时代社会治理的必然选择。就像家长是家庭的领袖一样,族长也是族群的领袖。夏商时代及此前的氏族时代,都是典型的家族社会,整个社会都以血缘家族为基本组成单位,各个家族的首领必然同时是社会管理的领袖。但西周之前的家族政治还是原始、自然的家族政治,那时族长的权力只在家族内部才有效。夏商时代的天下万国与小邦林立实际上是血缘部落族群林立的写照。夏商时代的王作为天下共主,并不是以所有族群的共同宗主而是以族群联盟领袖身份出现的。正是这种占主导地位的部落族群意识,使当时的社会权力主要表现为狭隘的与部落族群外延基本一致的族权,并使超出部落族群外延之外的公共权力即夏商王权,更多地只具有象征意义。商代的王既不能把他的子弟指派到其他的家族国家(方国)做领袖,也无权对其他家族国家的内部事务合理地进行干预,他只是在他的家族国家充分强大的时候,扮演家族国家联盟领袖即霸主的角色。这种霸王意识在《诗经·商颂·殷武》得到了充分体现:"昔有成汤,自彼氐羌,莫敢不来享,莫敢不来王,曰商是常。"这里的两个"莫敢",体现的是部族方国林立状态下商王国的强大。

但西周的王权就开始发生重大变化。周王不仅是他所在家族的族长,而且还故意把自己说成是天的儿子,即天子。由于是上天的儿子,所以理所当然地是"天下"所有族群的共同领袖。周王宣称:"溥天之下,莫非王土。率土之滨,莫非王臣。"(《诗经·小雅·北山》)这里用两个"莫非"代替了《殷武》的两个"莫敢",尽管只是一字之差,却代表了两种完全不同的王权意识。正是这种此前从未出现过的"天下"意识,使联系松散型华夏联盟开始走向联系紧密型华夏国家。

那时的周王虽然是"天子",却没有能力直接管理那么一片今人看来并不是特别辽阔的天下。由于家族血缘关系即使到现在仍然是强有力的人际联系纽带,所以周王就把那片土地及土地上的人民进行分割,然后分给与他关系亲近的兄弟、子侄或功臣进行管理。《左传·昭公二十八年》说:"昔武王克商,光有天下。其兄弟之国者十有五人,姬姓之国者四十人,皆举亲也。"和之前的家族政治相比较,西周家族政治的新变化是,得益于天下观念的出现,西周王室(不同于商代的王族由多个天干宗族组成,周王室是单一血缘家族)第一次把家族权力拓展到血缘部族之外的地域和人群。《左传·定公四年》中祝佗说:"分鲁公以大路、大旂,夏后氏之璜,封父之繁弱,殷民六族,条氏、徐氏、萧氏、索氏、长勺氏、尾勺氏,使帅其宗氏,辑其分族,将其类丑,以法则周公,用即命于周。是使之职事于鲁,以昭周公之明德。分之土田陪敦,祝、宗、卜、史,备物、典策,官司、彝器。因商奄之民,命以《伯禽》而封于少皞之虚。"可见分封制的具体操作模式,是周王指定某个特定的王室成员或宗亲(诸侯),带着他的家人及一些与周部族关系亲近的部族(主要是战败后臣服于周的殷商贵族),去统治和管理与周部族关系更加遥远的远方部族。分封制打乱了原来自然形成的血缘部族格局,使周王的权力借助人口生产形成的血缘宗族组织覆盖到整个"天下",实现了从邦国林立(自然血缘族群)到统一大国的政治过渡。对于西周封建的意义,沈长云有这样的评论:

> 西周封建乃是上古中国各部族在经济文化上相互影响,走向融合的必然趋势,是这种趋势已经发展到可以促使不同部族共同生活在一个共同体内的结果;夏商没有封建,则表明这种趋势尚未发展到如此地步。从主观上讲,西周封建乃是周人根据自己的民族特性创造的一种新的政治体制,是他们面对空前广阔的征服地域不得不采取的一种新的统治方式。……由于这些封国将不同血缘关系的人们组织在一个共同体内,使原本互不相干的族氏有了共同的政治经济利益,这就有利于打破各族氏间的血缘壁垒,并有利于在此基础上形成新的地缘关系。……西周封建国家的出现正是促使我国上古万邦林立的政治格局转向以后中央集权国家政治结构的中间环节。①

分封制的授民授土作为一种利益分割,必然涉及公正。这里的公正首先指由谁来分、谁得大头,这就是王位传承制。西周以前,由于王的主要职

---

① 沈长云:《论殷周之际的社会变革——为王国维诞辰 120 周年及逝世 70 周年而作》,《历史研究》1997 年第 6 期。

第五章 中国诞生的政治学进程——从有限王权到无限王权

责不是分配利益,而是增进利益即提高生产的效率,所以王位并不是人人想得而居之的宝位,西周以前没有关于统治集团内部王位争夺的可靠记载。但到西周时期这种制度行不通了。武王早死,成王年幼,又是非常时期,所以武王临终要周公兄终弟及,周公也的确即位为王了①。周公做王,其他兄弟做诸侯,这引起了其他兄弟的不满。这种不满导致了一场手足相残的政治动荡——三监之乱。三监之乱可能是中国历史上第一次爆发在核心统治集团内部的政治斗争。周公花了3年平息这场政治叛乱后,痛定思痛,于是有王位嫡长子继承的制度发明。这种王位传承制度按照人口生产所形成的先天序列,理论上排除了后天选择的可能性,使合法的王位继承人具有充分的确定性,从而最大限度地消除了王位争夺的风险。确立了王位的嫡长子继承制,其他次级权力的传承,如诸侯、卿大夫就可以依此类推。这样一来,整个西周社会的政治权力就在以王族为代表的各级贵族中按血缘世袭传承。

由此可见,西周政治结构的本质,首先是把人口生产自然形成的组织结构从族群控制的手段——这是其在早期社会普遍具有的社会功能——提升为超出族群范围之外的社会控制手段,即把周王族人口生产形成的宗族结构提升为国家治理的政治结构。西周的分封制使王族的家族势力第一次覆盖全"天下",因而是中国"家天下"历史在真正意义上的开端。夏商时代的王权在族群生存的范围之外,既不具有可持续的实质性意义,也不具有可持续的合法性根基,因而还谈不上"家天下"。西周政治结构的本质,其次是把王族与各级贵族人口生产所形成的先天代际血缘秩序提升为国家政治生活的法定秩序,来调和利益分配必然导致的社会纷争。西周之前的时代,由于社会生活的主要任务在于提高物质生产的效率,社会秩序也主要表现为族群内部的秩序——族群之间的秩序通常通过族群之间偶尔的战争予以确立。秩序问题不是社会生活的首要问题,因而不需要予以特别强调,族群人口生产形成的先天血缘秩序(同代之间与代际之间)通常表现为族群内部的生活秩序。但为了提高物质生产的效率,先天血缘秩序(在代际或同代之

---

① 《尚书》中的诸多周初文献都明确地把周公的讲话称为"王曰"可资为证。

间)都不具有西周时代那样的神圣性——既有兄弟相及的情形,也没有立嫡的观念。到西周时代,当秩序问题上升为社会生活的首要问题之后——这表现为社会精英的首要关怀,不再是物质生产效率,而是建立与维护社会秩序,社会开始以人口生产的先天血缘秩序为基础(尤其强调其代际关系)建立社会政治秩序,所以,原来只在族群内部具有伦理意义因而附带具有政治意义的王族血缘代际秩序,现在就在全"天下"获得了至高无上的政治意义。

西周政治结构的这两个方面都通过其发明的"天命"观念而得以伸张。商人的上帝虽然是至上神,但总的说来,它以玄鸟崇拜为原型,以农业生产为主要职守,还具有非常浓厚的技术化时代族群部落神灵的痕迹。天命观是西周政治的新发明,它首先向普天下的其他族群说明了周王族执政的合理性,因为这是上天的安排——天命。天在西周早期的文献中是会说话的人格神。由于"天"是无远弗盖的,它并不是周民族的部落神,而必然是全"天下"的所有族群都不能拒绝的神。用具有普遍意义的"天"代替狭隘的部落神,迎合了华夏文明的核心区域走向政治统一的需要。其次,它也向周王族及其他各级贵族的成员说明,由谁来继承王位或其他各级政治权力也是上天的安排——人口生产的血缘关系秩序恐怕是天意的最好体现,如果真有天意的话。天命观最大限度地为西周政治结构提供了合理性解释。

但是,上天为什么会做出这种明显偏心于周民族的权力安排呢?周公的回答是,皇天无亲,唯德是辅。上天喜欢有德性的人(及其族群)。他说,原来夏桀有昏德,商汤有美德,上天喜欢商汤,就给了他天命,让商汤代夏为王。商纣王暴虐无德,文王有美德,上天就转而喜欢文王,让文王得了天命,武王子承父业,最后灭商。这就是后世津津乐道的汤武革命。所以,周公一方面对殷商的旧贵族反复强调,由于纣王无道,天命已经变更了,因此对于周民族的政治统治要心悦诚服地接受。另一方面,他又对周民族的各级贵族谆谆告诫,天命不是不可变更的,如果要保住天命,永远统治下去,只有不断发扬文王的美德。"敬德""明德""保命"是周初诸诰反复强调的核心主题。《尚书·召诰》这段话最经典:"我不可不监于有夏,亦不可不监于有殷。我不敢知曰,有夏服天命,惟有历年。我不敢知曰,不其延。惟不敬厥德,乃早坠厥命。我不敢知曰,有殷受天命,惟有历年。我不敢知曰,不其延。惟

第五章 中国诞生的政治学进程——从有限王权到无限王权

不敬厥德,乃早坠厥命。"

关于什么是"德"或"美德",周公在《尚书·康诰》中这样告诫康叔:"惟乃丕显考文王,克明德慎罚,不敢侮鳏寡、庸庸、祗祗、威威、显民。"意思是说,文王的"明德"包括:慎罚、善待弱势群体、用可用、敬可敬、刑可刑。《史记·卫世家》记载,"康叔之国,既以此命能和集其民,民大悦",所以成王"赐卫宝祭器以章有德"。陈来说:"早期文献中肯定的德与德目,大都体现于政治领域,或者说,早期的德大都与政治道德有关。"①的确,西周时期的德并不是每个人都能具有或不具有的道德品格,而是只有统治者才能具有或不具有的政治德行。这种政治德行既包括对统治者的全新道德要求(此前要求的主要是才干),也是中国文化史上对一般意义上统治术的首次自觉(此前的统治术主要表现为被动地敬神)。

西周的德治思想通过把过去贪吃而且喜怒无常的自然神灵转变为有道德原则的天命,首次把(统治者)个人的主观努力放在极其重要的位置上,这是中国文化人文道德自觉的开启。这种政治道德自觉的开启,显然是由于分封制下的西周贵族那时所要治理的人群已经不再是或不再只是与其有血缘关系的同族成员,他们现在要到陌生的地域去管理那些与他们完全没有血缘关系的陌生族群。此时,他们的权威不再像过去治理其血缘族群那样,天经地义地具有神圣性与合理性,因而既需要有外在的天命论予以理论上的辩护,也需要有包括个人德行与政治智慧在内的主观努力加以维系。西周德治思想中对德行或个人美德的强调,可以看作是对族群政治时代血缘伦理观念的理论自觉,它意味着,把过去通行于血缘族群内部的伦理观念,普遍化或泛化到其他没有血缘关系的族群,亦即把血缘族群生活的伦理准则,提升为社会治理的政治规范。不过,西周统治者所面对的毕竟不是与他们有血缘关系的同族人群,完全照搬族群生活时代的伦理准则去治理没有血缘关系的其他族群,不符合人口生产必然产生的血缘亲疏原则,所以西周德治不仅强调个人美德,也非常注重政治智慧。周公"庸庸、威威"(用可用、

---

① 陈来:《古代宗教与伦理——儒家思想的根源》,生活·读书·新知三联出版社,1996 年,第 276 页。

刑当刑)和对周族与殷商贵族区别对待(《尚书·酒诰》中说,周人酗酒必杀、殷人酗酒可以不杀)等都表现了中国早期的政治智慧。

主要表现为把血缘族群生活的伦理准则提升为社会治理的政治规范的德治思想,在西周早期的某个时候逐渐固化为一套真正具有外在强制性的制度规范,这就是周礼。周礼既然在形式上主要是一套处理亲族伦理关系的行为准则,那么,它一定在此之前就以某种另外相近的形式存在着。只是在此之前,由于整个社会都表现为各个独立的血缘族群,秩序的维护在整个社会生活中缺乏突出的重要性,它存在的意义就未能得到充分的彰显。在分封制下,血缘族群的自然存在形式首次被打破,尤其是原来的周王族(及其他与王室亲近的血缘族群)被分割派遣到"天下"各地进行社会统治,此时,对于巩固周王朝的统治来说,加强周王室与被分封到各诸侯国的王族成员之间及各诸侯国内部各贵族成员之间的团结,明确各级贵族之间的权利义务、等级尊卑就具有特别重要的意义。在当时的历史条件下,把他们之间原来就存在的血缘伦理关系及其行为准则,加以社会化改造并赋予其政治意义是最方便的途径。周公显然对此作出了开创性贡献,周公制礼的说法无疑具有历史与逻辑的双重真实性。

综观西周时期各项大国时代的政治制度与思想创造,无论是分封制、嫡长子继承制,还是天命观、德治与周礼,其本质都是在社会生活的首要问题开始从生产到秩序转换,传统的自然血缘族群生活方式能够而且已经被打破的历史条件下,把(周王族及其他部分宗族)人口生产自然形成的家族血缘秩序提升为国家政治生活的法定秩序,把血缘宗族生活的伦理观念改造提升为社会统治的政治思想与意识形态。换言之,即以人口生产的组织形式与伦理观念作为大国时代社会治理的主要手段。因此,大国时代的到来也是中国社会伦理化的开端。

四、帝国时代与家庭伦理化时代

西周伦理化的基本特点是家族伦理化,即整个社会的经济与政治资源由以周王族为代表的几个特定家族世袭垄断,并通过基于宗族伦理观念的德与礼予以维系。西周政治体制的主要特点是"族—国一体",即天子把整个"天下"当作家族财产分给其家族成员——诸侯,诸侯则把诸侯国当作家族财产分给其家族成员——卿大夫。在这种体制下,各级社会领袖即君主的直系亲属尤其是子弟,依据其出生天然地拥有帮助君主治理社会的权力,同时也拥有相应的封地作为报酬。这使整个西周时代的物质生产通过家族庄园经济的形式得以实现。家族作为人口生产的组织形式,其特点是家族之树的不断自我复制与繁殖。随着代际关系的更替,原来单一的周王族(分封使其被分割)会自我繁殖、衍生出很多个血缘关系越来越遥远的家族。随着血缘关系的淡化,基于血缘宗族伦理观念的德与礼的维系力也会逐步减弱。而物质生产的庄园经济形式,只有在小农家庭经济还不具备可能性的前提下,才具有存在的合理性。随着中国农业生产稳定性的逐步呈现,即各种生产技术问题的阶段性解决、基本生产技术的普及与基本生产工具的平民化,到春秋战国时代,小农家庭经济已日渐取代庄园经济成为普遍的生产组织形式。这时,西周早期确立的政治架构就最终走向了崩溃。

王权崩溃的原因表面上看,是由于代际关系的更替,天子与诸侯的血缘纽带渐行渐远,使基于宗族伦理观念的周礼的约束力越来越弱化,从而"礼崩乐坏",更深层的原因则是"族—国一体"的体制必然造成对王权的分割,从而使王权从一开始就只能作为一种有限的权力而存在。周天子的权力并不是他个人的权力,天子是作为宗族的代表而拥有和行使权力的。这一点在西周的天命观念中有明显的反映。召公在《召诰》中这样谈到天命转移,他先回顾夏命移商的历史,"相古先民有夏,天迪从子保,面稽天若,今时既坠厥命",又考察了殷命移周的过程,"今相有殷,天迪格保,面稽天若,今时既坠厥命"。这就是说,天命并不是赋予商汤、文王他们个人的,而是赋予商汤、文王所代表的部族,天命不是在个人而是在部族之间发生转移。宗族是当时政治生活的实体,部族或宗族是个人权力的合法性来源,政治权力以宗法权力表现出来,天子是作为天下大宗的宗主而对诸侯(小宗的宗主)具有权威。分封实际上是对王族血缘宗族结构与王族总体权力的双重分割。天子及各级宗主的权力必然受到宗族力量的分割与牵制,这使得西周的各种权力都成为受到宗族制约的有限权力。

在分封制下,以君主的兄弟及其他宗室近亲为代表的贵族集团实际上与君主共享权柄,他们不是由君主任命的,而是生来就有帮助君主共同治理国家的权力与责任。这就是《左传》所说的:"是故天子有公,诸侯有卿,卿置侧室,大夫有贰宗,士有朋友,庶人、工、商、皂、隶、牧、圉皆有亲昵,以相辅佐也。"具体说来,天子与绝大多数诸侯同宗,即"周祖文王而宗武王",周人的天命属于周王族全体,天子作为王族的总代表对"天下"行使管理权,诸侯则作为王族成员被天子派遣到各地即诸侯国进行社会治理。天子与诸侯经分封建立的君臣关系基于其先天性的血缘伦理关系,这种伦理关系既不可以变更也不可以消除。所以在整个周王朝,虽然不缺乏为继承王位而进行的争斗,也有"挟天子以令诸侯"的情形,但完全没有诸侯王取天子之位而代之的情形,甚至没有诸侯会有这种想法,即使后来天子的实力远没有诸侯强大时也是如此。同样,无论周天子的实力如何强大,无论他多么不喜欢某一个诸侯王,他既无权废除任何一个诸侯王,更不能废除任何一个诸侯国——根据情况需要,对诸侯进行徙封除外。天子与诸侯之间有明确的权利义务关系,天子对诸侯的控制,有徙封、监国、巡视、赏赐、慰问、讨伐等手段,徙封通常是应对特殊情况而实行的政治举措,和后世的贬谪无关。诸侯对于天子则要承担朝觐、贡纳、参与王朝祭祀、参加王朝重要军事行动、辅助周王室等义务。诸侯的义务中,除偶然的军事行动之外,实质性的经济负担极少,大多是基于彼此间血缘伦理关系的礼仪性政治服从。这种礼仪性政治服从的实质,可以看作是对彼此间先天血缘伦理关系的不断提示与确认。在宗族具有最高现实性社会实体的西周时期,各宗族成员的利益只有通过宗族整体才能得到实现和保证。因此,天子与诸侯之间的这种政治从属关系,一方面无论对于西周中央王朝还是对于各诸侯国的存续来说,不仅是有利的,而且是必须的;另一方面又必然造成天子以及其他各级权力的有限性。不仅天子要分封诸侯,诸侯也要把他分到的土地和人民再分给他的子弟亲戚,这种"分封"一直要进行到把土地和人民划分成适合当时需要的庄园生产形式才告结束。这就是史书上说的"天子建邦、诸侯立家、卿置侧室"。

西周王朝的统治就是通过以王族为顶点的各个层级的同宗血缘家族而实现。有些历史学家习惯于把西周的社会等级描绘成天子—诸侯—卿—大夫—士—庶人—奴隶,这很容易造成错觉,即认为西周社会是由各个社会等级的个体所组成,其实,各个等级的血缘家族才是西周真正有意义的社会实体,具有统治功能的同宗血缘家族表现为这样几个社会等级:王族—诸侯王族—卿族—大夫族—士族,天子、诸侯、卿、大夫、士则是这些不同社会等级血缘家族的族长。这些血缘等级之间依靠先天性家族伦理关系得以维系,而家族伦理关系既不可以变更,也不可以撤销。所以在整个王朝存在时期,虽然多有弑杀,也有可能低等级贵族比高等级贵族权势更加显赫,但不仅没有诸侯成为天子的事例,也基本没有卿成为诸侯的事例——田氏代齐是个例外,宗族先天性血缘等级排除了这种可能性。

但是,宗族这一社会实体的现实性并不是永恒的。随着农业生产稳定性在春秋战国之际的逐步实现,庄园经济迅速走向没落,家庭经济成为通行的生产组织形式,宗族作为社会实体的现实性就被家庭所取代,先天性宗族血缘伦理关系也从维护王权统治的积极因素走向其自身的反面,成为王权旁落、社会动荡的根源。到春秋时期,天子的直辖领地由于不断分封或赏赐等原因,与各大诸侯国的差距大幅缩小,天子与诸侯间过去相互依存、共同生存的局面已经成为历史。昔日拱卫天子、为周蕃屏的诸侯现在变成不断侵蚀王权、尾大不掉的地方势力。同时,通过周礼所强调的宗族血缘伦理关系对于试图强大自身力量的诸侯国来说,也不再是必不可少的生存保障,反而成为其不断走向壮大即兼并弱小诸侯国的绊脚石。到春秋中后期不仅王权不振,而且诸侯王室权力也因为卿室力量的瓜分而旁落。春秋时期的三家分晋、鲁国三分公室是其标志性事件,甚至出现了陪臣执国命的现象。

总之,经过数百年的历史发展,周初创立的一整套基于宗族血缘伦理关系的社会政治体制的有效性彻底丧失了,华夏文明的核心区域陷入礼崩乐坏、群龙无首、战争频仍、社会动荡的无秩序状态。在华夏文明的核心区域即周王朝的统治由于分封制的历史原因不断走向分裂或弱化的同时,技术进步、人口增长、分封制下长期的族群交流与融合及其共同导致的对这一区域的深度开发,使这一区域的文明同质性大幅提升,从而为新型统一帝国的诞生创造了历史条件。

历史一旦明确了前进的方向,就一定会找到其代理人并披荆斩棘地开辟出达致目标的现实道路。对于这里的主题来说,我们需要关心的问题是,历史选择了哪一种力量来完成这种统一,为什么?中国如何达成统一、达成何种意义上的统一?亦即中国在这次统一过程中实现了哪些制度与思想方面的创造?

1. 完成统一的力量选择

春秋时代社会分裂与动荡的根源,表象上的看法是由于人们对强调宗族血缘伦理关系的周礼的漠视——周礼曾经是西周王朝统治与秩序的基础,但随着社会历史条件的变化,事物往往会走向自身的反面。正是周礼所维护的宗族实体性及其必然造成的各级宗主权力的有限性,成了社会分裂与动荡的根源。所以,消除分裂、走向统一的关键,就是消除宗族的实体性并且使权力从分散走向集中、从有限走向无限。

西周分封的结果,形成了这样的社会层级:三级比较有力的宗主,即天子、诸侯与卿;依附于各级宗主的士。他们都是统治阶级。另外是广大的庶民,他们是被统治阶级。天子作为天下大宗似乎拥有完成统一的最佳法理资源,如果能够削弱诸侯的势力,把权力集中于天子,应该是达成统一的现实合理而且最便捷的选择。孔子就主张加强天子的权力,强调"礼乐征伐自天子出"。但糟糕的是,天子拥有的由周礼赋予的法理资源优势要以不断削弱其自身实力为代价。周天子表面上拥有的合法性优势,实际上反而是他完成统一的致命弱点,这决定了天子已经不是完成这一历史使命的现实选择。天子的王畿与诸侯的领地相比本来是鹤立鸡群的①,但到春秋时代,天子的实力已经和强大的诸侯国差不多,到战国,更沦落为一个弹丸小国。从春秋到王室灭亡,天子从来没有得到过有现实头脑的政治家的有力辅佐和支持,天子最多被野心勃勃的诸侯国政治家偶尔当作旗帜或工具。即使主张尊王的孔子周游列国,也没有游历到天子之国。天子作为旧秩序的象征已经彻底没落了。

以卿室为代表的贵族力量可能很强大,但通常只能强大到瓜分公室权

---

① 有学者说,天子之国"方千里",那就是一百万平方里,诸侯之国大的有"方百里",小的"方七十里"的,即一万平方里或更小,天子之国是诸侯之国的一百倍或以上。不管这种算法根据是否充分,王畿无疑是最大最好的一块。

力的程度。卿室取代公室的情形只有田齐取代姜齐一例,而且是特例。三家分晋虽然可以看作是卿室取代公室,但其实仍然是瓜分。卿室既缺乏完成统一的法理性优势,也不具备完成统一所需要的强大实力。实际上,卿室作为一种相对弱小的导致社会动荡的宗族势力,是中国统一过程中首先受到削弱和打击的对象。整个春秋战国史,在某种意义上说,是一个彻底埋葬世卿贵族势力的历史。帝国诞生以后,世卿贵族作为一种政治势力基本在历史舞台上消失了。不过,这是下文稍后要详细讨论的话题。

只有以诸侯为代表的公室力量,既已经基本克服对天子力量的依赖,也有消除世卿贵族对其权力不断侵蚀与分割的强烈冲动和强大实力,从而成为旧秩序的埋葬者与新秩序的开创者。帝国诞生的历史,正是脱离天子力量羁绊的诸侯势力通过与士或平民阶层的联盟,不断削弱卿室贵族力量,过滤其自身权力的宗族色彩,使诸侯权力从有限走向无限,然后通过诸侯间的长期实力竞赛,武力统一中国的过程。

但是,由诸侯势力完成统一而建立的秦帝国非常短命,很快就被汉帝国取代了。以往对此的解释,主要只拿秦的暴政说事。但是,灭秦的势力有多种,如果对灭秦势力的"阶级"性质稍加分别,不难发现,一是原来六国诸侯的残余势力(以项羽等为代表),一是新兴的小农阶级(以刘邦为代表)。有趣的是,取得最后胜利的不是具有旧时代烙印的传统贵族势力,而是新兴的小农阶级,这恐怕不是偶然的。无论是灭亡六国的秦,还是企图灭秦复国的六国旧贵族,他们本身都是旧秩序——周礼的产物,都不可避免地具有传统礼制的文化基因,这种文化基因必然对新兴的帝国制度与思想产生强烈的排异反应,秦王朝关于分封与郡县的公开争论以及焚书坑儒都是这种排异的表现形式,项羽灭秦后大量封王并自称西楚霸王,则是对传统礼制的不合时宜的复辟。只有与传统礼制关系最为遥远的小农阶级——他们由与周礼关系最遥远的庶民演化而来——才对新型的帝国制度与儒家思想天然地具有亲和力,因而成为帝国时代真正的开创者和主人。

2. 走向统一帝国的程序

春秋时期,各诸侯国经过数百年的经营,总体实力大增,尤其是随着族群融合与文化趋同,诸侯国对天子的生存依赖日渐消失。与此同时,诸侯王的控制力却越来越明显地受到世卿贵族势力的分割与牵制,这就使削弱或摆脱贵族势力成为诸侯壮大自身力量的首要条件。削弱卿族与旧贵族势力的首要措施是向包括贵族土地在内的所有土(耕)地征税。

在分封制下,诸侯国的土地除一部分由诸侯直领外,其他土地都由诸侯再分给其他贵族——主要是卿大夫,并成为贵族的世袭庄园。得到土地的贵族要对诸侯承担一定的义务,正如诸侯得到天子的分封后要承担相应的义务一样,但他们的义务不包括交税——按分得的土地面积大小定期交纳固定的谷物。这就使包括天子在内的各级统治者(宗主)都表现为大小不一的庄园地主,宗主们也只具备有限的财力。当次级宗主的生存或权威在相当程度上要依靠上级宗主的庇护时,这种制度性分散不会造成各级宗主权力的动摇。春秋时期,随着族群融合的深入,各次级宗主在各地站稳脚跟,力量壮大,这种土地及财富的制度性分散就成为各级宗主权力式微的经济根源。因此,诸侯要建立自身权威首先要克服这种对于土地或财富的制度性分散,最现实的措施是对所有次级贵族的世袭土地征税。从齐国在管仲的领导下率先实行"相地而衰征"开始,这一措施在各诸侯国先后得到普遍推行,如鲁国的"初税亩",秦国的"初租禾"等。

对土地实行普遍的税收不仅加强了诸侯的财力,而且淡化了诸侯的庄园主身份,使诸侯从过去的庄园主领袖转变成职业政治家。当然,普遍的税收制度同时还意味着承认新兴的家庭垦荒导致的家庭对土地占有的合法性。不过,由于春秋时期的土地尤其是耕地主要还表现为世袭庄园,家庭垦荒在社会经济生活中还不具有重要性,所以这一措施的主旨与成就并不表现为鼓励小农经济,而是削弱贵族财力的同时加强诸侯势力。

鼓励小农经济的措施要到战国时期才出现,它以旧贵族庄园经济的大规模削弱为前提,而且最终埋葬了贵族庄园经济。贵族庄园经济的特征首先是土地世袭,其次是集体劳动。到战国时期铁器大规模使用以后,庄园集体劳动就成为一种即使对于贵族庄园主本身来说也缺乏吸引力的生产组织形式。所以战国时期的经济改革——以商鞅变法为例——就有这样一些措施:(1)"开阡陌封疆而赋税平",通过统一田制与重新丈量土地,使处于小农经济包围之中的庄园土地承担与小农土地同样份额的赋税,从而加速庄

第五章 中国诞生的政治学进程——从有限王权到无限王权

园经济的瓦解;(2)允许土地买卖——从而消除庄园土地的世袭性;(3)差别性征收"户赋"即"初为赋"。"民有二男以上不分异者,倍其赋。"(《史记·商君列传》)《商君书·垦令》说:"禄厚而税多,食口众者,败农者也。则以其食口之数,贱而重使之,则辟淫游惰之民,无所于食。"这最终瓦解了庄园的集体劳动形式。

诸侯在经济上打击贵族势力的同时,政治上也对旧贵族予以排挤。对旧贵族的排挤首先表现为允许而且要求平民服兵役。管仲把齐国民众按军事编制组织起来,规定五家一轨,十轨一里,四里一连,十连一乡。分全国为二十一乡。每家各出一人,五乡组成一帅,有一万人,为一军。全国共三军。三军的基本成员是平民。打仗本来是贵族们专属的职业①,但春秋列国频繁的战争迫使兵源平民化。而战争一定要奖励那些勇敢或有谋略的人。我们所看到的最具体最有吸引力的军功奖励制度是在商鞅变法中颁布的,虽然比较晚,但对平民的军功奖励肯定是与平民参与战争大致同步的。这就为普通劳动者开创了一条向上进行社会流动的通道,从而打通了平民与贵族之间一向存在的阶级壁垒。

以往的研究者们对于文化下移导致的贵族平民化给予了充分的注意,并认为贵族的平民化消解了传统的血缘等级社会。实际上,有贵族就一定有贵族的破落,贵族的平民化决不是春秋才开始存在的现象。但贵族的破落与平民的显著是完全不相干的事,所以根本谈不上打通贵族与平民的界限。只有社会开启了让平民向上流动的正常渠道,才真正意味着传统的贵族与平民之间的血缘等级壁垒被打通。

排挤贵族的更重要步骤是政治上大量起用平民,使贵族"虽富无所芬华"(商鞅语)。贵族通常是君主的血亲,贵族之所以"贵",不仅缘于其血统导致的世袭地产(富),更因为他们秉承的知识与信念(主要通过周礼)适合

---

① 见许倬云:《中国古代社会史论——春秋战国时期的社会流动》,广西师范大学出版社,2006年,第82页。他说:"驾驶由四匹马拉着飞奔、变幻不定而又摇摇晃晃的战车,这需要长时间的专门训练;在这种行驶不稳的战车上用弓箭精确地射中目标也是如此。御与射是贵族所习六艺中的两种。因此,军事职业就局限于那些熟悉这些特殊技术的人。平民只能在战斗中充当跟随战车、辅助甲士的徒兵。"似乎平民此前就上战场,但对于战争的胜负不起主要作用。

217

社会治理的需要,从而容易获得甚至垄断参政的机会。现在的君主要打击贵族并不是因为君主突然之间染上了厌恶亲戚的怪癖,而是由于传统贵族传承的知识与信念不再适合春秋战国之际列国争霸的需要,换言之,传统贵族依照周礼那种信念所进行的社会治理与诸侯争霸自强相冲突。各国诸侯为了在弱肉强食的时代免于过早灭亡的命运,唯有摆脱或超越周礼,或者不拘一格起用新人或外人——这两者实际上是一个意思。

依据《左传》和班固的《古今人表》,许倬云对春秋战国时代的社会阶层分化与变动进行过卓越的研究。他把春秋战国时代的社会阶层划分为:公子、卿大夫、士和新人(出身寒微者)。许倬云发现,在春秋时期,首先是公子阶层在各国政府中的重要性越来越小。"当公子不再仅仅由于出身而自动获得部分统治权力时,国家与家族密切联系的终结也许已经发生了。"①与之相应的是卿大夫权力的不断上升。"也许卿大夫不仅从他们的出身,也通过他们的能力得到职位。与公子相比较,这是他们能与时俱进的部分原因。然春秋还未结束,卿大夫阶层的下降就已经开始……马上就要将权力转移到士人群体的头上。"②"在士群体活跃性不断上升的过程中,卿大夫阶层却有清晰的下降,这至少暗示出权力中心已经从卿大夫阶层部分地转移到了士阶层。"③到战国时期,"在公元前464年以前,出身不明者平均占到了总人数的26%,但此后的平均数达到了55%。这说明公元前464年后,大多数历史人物都是出身寒微,白手起家的。这种趋势,与春秋晚期卿大夫阶层的衰落一起,不仅可以表示战国初期各阶层间的更多流动,而且可以显示出前一时期占主流地位的卿大夫阶层已经完全崩溃"④。"简言之,在战国时期所发生的不仅是社会阶层间更自由的流动,而且是原有社会阶层分化的消失。"⑤

许倬云的上述研究,生动地展示了春秋战国时期,各级贵族势力如何从

---

① 许倬云:《中国古代社会史论——春秋战国时期的社会流动》,第34页。
② 同上书,第38页。
③ 同上书,第43页。
④ 同上书,第45页。
⑤ 同上书,第46页。

高级到低级依次淡出历史舞台的过程,这个过程也是平民力量不断上升、旧的血缘等级秩序不断被消灭的过程。随着周礼所确立的社会制度日渐消亡,新的帝国制度也同时建立起来。

3. 帝国的制度与思想

帝国制度的核心是中央集权制度,主要包括土地制度与官僚制度。

分封制下的天子虽然号称"普天之下,莫非王土",但天子的土地大部分分给了世袭的庄园,他实际上是众多庄园主的领袖。建立帝国制度的首要举措是前面提到的诸侯打击贵族庄园经济的各种措施,这些措施在瓦解世袭庄园经济的同时,导致了家庭小农经济时代的到来。诸侯王通过各种手段把越来越多的以世袭和集体劳动为特征的庄园土地掌握在国家手中,然后直接或间接地交给小农耕种。由于君主有权向所有土地征税,就把土地变成了真正的"王土"。这种土地制度不仅极大地加强了君主或国家的财力,而且打通了分封制下君主与平民之间由于庄园土地贵族所造成的重重阻隔,确立了国家或君主与小农之间的直接经济与情感联系。

君主在剥夺贵族土地特权的同时,也通过起用新人剥夺了贵族的政治特权。贵族不再凭借与君主的宗族血缘关系而自动拥有管理国家的权力,君主开始委任或聘请那些与自己不一定有血缘关系的人来帮助他管理国家,并且以实物(主要是谷物)或货币作为他们的报酬。由于这些人是君主聘任的,君主可以随时解除聘任。他们拿了君主的报酬,就要接受君主的监督,并且按其工作的成绩接受君主的奖罚。考核的办法称为"上计",相当于包括审计在内的各种业绩考核。这就是后世官僚制度的开端。官僚制度不仅极大地加强了君主的权威,而且导致了新型的中央与地方之间的关系——郡县制取代分封制。官僚制(郡县制是其必然产物)确立了君主对所有重要社会管理岗位的直接控制,真正实现了"率土之滨,莫非王臣"。

把一国的经济资源(主要是土地)和政治资源(官职)都集中控制在君主个人手中,这就是帝国时代的中央(君主)集权制度。这一制度在近代以来受到广泛的批评。黑格尔说,在东方社会,只有专制君主一个人是自由的,但"这一个人的自由只是放纵、粗野、热情的兽性冲动,或者是激情的一种柔和驯服,而这种柔和驯服自身只是自然界的一种偶然现象或者一种放纵姿态。所以这一个人只是一个专制君主,而不是自由人"①。魏特夫把这种制度称为"东方专制主义"或极权主义,把它与个人暴政视为等同,他说:东方专制主义的权威是不受约束的无限的权威,"甚至就是一部高度系统化的法典,除了一切自我克制的规范所固有的限制以外,对于专制的法律制定者并没有任何其它的约束力。行使完全的行政、管理、司法、军事和财政权力的统治者,可以利用他的权力来制定他和其臣僚们所认为适当的一切法律"②。在这种极权统治之下,必然导致"全面的恐怖—全面的屈从—全面的孤独"。不仅西方民主社会的思想家对中央集权制度猛烈批评,近代以来,中国本土的主流思想更是把君主集权当作万恶之源,关于这样的评论多得我们无法也不需要具体列举。

对此,至少有两点应该指出。首先应该指出的是,君主集权制度并不是从来就有的,它是中国历史长期选择的结果。它的产生,即使从春秋时代开始算,也至少经过了500年以上的历史选择。在这期间,人们并不是没有其他的潜在选项。如老子主张回到小国寡民,墨子主张包括天子、三公在内的所有社会领袖都应该通过选举产生,而且当时所有的知识阶级都知道上古尧、舜、禹"禅让"的故事——我们这些后人就是通过他们那一代人的宣传才知道有这么一回事。但是,最后实现的是君主集权的帝国制度,其他的选项都被搁置了。而且,在此之后,只要不是充分强大地建立了君主集权,社会就动荡,人民就不安。在整个帝国时代,人们对于君主集权制度的期盼是一以贯之的。这应该说明君主集权制度在那一段漫长的历史时期有其存在的合理性与必然性,而不是表现了伟大中华民族的长期错误与愚笨。其次,像魏特夫们那样把君主集权制度理解为君主个人的为所欲为甚至胡作非为无疑是极其肤浅的,也不符合帝国时代的历史实际。如果通过简单罗列历代集权帝王们曾经犯过的错误或做过的恶事以证明集权制度的恶劣,那么,只要稍稍了解西方民主社会历史的人都应该知道,民主制度并不比集权制度更加聪明和善良。即使当代的民主制度似乎比过去的集权制度更加道德,

---

① 黑格尔:《历史哲学》,王造时译,生活·读书·新知三联书店,1956年,第56页。
② 卡尔·A.魏特夫:《东方专制主义——对于极权力量的比较研究》,徐式谷等译,中国社会科学出版社,1989年,第98页。

第五章 中国诞生的政治学进程——从有限王权到无限王权

那也完全不能因此得出魏特夫式的结论。集权时代的君主并不是为所欲为的,更不能胡作非为,除非他想被赶下台或即将被赶下台。相反,集权时代的各种基本制度在漫长的历史时期保持了高度的一贯。各代英明的君主并不是因为他们进行了什么新的制度发明,而是因为他们模范地执行了帝国制度。因此,不应该把这种高度一贯的君主集权制度的创设,归结为满足君主个人的欲望和任性——虽然每个人都有欲望而且有任性的时候。

只有按照马克思历史唯物主义的基本原理,把这种高度稳定的君主集权制度理解为某种特定生产方式与特定历史时代的产物,才能摆脱对帝国制度的偏见与肤浅理解。实际上,帝国制度正是家庭小农经济的产物。它的诞生、成长与家庭经济的出现、壮大同步,当家庭经济是社会占主导地位的生产方式时,帝国制度的合理性从来就没有受到过真正的怀疑。而一旦家庭经济不再是社会占主导地位的生产形式,任何复辟帝制的企图再也不可能取得成功。

与帝国制度相匹配的政治思想或意识形态,主要是孔子创始的儒家学说。孔子虽然自称"述而不作""信而好古",以周公思想的继承人自居,但他实际上为即将到来的帝国时代进行了最伟大的理论思考。最简要地概括,孔子把君臣关系理解为父子关系,强调君主应该像父亲管理家庭那样以爱的方式来管理国家,即行"仁政"。儒家思想的实质是把家庭生活的伦理原则作为最高的善,认为可以而且应该把家庭生活的伦理原则上升为国家治理的政治思想或意识形态,既有非常强烈的现实主义维度,也有一定的理想主义色彩。儒家表现了小农经济时代家庭生活的强烈呼唤,是小农家庭生活的代言人。但儒家学说并不是一开始就受到帝国时代统治者的青睐,帝国时代的开创者更倾向于法家思想。两相比较,儒、法的共同之处是,都坚定地主张小农家庭经济的生产形式,但法家是清醒到冷酷的现实主义者,法家严格区分了家庭生活与家庭之外的社会公共生活,对于把家庭生活的原则社会化完全缺乏认同,主张"以法为教、以吏为师"。法家冷酷的现实主义精神虽然在帝国时代的政治生活中占有重要地位,但抱有美好理想的儒家思想才真正让人感到温暖,从而成为帝国时代占统治地位的意识形态。

因此,君主集权的帝国制度是家庭生产与家庭生活的守护者,对家庭生产与家庭生活方式的守护是帝国制度最深刻的合法性源泉。正因为它始终如一地以此为目标,所以,不仅避免了高度集权的帝国制度堕落成为黑格尔所说的"兽性"或"激情",而且始终得到小农家庭的真诚拥戴。

从传说时代的禅让制度到帝国制度的这种发展进程表明,华夏文明最高权力的产生与传承经历了族际天下—族群天下(夏)—王族(多个家族)天下(商)—家族天下(西周)—家天下的演进过程。伴随着这一进程的不断展开,一方面,最高权力的可能继承人不断减少,最终甚至在理论上完全排除了进行后天人为选择的可能性;另一方面,最高权力也不断从有限走向无限,即权力的集权化程度不断得到提高,最终在形式上成为完全不受任何外在制约的君主专制。如果把民主理解为通常意义上的权力产生的后天选择和权力的有限性,这个过程无疑可以表象地看作是社会权力的民主因素不断被消除的过程,即从民主到集权的过程。但是,与这个过程相伴随的,是中国诞生过程中的伦理转向,即社会统治的主要任务从物质生产的技术与效率转变为社会生活的公平与正义,社会统治的形式也相应地从技术统治转变伦理政治。在这个过程中,不仅整个文明的技术与财富趋于稳定与保持最高水准,而且,人与人之间的实质性平等与生活自主性,也得到了最大现实可能的制度性实现。

君主集权制度是一种典型的家长制,它把君臣关系直接理解为父子关系,把君权直接理解为父权。而人类文明的一个重要基本设定,是认为父(母)子(女)关系包含了不容置疑的基本善,所以父子关系的第一个基本特点是父子关系的终身制,父子关系不仅在生理学意义上是不能解除的,在社会学意义上,父子关系也没有被合理地解除过——从来没有出现过以见证父子关系解除为职能的公共机构。父子关系的另一个重要特点是父权无限,不受监督和制约——从来没有哪个时代的文明认为应该对父权进行常规性监督。表象上看,似乎是父子关系与父权的上述特点导致了君主集权制度的王权终身制和王权无限,但明确意识到君臣关系并不是父子关系的法家,同样坚定地主张王权终身制与无限王权。中国之外,农业时代其他文明的王权也大多表现为终身制和无限权力——只有西方有点例外,《大宪章》运动曾经试图对终身制的王权进行制度性限制,但也不怎么成功。

王权终身制(及其必然产物世袭制)明显不是一种合理的制度,却成为那个时代普遍性的制度安排。这很可能是在当时的特定历史条件下,为了保持社会稳定、避免政治动荡而不得不进行的制度选择,因为无论通过什么方式,定期变更最高权力极有可能会引起社会动荡,各种成本之高,是当时的社会历史条件所不能承受的。而在王权终身制、其他次级权力非终身制的情况下,实际上排除了对王权进行制度性限制的可能。大宪章运动之所以只在西方世界出现,是因为西方的君主集权制是一种不完全的君主集权——它同时也主张领主权力的终身制。

工业时代最具有世界历史意义的政治发明是代议制民主制度。这一制度不仅坚决地废除了最高权力的终身制,同时,主张通过分权与制衡实现有限权力。这种制度设计的基本理论前提,不仅在于确认了主权在民的原则,同时在于承认家庭生活与家庭之外的社会生活存在难以逾越的巨大鸿沟,承认人口生产与物质生产是两种并行不悖的人类活动,认为人只具有有限的善。换言之,虽然人在家庭生活之中的善是用不着怀疑或应该给予充分信任的,但人在家庭生活之外的善就很难说——虽然要进行劝勉,因而需要对(掌握)公共权力(的人)进行严格的制约和监督。虽然理论家们早就意识到善的有限性这一点(如韩非),但有限权力却在工业时代才得到制度性实现,这应该是由于人类要在工业时代到来之后才具备定期变更最高权力的财富与技术基础。可以肯定的是,工业时代提出的废除权力终身制与有限权力的主张,对于人类的政治生活无疑具有永恒的意义。

第六章 中国文化的生活智慧与社会理想

经过技术化时代的艰苦努力尤其是伦理化时代的伟大思想争鸣,中国文化在帝国时代到来之际获得了它特立于世的各种伟大生活智慧和崇高社会理想。重温中国文化的生活智慧与社会理想,对于当代中国与世界具有特别重要的意义。

一、中国文化的和平主义精神

先秦诸子有两个展开其思想的基本前提,第一个基本前提是中国技术化时代的物质生产所造成的对自然的谦卑态度,第二个基本前提是一切时代的人口生产必然导致的某种形式的伦理态度。它们实际上也是所有农业时代的文明进入伦理化时代之后展开其思想的共同前提。虽然前提是共同的,但是,各个不同的文明在技术化时代结束之后所面临的不同历史境遇,使它们在伦理化时代进行了迥然不同的思想与制度发明。中国文明在技术化时代之后的历史境遇,总的来说是稳定而自足的社会生活。

中国社会生活的稳定性,是由中国文明所处的既极其辽阔而又相对封闭的地理环境导致的。当华夏民族通过技术化时代的长期努力,实现对华北低地即黄河中下游地区的大规模开发之后,他们发现,他们的生活世界即"天下"大致是这样的:东面是一片浩瀚无边的大海,北面是寒冷荒凉的草原或沙漠,西面是难以逾越的崇山峻岭,南面是很大一片有待进一步开垦的由长江泛滥冲积而成的水潦湿地。对于已经成功开发华北低地、以农耕为主要生计的华夏民族来说,大海、草原与高山都不是他们习惯和向往的生存环境,他们也自豪地意识到,自己比周边那些地域的人们更加先进和文明。他们自称为华夏,并把他们生活的那片地域称为"中国",即天下之中,其四周则是四夷。虽然实际上与中国文明同时还存在着好几个很先进的文明,如印度、中东与西方,它们不仅在人种上与华夏族群存在着一目了然的不同,在思想观念与文化上有重大差别,而且实力也可能与中国在伯仲之间,但他们或者与中国相距极其遥远,或者其间有难以逾越的天然屏障,总之,它们在整个农业时代极少与中国发生直接交往。历史的实际情形是,华夏与作为其近邻的四夷实际上即使不完全是同一人种,华夷在人种上的差别也非常不显著。所以中国文化强调的华夷之别与人种无关,主要是生活方式与文化上的差别。对于传统时代的中国而言,早先的东方夷民在帝国时代到来之际已经彻底华夏化了,海上的日本则长期是中国文明的学习与崇拜者,虽然在明清时代有倭寇为患,不过疥癣之疾。在绝大部分时间,东方的大海都是一道保护华夏的天然屏障;西部的高山居民虽然有可能桀骜不驯,但大山既阻断了那里人们的视野,也成为一道束缚其大规模行动的坚强绳索,正如世界各地的高山居民一向极少对外部世界形成干扰一样,中国西部的高山及其居民也长期是帝国的天然屏障;北方骑马的草原民族虽然奔放不羁,尤其有大规模集体行动的习惯,是帝国时代最经常的边患,但是草原民族的文明水准比农耕民族要低很多,他们虽然好几次入主中原,但那通常只意味着帝国换了个主人,帝国的制度和思想总是被完整地保留下来,他们自己要么迅速被华夏化,要么退出中原,因此,北方草原民族并不对帝国本身构成实质性威胁;帝国的南方地区实际上是帝国在地理上的巨大战略储备,在整个帝国时代,帝国的南部不断被华夏化,尤其是,当北方黄河流域被非华夏化游牧民族武装占领时,南方就成为帝国的避难所。总的来说,在华夏与四夷组成的整个"天下",华夏不仅比四夷在文化上更先进,而且实力上也通常比四夷强大,这就导致了中国文明外部生存环境的稳定性。

中国文明不仅外部是稳定的,没有高水平异质农业文明的直接干扰,而且内部也是自足而富庶的。中国幅员辽阔,有广阔肥沃的大河冲积平原,地处温带,日照充足,气温、降水与作物生长配合默契,到灌溉农业阶段之后,正常年景的生产收获通常都能使华夏民族过上相对富足的生活,华夏民族的生存基本不需要向外部世界寻求补充生活资源。而且,如果庞大的华夏帝国遭遇特别的天灾,其周边的生存环境也决定了,帝国不可能从外部世界获得大规模的补充生活资源以缓解帝国的饥饿。

正是这种稳定而自足的社会生活,形塑了中国文化对外部世界的和平主义精神和宽厚仁慈的大国胸怀。帝国时代的思想家们都不约而同地具有和平主义主张。儒家思想是中国文化和平主义精神的集中体现。孔子说:"为政以德,譬如北辰居其所而众星共之。"(《论语·为政》)"叶公问政,子曰:'近者说,远者来。'"(《论语·子路》)孔子主张通过道德感召而不是暴力树立华夏的大国形象。孔子的这一思想被孟子发扬光大。孟子有"王道""霸道"的区分,他说:"以力假仁者霸,霸必有大国;以德行仁者王,王不待大,汤以七十里、文王以百里。以力服人者,非心服也,力不赡也;以德服人者,中心悦而诚服也,如七十子之服孔子也。《诗》云:'自西自东,自南自北,无思不服。'此之谓也。"(《孟子·公孙丑上》)他并且进一步得出"仁者无敌"的结论。

儒家之外,道家也有深刻的和平主义主张,老子说:"天下有道,却走马以粪;天下无道,戎马生于郊"(《道德经》第四十六章);"大军之后,必有凶年"(《道德经》第三十章)。关于国际关系,老子明确说:"大国者下流,天下之交,天下之牝。牝常以静胜牡,以静为下。故大国以下小国,则取小国;小国以下大国,则取大国。故或下以取,或下而取。大国不过欲兼畜人,小国不过欲入事人。夫两者各得其所欲,大者宜为下。"(《道德经》第六十一章)墨家主张兼爱非攻,更是彻底的和平主义者。甚至兵家的尉缭子也说:"兵者,凶器也;争者,逆德也;将者,死官也。故不得已而用之。"(《尉缭子·武议》)孙子则通过算经济账来具体说明战争对于国、家的损害:"凡兴师十万,出征千里,百姓之费,公家之奉,日费千金。内外骚动,怠于道路,不得操事者,七十万家。"(《孙子兵法·用间篇》)所以,"兵久而国利者,未之有也"(《孙子兵法·作战篇》)。

与古代其他农业文明相比较,中国社会的军事化水平最低。古代中国是分散型小农经济社会,小农经济把社会最具有战斗力的男子不仅分置于每个家庭,而且固定在土地上,鼓励他们成为安土重迁、循规蹈矩的家庭农夫。这种体制安排非常不利于激发人们的战争热情。与中国完全不一样,在古代西方,农业生产的主体可能主要是战争掠夺来的外部奴隶(尤其是斯巴达),本土男子即公民的主要任务是从外部世界获得补充生活资源(如雅典),战争及其准备是他们的主要任务。因而西方社会通过各种方式让本土男子尽可能疏远农耕家庭生活,如古希腊的公民大会、奥林匹克运动会、看戏、古罗马公共澡堂和竞技场,代表好战的勇敢一向被西方视为最重要的美德,勤劳踏实的家庭型男人则受到嘲笑。古希腊人擅长数学和算账,他们必须通过战争从外部世界获取城邦生存必需的补充生活资源,他们的战争具有经济掠夺性,是盈利性的。中国也不像印度那样有一个以战争为主要职守的职业军人阶层——刹帝利,华夏民族是单一人种,不需要维护某个特定血缘种群的利益。这就使古代中国社会的尚武意识很低。帝国选拔人才,很少专门考虑到战争因素。在举世闻名的科举制度中,军事理论与实践从来不是考试的主要科目。科举中虽然也有武举,但显然不是科举的主流。中国民间尤其是靠近草原民族的中国北方,虽然有相当浓厚的尚武精神,即民间武术团体,但民间武术团体很少得到官方的支持,反而由于尚武任侠经常受到批评和打击。

中国文化的这种由衷的和平主义思想造就了中华帝国的大国风范。作为东亚地区唯一的超级大国,中华帝国的文化软实力是不容置疑的,中国文化哺育了朝鲜、日本及东南亚多个国家。帝国的硬实力虽然偶有不济,如南宋,但中华帝国在绝大部分时候都可以说是东亚国际体系当之无愧的精神与实力领袖。只是中国这个超级大国基本不具侵略掠夺性,中华帝国秉承了孔子"为政以德""近悦远来"的教导,以其宽厚博大的文化哺育了东亚文化圈,真正实现了"居其所而众星拱之"的"天下"和谐格局。

这一以中国为中心的"天下"格局被历史学家们称为"朝贡体制"。用"朝贡体制"来说明帝国时代以中国为中心的东亚国际关系格局,是美国汉学家费正清首先提出的思想发明,并随之在学术界产生深远影响。费正清提出"朝贡体制"之后，又有一些大同小异的新提法，如"华夷秩序"[①]"天朝礼治体系"[②]等。近年，有学者对朝贡体制理论表示质疑[③]，但不是很有力。批评朝贡体制理论的学者们最多指出了这样一些事实：朝贡体制没有充分考虑到帝国国际关系的方方面面，如帝国弱小时甚至向外邦朝贡（南宋），奔放不羁的草原民族则很少主动向帝国朝贡等。朝贡体制理论的核心假设是中国中心论或华夏中心主义，因此，对于朝贡体制的检讨，关键既不在于指出朝贡是否具有一贯性——即使是中央与地方，地方也有反叛中央的时候，也不在于指出朝贡是否具有贸易的性质，而在于具体检讨各外邦与中华帝国之间相互关系的具体性质。

大体上说，东方的朝鲜和日本对帝国的制度与思想是由衷向往的，他们长期是帝国名符其实的学生，他们的制度与思想甚至文字都主要是中国文化的产物，因此，华夏中心主义在他们那里是真实存在的；表象上看，北方的草原民族只向往中原的财富，对中原的文化却不一定向往，最有力的证据是他们虽然离中原很近，也比朝鲜和日本更方便了解帝国的制度与思想，但帝国的制度与思想他们基本不学——除非他们入主中原，生存环境所导致的游牧生活方式，决定了中原以定居的农耕生活为基础的文化完全不适合他们的需要。草原民族不学习华夏，华夏更没有以草原民族为学习的对象——即使在华夏多次被草原民族征服之后，华夏民族的精英分子从来也没有做出过要认真向草原民族学习的反思。相反，草原民族入主中原的结果通常是迅速地华夏化。在这种意义上，华夏中心主义对于草原民族来说也是真实存在的。帝国西部的青藏高原属于真正的高原山地，那里人烟稀少、生存艰难，到唐王朝时期才出现一个引起帝国注意的地方政权。那里对华夏地区具有很高的生活依赖性——华夏地区的茶叶对于藏区的生活极其重要，这导致了茶马古道的开辟。茶马互市虽然使汉藏关系具有明显的贸易性质，但这种贸易实际上固化了藏区对华夏地区的依附，是华夏中心主义的

[①] 最早提出这一概念的是日本学者中山治一，见信夫清三郎编：《日本外交史》，天津社会科学院日本问题研究所译，商务印书馆，1980年，第12—13页。
[②] 这一概念的提出者是香港学者黄枝连，其著有《天朝礼治体系研究》三卷（中国人民大学出版社）。
[③] 如张锋：《解构朝贡体系》，《国际政治科学》2010年第2期。

另一种深刻体现。帝国的西南部即云贵地区,由于多山的缘故可以视为帝国的次等地理储备,那里也以定居的农耕生活为主,只是被大山分割阻隔,形成地域狭小、互不统属的多个小邦,它们对华夏文化的向往与归依也是由衷的,那里的华夏化在时间与程度上仅次于江南地区。至于更加遥远的东南亚地区,尤其是越南由于有大河入海形成的平原三角洲,有比较成片的农耕区域,使它对中原华夏文明有很高的接受度。在历史上,越南的地位类似于朝鲜。因此,朝贡体制的核心假设——华夏中心主义是一个普遍的历史事实。

虽然华夏中心主义在帝国时代的"天下"视野中是一个普遍的历史事实,但华夏即使在其充分强大的时候也主要奉行和平主义的王道政治,这也是一个普遍的历史事实。帝国慷慨大度地哺育了东方的朝鲜和日本,但基本不寻求对它们的直接军事占领。对于喜欢扰乱中原的北方草原民族,华夏历来以防为主,其标志是举世闻名的万里长城。即使在北方草原民族实力不济的时候,帝国也不主张穷追猛打。最能代表帝国大度宽容的事例是,东汉光武帝建武年间,长期扰边的匈奴分裂为南北两部,其中南匈奴请求内附捍边,得到帝国嘉许。汉章帝年间,走投无路的北匈奴请求与帝国互市,也得到允许。但北匈奴用来与帝国互市的牲口在半途被内附的南匈奴打劫了,事情闹到帝国中央政府,帝国的最后决断是,对南匈奴"计功受赏",予以嘉奖,同时按南匈奴所掠牲口的数量,加倍偿还北匈奴(事见《后汉书·袁安传》)。帝国对西南夷则一向实行高度民族自治的土官政策,要到清帝国时期,才进行改土归流。在整个帝国时代,帝国的核心疆域是基本稳定的,虽然帝国的西南部不断进入帝国的核心版图,但那主要不是由于帝国的军事打击,而是中国文化长期滋润之后的水到渠成。对所有外邦的朝贡,帝国都一向厚往薄来,帝国完全没有从外部世界获取物质财富的冲动。由于帝国长期信守和平主义的外交政策,帝国才始终成为东亚文明的中心和圣地。和平主义是华夏文明保持长盛不衰的伟大生活智慧。

二、以家庭伦理为基础的伦理主义文化

华夏文明在对外保持和平主义的同时,对内则坚持家庭伦理主义。任

何时代、任何社会,对于社会生活的实现来说,最重要的就是社会伦理。如果物质生产导致了各种技术,那么人口生产或种群生存则导致了社会伦理。作为维护族群生存的社会基本准则,伦理始终是各个时代社会生活的共同基础,只是在农业文明的技术化时代,社会伦理处于前自觉的状态。要到农业文明的技术化时代结束、进入伦理化时代之后,各个社会才开始其对伦理或社会核心道德价值的自觉。伦理价值的目标是族群的持续有序生存,由于各个社会在技术化时代之后面临的不同内外境遇,它们会选择不同的伦理类型作为社会价值的基准或核心,并以此为基础或出发点衍生出整个社会的思想道德观念与政治法律制度。

所谓伦理价值的类型,就是为保证族群持续有序生存而对人口生产所导致的某种特定生活共同体的特别强调与维护。根据农业时代的历史经验,人口生产所导致的生存共同体大致可以分为这样几个层级:人口生产导致的最基本组织形式是家庭,家庭也是迄今人类社会最基本、最普遍的生存共同体;由近亲血缘家庭组成的血缘家族;由有遥远血缘关系的很多个家族组成的族群或种族,由于血缘关系的遥远,种族通常会认定一个共同的文化或宗教祖先;由一个或多个种族组成的国族。华夏族就是由龙、凤等多个文化族群融合而成的,它既是种族也是国族。与此相对应,农业时代的伦理价值大致有如下几种类型:古代中国文明的家庭伦理本位;古代希腊的族群伦理本位;古代印度的种族伦理本位。从家庭本位到种族本位,表象上的差别是对不同规模的生存共同体的强调,其实质则反映了一个文明的核心伦理价值。种族本位的前提是多个种族并存,在种族伦理本位的视野下,"天下"或世界是由各个不同等级的种族组成的,因而强调某个特殊种族的利益,种族伦理本位是种族主义思想的根源,印度的种姓制度本质上是种族主义。族群本位的前提是需要以族群为单位向外部世界寻求补充生活资源,在族群伦理本位的视野下,天下由各个不同的族群组成,强调本族群利益至上既容易导致各个族群之间的战争,也容忍和鼓励种族主义。家庭本位的前提是单一种族和稳定自足的生活,在家庭伦理本位的视野下,种族差别被忽略,族群之间实现充分融合,天下被看作是各个独立的家庭集合。但强调家庭利益至上不会导致家庭之间的普遍紧张,因为此时的家庭生活具有自足性，不需要向外部寻求补充生活资源。家庭本身不仅是和平主义的，而且家庭的基本特点是开放性。种群或种族都可以是封闭的，种族主义或种群主义就是强调或维护其封闭性，但家庭必然是开放的。一个核心家庭的组建即夫妻就要依靠两个家庭的成员，而家庭持续绵延的过程既是一个不断输出其家庭成员的过程，也是一个不断吸纳外部家庭成员的过程。这就使"天下一家"成为家庭伦理主义的必然逻辑结果。需要指出的是，由于家庭是人口生产的基本单位，家庭伦理在任何文明即无论哪种形式的伦理本位中都必然具有基础地位，只是非家庭伦理本位的文明在家庭伦理之外还特别强调某种其他样式的伦理价值，或把其他样式的伦理价值置于家庭伦理之上。同样，主张家庭伦理本位的文明也不意味着没有其他样式的伦理价值。当文明遭遇强大外部威胁时，族群利益至上的伦理原则就会暂时上升为第一位的价值原则，为国家民族而牺牲的民族英雄，在任何时候都受到特别的表扬与尊崇。

除了下一章将比较详细地讨论西方文明的伦理类型之外，关于其他社会伦理类型的深入讨论在我的知识与准备之外。可以肯定的是，在世界各古典文明中，只有中国文明由于其特有的生活稳定性与自足性，最终选择了家庭伦理作为其伦理化时代的核心价值。家庭伦理的和平主义性质可以和前面中国文明的和平主义精神相互发明，这里不再重复。家庭伦理的现实性缘于家庭经济的自足性。在孟子生活的时代，各国的经济改革已经使家庭经济成为社会生活的主流，所以对于家庭经济的设计及其自足性，孟子有切身体会。他说："五亩之宅树之以桑，五十者可以衣帛矣；鸡豚狗彘之畜无失其时，七十者可以食肉矣；百亩之田勿夺其时，八口之家可以无饥矣；谨庠序之教，申之以孝悌之义，颁白者不负戴于道路矣。"（《孟子·梁惠王上》）对于家庭经济的现实性，当时的诸子百家有共同的体认。小农经济并不是儒家思想的产物，而是自管仲以来各国改制的结果。《汉书·食货志》记载李悝为小农家庭算过的一笔经济账，他以"一夫挟五口，治田百亩"为基准，每亩收粟按一石半，共收一百五十石，交税十五石（十一税），一家五口全年口粮约九十石，余下四十五石，每石可卖三十钱，共一千三百五十钱，这是一个家庭的现金收入。家庭祭祀开支一年按三百钱，人均衣着开支也按三百钱，这样算下来,不算病丧嫁娶,家庭也会出现一笔不小的财政赤字。他的算法意在劝说君主善待小农,所以把祭祀和服装费故意高估——这两项开支是最方便蒙哄君主的。我们知道,那时的祭祀已经完全形式化,祭品的大部分都表现为食品,祭祀用的牺牲都是家养的,家庭祭祀应该不需要额外花那么多钱,而服装的绝大部分都属于家庭自给。因此,李悝的家庭经济账实际上表明了小农家庭生活的自足和小康。

在孔子生活的时代,家庭经济还处于萌芽时期,所以在孔子的著作尤其是《论语》中,我们看不到明确主张或赞扬家庭经济的语录,但作为人口生产的基本单位,家庭生活早就存在。在家庭经济的现实性还远没有充分呈现的时刻①,孔子率先觉悟到家庭伦理对于此后漫长时代社会生活的重要意义,并不遗余力地加以倡导,这使孔子成为帝国时代当之无愧的至圣先师。家庭包含多重伦理关系,如夫妻关系、父子关系、兄弟关系,虽然后世把夫妻关系列为五伦之首,但孔子对夫妻关系基本没有给予关注,他重点讨论的是父子关系和兄弟关系。孔子认为,父子关系的样式是慈孝,即父亲对儿子要慈祥,儿子对父亲要孝顺,但重点是儿子对父亲的孝。兄弟关系的样式是相互友爱,重点则是弟弟对兄长的顺从,即悌。孝悌实际上是人口生产必然导致的两种基本伦理行为与权威类型,它们都不应该理解为孔子的发明或其提倡的结果。

孔子最伟大的思想贡献是首先对这两种伦理行为实现理论自觉,然后强调把这两种家庭伦理价值予以社会化,使之成为整个社会生活或政治统治占主导地位的指导思想。父子之间的孝与兄弟之间的悌实际上代表两种完全不同的权威类型,孔子虽然没有对它们之间实际存在的重大差别进行理论自觉,但他意识到父子之间与兄弟之间关系的基本特征是爱与顺,即父亲是爱儿子的,兄长是爱弟弟的,因此,儿子要孝顺父亲,弟弟要顺从哥哥。

---

① 《论语·微子》篇记载子路遇到一个荷蓧丈人,那个丈人带着他的两个儿子独立耕作,被孔子称为"隐者",这可能是文献中所能看到的最早的家庭经济个案。但孔子似乎还没有充分意识到这种家庭耕种的历史意义,因此对这个丈人的生活方式没有给予赞扬和肯定,子路则发表了这样一通感慨:"不仕无义。长幼之节,不可废也;君臣之义,如之何其废之?欲洁其身,而乱大伦。君子之仕也,行其义也。道之不行,已知之矣。"

第六章　中国文化的生活智慧与社会理想

孔子强调,要以家庭内部的这种爱与权威来整合社会,即统治者要像父亲爱儿子一样爱他的臣民,臣民则要像儿子孝顺父亲一样顺从统治者,这就是"仁者爱人"的仁政思想。仁政是一种典型的父子型权威思想。孔子极其深刻地意识到家庭权威与社会统治的内在关联,他说,"其为人也孝悌,而好犯上者,未之有也";"君使臣以礼,臣事君以忠"。孔子对君主臣民同时提出要求,总的说来就是"君君、臣臣、父父、子子"。但首先是君主自身要"正",即君主自身要有很高的道德修养。他说:"政者,正也。子帅以正,孰敢不正?"(《颜渊》)"其身正,不令而行;其身不正,虽令不从。"(《子路》)他反对统治者滥用刑罚,主张以德治国。他说:"道之以政,齐之以刑,民免而无耻;道之以德,齐之以礼,有耻且格。"(《为政》)至于具体的治国方略,他说:"'庶矣哉!'冉有曰:'既庶矣,又何加焉?'曰:'富之。'曰:'既富矣,又何加焉?'曰:'教之。'"(《子路》)"道千乘之国,敬事而信,节用而爱人,使民以时。"(《学而》)尤其是:"有国有家者,不患寡而患不均,不患贫而患不安。"(《季氏》)意思是说,治理国家的关键是要让人民感觉到公正和心里踏实。

首倡以家庭生活的伦理原则来治理国家,是孔子对中国文化与人类文明最伟大的思想贡献,他为此终身奔走呼号,虽然屡受挫折,但矢志不渝。他坚信:"其或继周者,虽百世可知也。"在孔子的晚年,他以家庭伦理为基本原则编定了中国后世修身治国的主要道德经典,即《诗经》《尚书》《周易》《礼记》《春秋》。孔子的伟大思想代有传人,他不仅开创了人类历史上最源远流长的伟大思想学派——儒家学派,而且哺育了农业时代人类最伟大的文明之一——中国文明。孔子的思想完全没有高深莫测的玄机,他只是深刻揭示了家庭伦理对于社会生活的伟大意义。家庭伦理实际上就是理论家们所说的美好人性或托克维尔的"根深蒂固的人类灵性"。以孔子的知识与人生阅历,他完全知道并多次亲身领略过人性的恶,但他始终对人性的善保持信念,反对统治者对人民使用暴力:"季康子问政于孔子曰:'如杀无道以就有道,何如?'孔子对曰:'子为政,焉用杀? 子欲善而民善矣。君子之德风,小人之德草,草上之风必偃。'"(《颜渊》)他甚至相信,"'善人为邦百年,亦可以胜残去杀矣',诚哉是言也"(《子路》)。"听讼,吾犹人也。必也使无讼乎!"(《颜渊》)孔子的伟大,既在于他极其深刻地揭示了人类灵性,更在于他对人类的灵性始终保持高度期望与信任。孔子的这一思想被他的后继者孟子表述为"人皆可以为尧舜"。对于人类的善与灵性的执着是东西方所有伟大道德先知们的共同特点。佛教最核心的教义是众生平等与普渡众生。耶稣基督则说:"有人打你右脸,连左脸也转过来给他打。"①

对人类灵性的这种普遍执着与期待,不仅造就了伟大的道德先知,而且使社会获得了伟大理想与崇高目标,从而使社会能够不断趋向善与正义。正是儒家对美好人性的执着与期待,形塑了中国文化的崇高社会理想。儒家的社会理想是"天下大同"。在儒家经典《礼记·礼运》中这样讲到大同:"大道之行也,天下为公,选贤与能,讲信修睦。故人不独亲其亲,不独子其子,使老有所终,壮有所用,幼有所长,矜寡孤独废疾者皆有所养;男有分,女有归;货恶其弃于地也,不必藏于己;力恶其不出于身也,不必为己。是故谋闭而不兴,盗窃乱贼而不作,故户外而不闭,是谓大同。"与大同相对的是小康:"今大道既隐,天下为家,各亲其亲,各子其子,货力为己,大人世及以为礼,城郭沟池以为固,礼义以为纪,以正君臣,以笃父子,以睦兄弟,以和夫妇,以设制度,以立田里,以贤勇知,以功为己,故谋用是作,而兵由此起。禹、汤、文、武、成王、周公,由此其选也。此六君子者,未有不谨于礼者也,以著其义,以考其信,著有过,刑仁讲让,示民有常。如有不由此者,在执者去,众以为殃。是谓小康。"简单地对比一下大同与小康,其共同点是,它们都以家庭为社会生活的基本单位。无论大同小康,都要亲亲子子,男娶女嫁。其主要差别:其一,大同是一个"选贤与能"的民主社会,小康则是"大人世及"的家天下;其二,大同社会"天下为公",小康社会"货力为己",因此,大同社会没有争夺与犯罪,因而没有刑罚,小康社会有争夺、战争与刑罚。乍看起来,"天下为公"的大同与"天下为家"的小康之间主要是公有制与私有制的差别,即大同社会是公有制,小康社会是私有制,其实不然。大同社会不仅各有家室而且有私财,但人们不独亲其亲,不独子其子,既不偷懒,也不自私。小康社会则主要亲亲子子,货力为己——己并不是个人,而是各自的家庭。实际上,大同与小康之间的主要差别是整个社会的道德觉悟程度。大

---

① 《圣经·新约·马太福音》。

同社会是一个理想的家庭伦理社会,即家庭生活的伦理原则充分社会化的社会。它虽然通过"选贤与能"的民主办法来进行社会管理,但"贤能"们社会管理的目标是"讲信修睦"——提高社会的伦理道德水平。由于整个社会有很高的伦理道德水准,能"老吾老以及人之老,幼吾幼以及人之幼",最终实现"天下一家"的最高境界,因而没有争斗,不需要刑与法。小康社会尽管也有家庭伦理,但家庭伦理没有充分社会化,人们各为其家,因而是家天下。家天下需要借助礼法制度来建立和巩固社会秩序。值得特别注意的是,儒家的大同社会并不是一个比小康社会更讲究技术进步的社会,民选出来的贤能并不是技术专家。大同社会既不许诺奢侈的生活,甚至也不保证劳动的轻闲。因此,大同社会是一个道德至上的社会,大同理想是一种崇高的道德理想。这一理想的实现只能通过道德教化来实现,《大学》开宗明义地说:"大学之道,在明明德,在新民,在止于至善。""明明德"就是选建明德,"新民"就是以德化民,其最终目标"止于至善"则是天下大同或天下一家。大同理想诉诸人类灵性与道德教化,希望通过提高个人的道德觉悟实现社会的普遍和谐与正义,虽然也是一个乌托邦,但这是一个尘世的乌托邦,人们可以努力地趋向它,因此,儒家思想在帝国时代成为稳定的指导思想。

但是,仅靠道德说教很难造就现实的社会秩序,而秩序总是现实生活的首要追求,所以包括孔子和孟子在内的道德理想主义者,都被讥笑为迂阔而不见用于当时。与孔子同时代的老子也洞察到家庭生活对于即将到来的帝国时代的重要意义,但老子对于把家庭生活的伦理原则普遍化为整个社会生活的道德准则没有信心,他提出了另外一套与儒家思想既有重大差别、又相互补充的生活智慧与社会理想,这就是老子开创的道家学派。老子在《道德经》中发明了一套很有些玄妙的哲学体系,其核心概念是"道"。老子非常想让人们相信他所说的"道"是宇宙万象的根源与准则,但他并不像亚里士多德那样同时是一个科学家,他对物理世界本身的规律完全没有兴趣,他只是试图从物理世界而不是像孔子那样主要从家庭人伦引申出社会生活的基本准则,从而为他发明的那一套社会生活的准则确立一个更广大厚实的基础。老子说:"有物混成,先天地生。寂兮寥兮,独立不改,周行而不殆,可以为天下母。吾不知其名,字之曰道,强为之名曰大。大曰逝,逝曰远,远曰反。故道大,天大,地大,王亦大。域中有四大,而王居其一焉。人法地,地法天,天法道,道法自然。"(《道德经》第二十五章)"道法自然"是老子的核心思想,这里的"自然"可以作两种解释:一是自然界;二是自然而然,即非人为。自然的基本特点就是非人为。老子认为,"道"虽生长万物,但它"生而不有,为而不恃,长而不宰",即不把万物据为己有,不夸耀自己的功劳,不主宰和支配万物,而是听任万物自然而然地生存。基于对"道"的这种理解,老子认为社会治理的基本法则是"无为而治"。老子说,"为无为,则无不治"(《道德经》第三章),"无为而无不为。取天下常以无事,及其有事,不足以取天下。"(《道德经》第四十八章)"无为而治"就是统治者要"无事""好静""无欲",这主要表现在这样几个方面:物质上清心寡欲,不要自以为是、好大喜功,更不要争强好胜。统治者不贪婪,人民的负担就轻;不好大喜功,就不会滥用民力;不争强好胜,就不会有战争。这就是"我无为而民自化,我好静而民自正,我无事而民自富,我无欲而民自朴。"(《道德经》第五十七章)在生产技术已经基本稳定而且普及的前提下,主张政府尽可能减少干预社会生活的"无为"思想无疑具有重要的历史意义,"无为"是帝国时代长期得到遵行的重大治国方略。

与"无为"相关联,老子还有另外两个很重要的社会思想:一是反对新技术,二是反对儒家提倡的仁义道德。他说:"不尚贤,使民不争。不贵难得之货,使民不为盗。不见可欲,使民心不乱。是以圣人之治,虚其心,实其腹,弱其志,强其骨,常使民无知无欲,使夫智者不敢为也。"(《道德经》第三章)"大道废,有仁义。智慧出,有大伪。六亲不和,有孝慈。国家昏乱,有忠臣。"(《道德经》第十八章)"绝圣弃智,民利百倍;绝仁弃义,民复孝慈;绝巧弃利,盗贼无有。"(《道德经》第十九章)"天下多忌讳,而民弥贫;民多利器,国家滋昏;人多伎巧,奇物滋起;法令滋彰,盗贼多有。"(《道德经》五十七章)反对技术进步是道家和儒家的共同主张。孔子讲"君子不器",意思是说,那时的社会精英分子已经有比技术进步更加重要的社会使命,所以孔子虽然"有教无类",但他创设的私学里没有理科和工科。他反对樊迟学农的理由是:"君子谋道不谋食。耕也馁在其中矣,学也禄在其中矣。"(《论语·卫灵公》)"君子谋道不谋食"和孟子的"劳心者治人,劳力者治于人"大致相当,但

第六章 中国文化的生活智慧与社会理想

孟子的说法可能比孔子更高明些。孔子后面关于馁、禄的议论既与其核心思想没有必然联系,也不高明,很有损于其圣人形象,他说这句话的时候就像一个传统时代的普通农夫。后世的儒家主张耕读传家,认为耕作是一种有益身心的生活方式,克服了孔子对于农耕生活的偏见。但后世的儒家也不认为可以通过技术进步而兼善天下,技术进步始终不在儒家思想的视野之内。与儒家反对技术进步的理由完全不同,道家认为技术进步很有害于世道人心,因此应该予以坚决抵制。道家的这个观点既很独特,也很深刻。的确,如果一个社会执着于技术进步,把物质利益作为首要追求,那么这个社会要么是一个前道德自觉的社会,如农业文明的技术化时代,要么是一个人类道德灵性受到普遍遮蔽的时代,如迄今为止的工业文明。人类只有在总体物质利益增长存在巨大的现实性时,才会把技术进步或财富增长放在首位,从而暂时牺牲根源于人口生产的人类道德灵性。但现实的财富增长一定是有极限的,当财富增长的现实性消失,社会就会放弃对技术与财富的追求,因为此时对技术的执着不仅不再有相应的物质回报,而且会极大地损害人类道德灵性,导致整个社会在"不患贫而患不安"意义上的不安。老子在这个意义上反对技术进步,是老子思想的重大成就,而且具有重大的现实意义。老子的技术批判思想,比当代西方的技术批判理论既更彻底,也更深刻。

老子反对仁义道德乍看有些费解,但他并不反对家庭伦理,他也是家庭伦理的维护者。老子只是反对把家庭生活的伦理原则社会化,或者说,老子对于把家庭生活的伦理原则社会化没有信心,因为它违背"自然"。老子说:"道生之,德畜之,物形之,势成之……生而不有,为而不恃,长而不宰,是谓玄德。"(《道德经》第五十一章)意思是说,虽然道生万物,但道之于万物"生而不有,为而不恃,长而不宰","莫之命而常自然"。显然,老子认为道"生"万物与父母"生"子女并不是一回事,父母之于子女,是"生而有,为而恃,长而宰"的,孝慈是家庭生活的"自然"状态。老子认为,圣人治理国家应该像天地对待万物那样,顺其自然,无为而治。"天地不仁,以万物为刍狗;圣人不仁,以百姓为刍狗。"(《道德经》第五章)但他完全没有说过类似"父母不仁,以子女为刍狗"的话,他并不反对家庭伦理,"绝仁弃义,民复孝慈",他也提倡父慈子孝。他只是反对把家庭伦理社会化，因为那违背"自然"，过于"有为"。

道家对家庭伦理的态度可以通过下面的几个故事得到说明。一是庄子鼓盆而歌。据说庄子的妻子死了，惠施去吊唁，发现庄子在那里鼓盆而歌，惠施就按照家庭伦理的原则对庄子表示批评："与人居，长子、老、身死，不哭，亦足矣，又鼓盆而歌，不亦甚乎！"庄子曰："不然。是其始死也，我独何能无慨然！察其始而本无生，非徒无生也而本无形，非徒无形也而本无气。杂乎芒芴之间，变而有气，气变而有形，形变而有生，今又变而之死，是相与为春秋冬夏四时行也。人且偃然寝于巨室，而我嗷嗷然随而哭之，自以为不通乎命，故止也。"（《庄子·至乐》）庄子把生死理解为气之聚散，是像四季变化一样自然而然的事，甚至更具体地把人的死亡说成是"偃然寝于巨室"，比活人住在斗室似乎更加逍遥，所以不必过于悲伤。这里值得注意的是，死者是庄子的妻子，并不是养育他的父母。如果是他的父母亲死了，估计他应该不会鼓盆而歌，也不会借机发明他那一套齐生死的高论。二是《世说新语·伤逝》："王戎丧儿万子，山简往省之，王悲不自胜。简曰：'孩抱中物，何至于此？'王曰：'圣人忘情，最下不及情；情之所钟，正在我辈。'简服其言，更为之恸。"王戎、山简都是魏晋名士，性情放达，主张"越名教而任自然"，但王戎丧子——不是丧偶，同样悲不自胜。不过他对山简发表的那一套议论完全谈不上高明。不仅"忘（记亲）情"的"圣人"大概是没有的，"不及情"的"最下"尤其不会有。还有一则是《世说新语·任诞》："阮籍当葬母，蒸一肥豚，饮酒二斗，然后临决，直言'穷矣'！都得一号，因吐血，废顿良久。"阮籍被裴楷称为"方外之人，故不崇礼制"，居母丧时虽然表情任诞，但内心之伤痛比常人实有过之而无不及。实际上，只要人口生产还要通过家庭的方式进行，家庭生活的伦理原则就不可能被动摇。但是，试图在家庭之外确立家庭生活的原则就是一件很不自然因而很困难的事，甚至孔子自己也说是"知其不可而为之"。

老子主张无为而治，并因而连带地反对家庭伦理原则的社会化，都对后世的中国文化产生了深远的影响。这种影响主要表现在以下两个方面：一是"小政府"。无为而治不是无政府，而是小政府，即对政府的管理职能尽可

第六章 中国文化的生活智慧与社会理想

能进行压缩。老子提倡的小政府实际上成为帝国时代政府形式的常态。与之前和之后的时代相比较，帝国时代的政府无疑都是小政府，这主要表现在帝国政府不需要关心经济增长与技术进步，其主要职能停留在维护社会生活秩序，从而使帝国时代的官民比例一直保持在一个很低的水平①。二是形成了中国的"关系社会"或熟人社会。反对家庭伦理的社会化实际上是对人在家庭生活之外的善没有信心——这在大部分时候尤其是有利益冲突的时候无疑是极正确的劝告，在政府缺乏有效制度建设的情况下，必然使人们对与陌生人的交往尤其是经济交往持慎重与回避态度。这种对陌生人的慎重与回避态度，既使人们不愿意背井离乡，有浓厚的故土情怀，也使人们在必须与外部进行交往时具有"熟人"情节，万一不是熟人就要通过各种"关系"如转折亲、同乡、同学、师生等达到间接熟人的目标。对中国传统社会这种性质的开创性研究是费孝通的《乡土中国》。

老子对人性的这种理解使老子的"理想社会"别具一格。"小国寡民。使有什伯之器而不用，使民重死而不远徙。虽有舟舆，无所乘之，虽有甲兵，无所陈之，使民复结绳而用之。甘其食，美其服，安其居，乐其俗。邻国相望，鸡犬之声相闻，民至老死不相往来。"（《道德经》第八十章）老子设计的"理想社会"技术落后、知识贫乏，没有战争与诡计，人心纯朴，尤其极少社会交往。他的后继者庄子则有更形象的描述，《庄子·马蹄》："夫赫胥氏之时，民居不知所为，行不知所之，含哺而熙，鼓腹而游"。道家社会理想与儒家大同理想的共同点是都以家庭为基本单位，而且人民安乐、秩序井然，但道家的理想社会缺乏而且不主张家庭之间的社会交往。尤其是，道家社会目标的实现不是积极努力的结果，而是消极不努力的结果。

老子把孔子儒家的道德教化主张称为"为学"，把他自己的无为而治称为"为道"，他说："为学日益，为道日损。损之又损，以至于无为，无为而无不为。"（《道德经》第四十八章）"为道"的方法是"致虚极，守静笃"，具体地说是"去甚，去奢，去泰"（《道德经》第二十九章）。老子的说法还算平实，庄子则

---

① 关于帝国时代的官民比例，有很多不同的数字，有说汉代是1∶7 000，唐代是1∶3 000，到清代是1∶1 000，当代则跃进到几十比一，这些数字不一定完全可靠，但帝国时代吃俸禄的社会管理者很少则是实事。

讲"坐忘"和"心斋"。《庄子·大宗师》:"堕肢体,黜聪明,离形去知,同于大通,此谓坐忘。"《庄子·人间世》:"唯道集虚。虚者,心斋也。"庄子的办法听起来虽然很玄妙,做起来估计不一定具有可操作性。实际上,"为道"可能比"为学"更难,因为让人们普遍放弃世代努力才获得的知识技能和根深蒂固的道德信念,可能比要求人们不断追求更高的物质与道德境界更不合乎"自然"。

道家的社会理想虽然没有成为中国文化的主流向往,但这既不影响老子的"无为"学说在帝国时代的社会治理中发挥重要作用,更不妨碍老庄思想在帝国时代成为与儒家思想互为补充的重要的精神资源。道家这种思想的重要性,主要表现在为个人思想自由提供了精神归依。儒家鼓励人们不畏艰难、积极进取,改造社会、兼善天下,儒家思想是整个帝国时代朝气与正气的源泉。但奋斗者总会有失意、失败的时候,而且,任何伟大理想的实现即使不是在彼岸世界,至少也在当下的生活之外——虽然中国文化坚持把大同理想设置在此岸世界,为了使人们尤其是奋斗者不至于过分绝望,道家主要为失意的社会精英分子提供了一剂精神安慰的良药。它抚慰那些奋斗失败的人们,美好社会既不意味着财富的极大丰富(这和儒家思想基本相同),也不意味着要把天下本来的千万家勉强凑合成天下一家的样子,家庭生活的独立尤其是个人精神的自由才是最重要的。实际上,虽然道家提倡的"鸡犬之声相闻,民至老死不相往来"的"小国寡民"社会可能与儒家向往的大同社会一样遥不可及,道家强调的普遍放弃与遗忘的方法和儒家讲求的每个人不断学习与革新的方法同样难以期待,但是,道家提倡的个人当下的精神自由与儒家倡导的个人日常道德修炼无疑具有同样的真实性。当然,正如个人一时的道德坚守很容易,一生的道德坚守就很难,个人暂时的放弃与忘却很容易,一生的放弃与遗忘就很难。不过,只要有暂时的忘却就足够了。老庄以清静自守为主的各种修持方法,尤其是庄子的"心斋"与"坐忘",正是让人们暂时忘却、达到"逍遥"即精神自由的有效法门。

如果说,儒家对人类灵性充满信任,认为可以把家庭生活的伦理原则普遍化,道家对人类灵性有限信任,从而怀疑家庭伦理原则普遍化的可能性,那么,法家则对人类灵性极不信任,完全不相信人在家庭生活之外的善。法家充分揭示甚至可能夸大了人在家庭生活之外或社会生活之中可能的恶,

第六章 中国文化的生活智慧与社会理想

并以之为前提,发明了对付人性恶的各种严酷但是不失为"智慧"的方法。人们通常用三个关键词即法、术、势来描述法家思想,其中最重要的是法。法家认为,人在社会生活中都是趋利避害的,因此,婆婆妈妈的道德说教没有意义,只有通过赏与罚才能进行有效的社会管理。"凡治天下,必因人情。人情者有好恶,故赏罚可用;赏罚可用则禁令可立,而治道具矣。"(《韩非子·八经》)赏罚的原则与标准就是"法"。"法"应该由君主制定,即"法由君出",这就是以法治国。不过,在赏罚这两种手段中,法家更注重罚,只有在打仗这种打死人不偿命的活动中才注重奖励。法家对于奖赏特别小气,刑罚却很大方。商鞅认为在人们将要犯罪而尚未构成犯罪时,就应处以刑罚。《商君书·开塞》说:"刑加罪所终,则奸不去,赏施于民所义,则过不止。刑不能去奸,而赏不能止过者,必乱。故王者刑用于将过,则大邪不生;赏施于告奸,则细过不失。"而且法家主张重刑。"铸刑鼎"的子产说:"夫火烈,民望而畏之,故鲜死焉;水懦弱,民狎而玩之,则多死焉,故宽难。"这是重刑论的萌芽。《商君书·赏刑》:"禁奸止过,莫若重刑,刑重而必得,则民不敢试,故国无刑民。"韩非是法家思想的集大成者,强调法应当"因天命、持大体""守自然之道""不逆人心",可以视为对儒、道思想的某种妥协与折衷。总体说来,法家提倡的法治主要可以归结为建立在性恶论基础上的严刑峻法。所谓"术"也就是统治术或权术。韩非说,"君臣之际,非父子之亲也,计数之所出也"(《韩非子·难一》);"术者,因任而授官,循名而责实,操杀生之柄,课群臣之能者也"(《韩非子·定法》);"人主之大物,非法则术也"。"法"与"术"的区别是,"法莫如显,而术不欲见","法"应明文公布,"术"则应当潜藏胸中,不轻易示人。能够公开的"法"已经不把人当好人看,不能公开的"术"自然更加居心叵测,"术"主要是君臣之间的各种阴谋诡计。

一般认为,老子思想与法家思想有深刻的关联,很多人甚至把《老子》一书解读为君王南面之术。的确,《道德经》中有些章句尤其是"将欲歙之,必固张之;将欲弱之,必固强之;将欲废之,必固兴之;将欲夺之,必固与之,是谓微明。柔弱胜刚强。鱼不可脱于渊,国之利器不可以示人"(《道德经》第三十六章)之类,颇有些诡诈的味道,可能开启了法家"术"思想的先河。但总的说来,老子的思想虽不像儒家那样一身正气,掷地作金石声,却不失为光明正大,它既不把人设想得太坏,也不以诡道见长,更不用心险恶。而且,道家和儒家一样反对法家倡导的法治,老子说"法令滋彰,盗贼多有"(《道德经》第五十七章),他尤其反对用刑罚恐吓的办法对付民众:"民不畏死,奈何以死惧之!"(《道德经》第七十四章)因此,把老子思想与法家过于紧密地联系在一起可能是不合适的。

向来还有一种意见,认为法家强调以法治国,儒家强调以德治国,因而中国文化在制度建设方面的成就主要是法家的贡献,这尤其是一种误解。孔子说:"道之以政,齐之以刑,民免而无耻;道之以德,齐之以礼,有耻且格。"(《论语·为政》)这里的"礼"就是制度。任何一个社会的维持都离不开相应的制度创设,没有一个严肃的思想家会从根本上反对制度。思想家们的分歧主要是如何设计制度,因为制度可以有非常不同的价值倾向。这里所说的价值倾向不仅指制度为谁服务,即主要维护或偏袒社会哪部分人的利益,而且还包括制度设计对人性的理解。作为社会调节人际关系的手段,对人性的不同理解会使制度表现为迥然不同的形式。老子说"法令滋彰,盗贼多有"(《道德经》第五十七章),他认为人们应该一动不如一静,因而制度也应该尽可能简约,不要管得太多太细。儒家既不反对创设制度,也不主张所有人的利益整齐划一,但儒家坚决反对主要通过刑罚恐吓的办法来建立与维系制度。孔子认为,如果一种制度从根本上主张用刑罚恐吓来对待人民,它就不是一个好的制度,因为它把人本质上理解为恶的,会使人们没有道德羞耻感。孔子主张礼制,周礼本来是家族伦理原则的制度化,孔子虽然讲"克己复礼",但他提倡的礼实际上是家庭伦理原则的制度化。孔子说"君君、臣臣、父父、子子",意思是社会应该以父子关系为原型来创设制度。父子关系以爱为基础,不仅最能体现人性的善,而且最排斥暴力。孔子说,如果儿子认为父亲不对,儿子只能劝说父亲,即使劝了多次没有效果,那也绝对不能采取其他办法。同样,如果君主贤明,臣民就应该为国效力,万一君主糊涂,那就做个隐士。他极其反对君主用刑罚的办法对待其臣民,主张通过道德教化来改造民众,他的目标是去刑、去杀、无讼。不过,他的后继者孟子认为,臣民有诛杀暴君的权力,孟子说:"贼仁者谓之贼,贼义者谓之残,残贼之人谓之一夫。闻诛一夫纣矣,未闻弑君也。"(《孟子·梁惠王下》)孔子的另外一个思想后继者荀子虽然认为人性本恶,但荀子认为可以而且应该主要通过道德教化而不是刑罚来管理社会。因此,儒家与法家的区别不在于要不要(法律)制度,而在于法家的制度或"法"以性恶为基础,因而执着于用刑罚的方法来管理社会,儒家则主张把制度即"礼"建立在家庭伦理的基础上,强调主要通过道德教化来管理社会。

毫无疑问,儒家的上述主张不仅是人道主义的,而且有利于社会和谐与长治久安。因此,是儒家而不是法家的制度思想最终成为帝国时代主要制度设计的理论基础——尽管法家是帝国制度形式上的缔造者,但它无非从侧面印证了这样一个真理,任何一种真正伟大的制度,一定要建立在美好人性或伦理的基础之上。我们可以把在秦汉之际稳定确立的帝国制度主要理解为如下两项基本内容,即土地国有、家庭使用的小农经济制度和除皇位之外的其他社会管理职位向所有(男性)平民开放的官僚政治制度。这两项制度都具有极其深刻的家庭伦理特征。

由国家(君主是国家的代表或象征)把土地——作为农业时代最主要的生产资料,土地是生存的基本保障——按人口基本平均地分配给各个家庭耕种的小农经济制度,集中体现了帝国制度的家庭伦理性质。家庭本来是为人口生产而创设的社会组织,在农业社会的家庭经济时代到来之前曾经长期存在——在家庭经济时代之后的工业社会也一直存在。家庭是伦理关系的源头,爱是家庭生活的基本特征。虽然父母也有偏心的时候,但家庭之爱最没有偏私和遗漏。家庭在获得独立的物质生产功能之前,曾经长期作为消费的基本单位而存在。任何时候,家庭消费的原则都是按照可能和需要在家庭内部各成员之间分配生活资源,家庭生活总是能够把有限的生活资源进行最佳配置。由于家庭生活的这种性质,中国文明在技术化时代结束伦理化时代到来之后,另外赋予家庭以物质生产的功能,实现了社会人口生产与物质生产基本单位的统一。两种生产基本单位的统一最有利于把人口生产的善或伦理原则引入到以利益为首要追求的物质生产领域,最大限度地过滤或淡化物质生产为追求利益而必然导致的社会纷争。诚然,家庭经济也追求效率,但家庭内部成员之间由于没有真正独立的经济利益,所以不会发生利益冲突,家庭更不会因为效率而歧视或抛弃其成员。由于家庭经济不仅实现了全员就业,而且实现了农业时代劳动力与生产资料的无缝连接与最优化配置,家庭经济也非常有效率。即使在当代中国,家庭经济也仍然是农业生产中最有效率的生产组织形式。当然,家庭经济的最突出优点是其伦理化特征必然导致的公正与稳定。国家把土地基本平均地分配给每个家庭,完全不考虑各个家庭实际可能存在的生产能力或劳动效率方面的差别,意味着国家把每个人或每个小家庭都当作国家这个大家庭的平等一员,不因为其劳动能力方面的差别而予以歧视和抛弃,这是家庭伦理在帝国制度中的集中体现。不同于工业时代的社会福利与保障救济制度——这种制度是通过在生产之后的分配阶段的弥补来消除过分的贫富不均导致的社会紧张,让每个人或每个家庭都拥有生产资料,从而在生产开始之前就为社会的公正奠定了坚实的基础,这样不仅能够充分调动人们劳动的积极性,而且能够更彻底地消除社会分裂。

所有社会管理职位向每个家庭的男性成员即家长开放的帝国官僚制度,也具有鲜明的家庭伦理品格。这一制度的设计理念是把帝国政府设计为由各个家庭的家长组成的家庭理事会,皇权作为天下这个大家庭的家长,是这个理事会的理事长,各级理事则由全社会各个家庭的家长代表组成。家庭理事会的职责是通过维护各个小家庭生活的稳定从而实现整个社会生活秩序的稳定。由于家庭生活的稳定是社会管理的最高目标,帝国政府的管理理念必定以家庭伦理为基本原则。不仅帝国时代社会管理的指导思想始终以儒家思想为主导,帝国选拔社会管理者的方法尤其体现了对家庭伦理的守护。帝国时代选择社会管理者的方法大致分为三个阶段,首先是两汉时期的察举制,即举孝廉。由地方行政长官推荐有学问、孝顺而清廉(精通而且信守儒家学说)的年轻人出任政府官员。其次是魏晋南北朝时期的九品中正制或九品官人制。九品中正制的主要内容是选择"贤有识鉴"的中央官吏兼任原籍地的州、郡、县的大小中正官,负责察访本州、郡、县的士人,综合德才、门第定出"品"级,供吏部选官参考。所谓"品",就是综合士人德才、门第(家世官位高低)所评定的等级,品分九等,故名。最后是隋唐至清末的科举制。科举制是中国文化的伟大发明,它通过国家考试制度的形式把读书与社会治理紧密结合起来,不仅使帝国政府确立了极具公信力的人才选拔机制,而且使社会的每个男性成员都能够凭借个人的后天努力获得向上进行社会流动的机会。这三种方式尤其是科举制的基本特征,是以对儒家经典学说的理解与体认作为选拔人才最重要的甚至是唯一的标准,这就使主张家庭伦理的儒家思想实际上成为帝国官僚制度的灵魂。

帝国官僚制度的一个显著特点,是明确而且一以贯之地把女性排斥在官僚体制之外,女性完全没有合法参与社会管理的机会,这在当代被认为是一个显著缺点。在整个帝国时代,虽然屡有母后干政的事例,武则天甚至自立为帝。但这些女人的权力无一例外是来源于她们的丈夫,而且,即使是这些强权女人当政的时候,也从没有试图给予女性与男性同等的参与社会管理的机会。需要指出的是,把女性从体制上排除在社会政治生活之外并不是中国文明从来就有的传统。《国语·楚语》记载了观射父的这样一段话:"古者民神不杂。民之精爽不携贰者,而又能齐肃衷正,其智能上下比义,其圣能光远宣朗,其明能光照之,其聪能听彻之,如是则明神降之,在男曰觋,在女曰巫。……于是乎有天地神民类物之官,是谓五官,各司其序,不相乱也。民是以能有忠信,神是以能有明德,民神异业,敬而不渎,故神降之嘉生,民以物享,祸灾不至,求用不匮。"他明确指出,古代的巫师没有性别歧视,只要具备一些特定的天赋条件或能力,男性、女性都可以做巫师。而巫师实际上是古代社会的领导者或管理者。学者们普遍认为,观射父所说的"古者"并不是太初时代,更有可能是夏商时代。他的这一说法已经得到甲骨文的印证。甲骨文中记载了很多个有名的女性,其中最有名的有妇好和妇妌,她们都是商王武丁的妻子。但她们都不是养在深宫的贵妇人,她们不仅单独主持祭祀、在一块以她们的名字命名的地方主持生产行政管理工作,而且作为主将带兵打仗、征讨外方。从甲骨文的内容来看,她们平时并不经常住在王都,而是住在她们的辖地或领地。可以肯定,她们在甲骨文时代中的地位主要并不因为她们是王妇,而是因为她们为国家所作出的重大贡献。这意味着在甲骨文时代,社会仍然保有让女性出任国家公职人员的合法通道。著名的"周室三母"即太姜、大任、大姒,也是政治上很有作为的女性。《国语·晋语》说文王"孝友二虢,而惠慈二蔡,刑于大姒,比于诸弟。《诗》云:'刑于寡妻,至于兄弟,以御于家邦。'"因而有"文武之兴,盖由斯起"的说法。不过在后世以儒家思想为主导的历史文献中,都主要只讲她们如何相夫教子、贤良方正,她们在政治生活中可能作出的重大贡献都被湮没遗忘了。女性从社会公共事务隐退、回归家庭应该是西周时代才开始出现的情形。比较有趣的是,近代以来的工业社会又重新开始普遍地赋予女性参与社会公共经济、政治事务的机会。以往的历史学家或者完全没有意识到有讨论这个现象的必要,或者把原来女性对公共事务的参与简单地说成是母系社会的遗留,既不是很有创意,也完全没有说服力。

实际上,女性总体上参与或退出社会公共事务是由社会发展的特定历史阶段决定的。除母系社会由于人口生产的首要地位使女性成为社会生活的显性之外,在物质生产占主导地位的父权时代,根据中国文明的历史经验,女性参与社会公共事务首先出现在农业文明的技术化时代。技术化时代的首要任务是实现技术进步,在促进技术进步即智力方面,女性实际上具有和男性同样的潜质,尤其在古代社会,人们把自然及其变化理解为各式男性神灵的权柄,而男性的好色是自古皆然的,这就使女性特有的美丽与妩媚派上了用场。《说文解字》说:"巫,祝也。女能事无形,以舞降神者也。"当然,把女巫的职能主要说成是通过舞蹈来取悦神灵,不无对女性的歧视。其实,女性不仅仪态优美,适于舞蹈——舞蹈是巫术的重要形式之一,而且在巫术的内容即把握自然变化的规律方面也有和男性同样的潜质。正是女性对那时具有集体性质的生产事务的参与使她们获得了管理公共事务的机会。男女两性对公共事务的共同参与,必然导致对家庭生活的损害。妇好作为王妇不常住王都,就在情理之中。当技术进步趋于停滞,社会进入伦理化时代之后,社会生活的主要任务转变为通过家庭生活的稳定来维系社会秩序的稳定,生产活动也从集体性质逐渐转变为家庭性质,此时,女性回归家庭就在所难免。到工业文明的技术化时代,当技术进步与财富增长再次成为社会生活的主题,女性也再次因为对公共经济生活的参与而获得管理社会公共事务的机会。同样,女性的这种参与也导致了对家庭生活的严重损害。当代文明的精神或道德危机与女性参与公共性物质生产对家庭生活所造成的离析与压迫高度相关。可以期待,在工业文明的下一个历史阶段,当经济增长不再可能或不再是社会生活的首要追求时,女性回归家庭将同样不可避免。女性回归家庭虽然被很多人理解为对女性的歧视与不公,但又何尝不是一种对女性的爱护。尤其是,女性回归家庭能够更有利于人类的人口生产与对家庭伦理原则的守护。

三、对自然的谦卑与永续利用

中国文化生活智慧的另一重要表现,是一向秉承对自然的谦卑或因顺自然的生活态度,因而特别注意对自然资源的永续利用。中国文化对自然的谦卑是在技术化时代就已经确立的一贯传统。夏商时代的祭祀占卜实际上是当时人们对自然的研究,这种研究在形式上表现为人对自然的请求与贿赂。在这种形式的人与自然关系中,由于人们对自然(神)及其变化的规律缺乏把握,神就高高在上、作威作福,人只能以各种方式取悦神灵,这就是人对自然的谦卑。技术化时代之后,人们意识到自然变化是有规律的,而且日益清晰准确地把握到自然变化的规律,自然总的来说不再变幻无常。于是,人们对自然的祭祀就不再那么认真,而变得形式化、娱乐化。首先是祭品不再那么丰盛,或者即使仍然很丰盛,但祭品同时也是人们节庆的食品。以人作为牺牲的习惯慢慢得到克服①。总之,技术化时代结束之后,技术化时代的各种神灵基本得到了保留,如风雨山川日月大地等,社会尤其是民间对他们仍然保持形式化的祭祀,这种祭祀主要传承了人们对自然一向具有的谦卑态度。与此同时,中国社会的思想家则把这种对自然的谦卑态度予以理性化,上升为中国传统时代即伦理化时代的思想或哲学,并以此为基础,发明了一整套因顺自然、对自然资源进行永续利用的行为准则。

管仲是春秋时代的思想家、政治家,在他及其后学的著作《管子》一书中,集中地阐述了中国文化因顺自然的生活智慧。他认为,治理天下要顺从

---

① 当郑国发生火灾时,子产明确反对因此焚烧巫师,他说:"天道远,人道迩。"他的这种态度得到孔子的表扬。战国时代的西门豹被派到邺担任行政长官,那里有为河伯(河神)娶妇的习俗,定期由巫师选择年轻女子通过漂流淹死的方式献给河神作为礼物。这一习俗显然是传统技术化时代的遗留,但随着技术化时代的远去,它已经成为陋习。《西门豹治邺》一文描述了他如何巧妙地消除了邺地这一以人为牺牲的陋习。

天道,"欲王天下而失天之道,天下不可得而王也"(《管子·形势》)。"万物之于人也,无私近也,无私远也。巧者有余,而拙者不足。其功顺天者天助之,其功逆天者天违之。天之所助,虽小必大;天之所违,虽成必败。顺天者有其功,逆天者怀其凶,不可复振也。"(《管子·形势》)所谓"顺天道",就是人类的行为要考虑遵循天时、地理和人事,这就是"三度":"上度之天祥,下度之地宜,中度之人顺。此所谓三度。"(《管子·五辅》)其中最重要的是天时,即社会管理者要做到"时之处事"。"时之处事精矣,不可藏而舍也。"(《管子·乘马》)"不知四时,乃失国之基……是故阴阳者,天地之大理也。四时者,阴阳之大经也。刑德者,四时之合也。"(《管子·四时》)具体来说,"当春三月,萩室熯造,钻燧易火,杼井易水,所以去兹毒也。举春,祭塞久祷……毋杀畜生,毋拊卵,毋伐木,毋夭英,毋拊竿,所以息百长也"(《管子·禁藏》)。夏三月,"天地气壮,大暑至,万物荣华,利以疾薅杀草薉……不利作土功之事,放农焉";秋三月,"利以疾作收敛毋留。一日把,百日铺。民毋男女,皆行于野,不利作土功之事";冬三月,"天地闭藏,暑雨止,大寒起,万物实熟,利以填塞空郄,缮边城,涂郭术,平度量,正权衡,虚牢狱,实廪仓。君修乐,与神明相望。凡一年之事毕矣。举有功,赏贤,罚有罪,迁有司之吏而第之"(《管子·度地》)。不仅要注意天时,还要因地制宜。"桑麻不植于野,五谷不宜其地,国之贫也。"(《管子·立政》)为实现因地制宜,充分发挥土地资源的生产能力,管仲学派注重行政指导,要求"司田"(主管农业的技术官员)切实做到"相高下,视肥硗,观地宜,明诏期(规定农民服役日期——作者注)前后,农夫以时钧修焉,使五谷桑麻皆安其处"(《管子·立政》)。《管子》尤其强调对自然资源的适度开发,主张"依时禁发",以实现对自然资源的永续利用。"山林虽近,草木虽美,宫室必有度,禁发必有时。是何也?……非私草木,爱鱼鳖也,恶废民于生谷也。故曰:先王之禁山泽之作者,博民于生谷也。"(《管子·八观》)

《管子》的这种思想实际上是帝国时代主流思想家们的共识。道家思想最一以贯之地坚持了因顺自然的思想,"道法自然"就是主张人应该遵循"自然"或"无为"的原则生活。无为则清静寡欲、知止、知足,"知足不辱,知止不殆,可以长久。"(《道德经》第四十四章)"祸莫大于不知足,咎莫大于欲得。

第六章 中国文化的生活智慧与社会理想

故知足之足,常足矣。"(《道德经》第四十六章)要求人们节制感官享乐,"去甚,去奢,去泰"(《道德经》第二十九章)。老子这些教导的本意虽然不直接指向生态伦理,但他的这些思想与帝国时代对自然永续利用的生态思想若合符节。他的后继者庄子则把"道法自然"的思想发挥到极致,完全反对人对自然进程的干预。庄子说,"至德之世,其行填填,其视颠颠。当是时也,山无蹊隧,泽无舟梁;万物群生,连属其乡;禽兽成群,草木遂长。是故禽兽可系羁而游,鸟鹊之巢可攀援而窥。夫至德之世,同与禽兽居,族与万物并"(《庄子·马蹄》)。这种状态无疑过于"自然",不属于"文明"的状态。

儒家的经典《周易·系辞》说"天生神物,圣人则之",又说"天行健,君子以自强不息","地势坤,君子以厚德载物"(《周易·上经》)。不过,儒家的政治伦理学说主要并不是根据自然的启发,而是源于对家庭生活的领悟,而且,儒家从家庭伦理观念出发,逻辑地推导出其对自然万物的伦理态度。孟子按照儒家的家庭伦理观念,主张"亲亲、仁民、爱物",他说:"君子之于物也,爱之而弗仁;于民也,仁之而弗亲。亲亲而仁民,仁民而爱物。"(《孟子·尽心上》)孟子把"爱物"当作是家庭伦理即"亲亲"的逻辑延伸。"爱物"的一种表现是,"君子之于禽兽也,见其生不忍见其死;闻其声不忍食其肉,是以君子远庖厨也"(《孟子·梁惠王上》)。这似乎并不完全是矫情。爱物的另一种表现是"时养"。孟子很重视自然万物的生长规律,特别强调"时",他说:"不违农时,谷不可胜食也;数罟不入洿池,鱼鳖不可胜食也;斧斤以时入山林,材木不可胜用也。谷与鱼鳖不可胜食,材木不可胜用,是使民养生丧死无憾也。养生丧死无憾,王道之始也。"(《孟子·梁惠王上》)在"时"的基础上,孟子进一步提出"养"。孟子认为,山无草木之美,不是山的本性,而是"失养"的结果。"苟得其养,无物不长;苟失其养,无物不消"。"虽有天下易生之物也,一日暴之、十日寒之,未有能生者也。"(《孟子·告子上》)"时养"集中体现了中国文化对自然资源永续利用的生态智慧。

不难看出,无论是中国文化的和平主义精神,还是中国文化对自然的谦卑与永续利用,都与中国文化的家庭伦理主义精神紧密相关。实际上,这三者具有高度统一性,其核心是中国文化的家庭伦理品格。家庭伦理型文化是中国文明具有世界历史意义的伟大创造。

第七章　中国道路及其世界历史意义

中华人民共和国成立以来，尤其是改革开放以来，中国取得了举世瞩目的发展成就。随着中国的总体经济实力及与之相应的国际影响力不断提升，世人对中国的判断与期待日益五味杂陈。一方面，中国的发展现实总是让"中国崩溃论"①者感到失望，但他们似乎从来不会绝望，因为他们现在已经改变思路，认为中国的发展将自然而然地导致一个西方化的中国。"中国威胁论"②正是这种思维和逻辑的产物。他们的逻辑是，任何国家的现代崛起必定是西方历史道路的再现，而西方化强国在崛起之中与之后必然走向帝国主义与霸权主义。另一方面，世人对中国也不缺乏另外良好的期许，即把世界和平与人类的美好未来寄希望于中国。如何从理论上关照以上各种

---

① 该论调于 20 世纪 80 年代末 90 年代初由西方根据苏东剧变提出。2000 年，美国匹兹堡大学教授罗斯基先后发表《中国 GDP（国内生产总值）统计出了什么问题》《中国的统计该被警告》，质疑中国经济增长统计数据的真实性。文章发表一段时间后成为西方媒体关注的热点。美国的《新闻周刊》《商业周刊》，英国的《金融时报》《经济学家》等西方主流媒体纷纷对他的观点进行炒作，鼓吹中国的经济即将崩溃。种种怀疑中国经济增长的文章纷纷出笼。美国《中国经济》主编斯塔德维尔在其《中国梦》一书中把中国经济比喻为"一座建立在沙滩上的大厦"。最为极端的是美籍华裔律师章家敦出版的《中国即将崩溃》一书。章家敦认为，"与其说二十一世纪是中国的世纪，还不如说中国正在崩溃"。他断言："中国现行的政治和经济制度最多只能维持几年""中国的经济正在衰退，并开始崩溃，时间会在 2008 年中国举办奥运会之前，而不是之后"，等等，此类言论不胜枚举。
② "中国威胁论"这种论调最初形成于 20 世纪 50 年代新中国刚刚成立之初；20 世纪 90 年代初苏联解体，美国主要威胁解除，而中国经济、军事力量不断强大，该言论从美国开始便不断泛滥起来。美国费城外交政策研究所亚洲项目主任芒罗首先发难，发表了《正在觉醒的巨龙：亚洲真正的威胁来自中国》。一时间"中国威胁论"风靡太平洋东岸，芒罗也因此声名显赫。哈佛大学教授亨廷顿的名著——《文明的冲突与世界秩序的重建》也在这个大背景下问世。

判断与期待,不仅是中国对外部世界应有的回应,而且是中国发展道路本身应该认真思考的重大实际问题——因为中国的发展还在进行之中,甚至还处于起始阶段。中国道路[①]与其说是一个已经获得明确规定的现成模式,不如说是中华民族正在探索的一条通向未来之路,其本质意义既需要在实践中不断加以丰富和完善,更需要从思想上不断予以澄明和范导。尤其是,按照工业文明目前的状况与发展态势,中国几乎不可能在当代文明的格局之内走出一条独善其身的道路。即使中国能够在当代文明的格局下成为一个(像日本那样的)"现代化"国家,那也完全配不上"**中国道路**"这一伟大称谓,因为那不过意味着"**西方(工业文明)道路**"即西方道路在中国迟到了的胜利。中国只有在开辟出一条引导工业文明走出当前困局、通向美好未来的道路之后,我们才能自豪地宣称,中华民族为工业时代的人类文明开创了一条**中国道路**。

这就是说,中国道路是与西方道路相对而言的。但是,正如西方(工业文明)道路不是无本之木、无源之水,而应该理解为西方农业时代数千年历史的必然产物,中华民族也不可能凭空开创出一条中国道路。中国道路如果是可能的,它必然同时植根于对中华民族自身及西方文明数千年历史发展道路的深刻领悟,以及这种领悟之后的开创性历史实践。因此,对中西文明历史发展道路的比较式检讨就成为关于中国道路讨论的应有之义与逻辑起点。

一、西方文明道路及其帝国主义品格

鉴于轴心时代实现的伦理转向对于理解中西文明具有同样重要的意义,让我们从西方文明的轴心时代开始。

[①] 中国道路是近代 100 多年来,中国沦为半殖民地半封建社会后,历经旧民主主义革命、新民主主义革命到社会主义革命、建设和改革,探索在一个十几亿人口的发展中大国,如何实现民族解放、摆脱贫困,加快实现现代化,巩固和发展社会主义的道路。这一概念在 2004 年 5 月一位名叫乔舒亚·库珀·雷默的学者写了一份题为《北京共识:中国是否能够成为另一种典范》的报告后,引起了世界范围以"中国经验""中国模式""中国道路"为关键词的大讨论。

与中国实际上从公元前 11 世纪的西周时期进入轴心期不一样,西方的轴心期始于公元前 8 世纪——这应该是雅斯贝斯把世界文明的轴心期特意安排在纪元前 800 年开始的主要考虑。对于这一时期西方社会生活的总体印象,保罗·卡特里奇主编的《剑桥插图古希腊史》说:"古典时代的希腊人似乎并不重视——可能连提都没提过——从较为实用及生产的目的出发,利用他们的自然环境,也似乎不重视诸如农业或牧业之类的基础性的活动。这对于绝对依赖土地来维持生存的他们来说,似乎是颇令人费解的沉默。对前工业时代人们所做的比较研究业已雄辩地证明,在这个时期的人口中,多达 80% 的人积极地从事农耕或食物生产活动。然而,古代的史料却对农村的活动几乎不置一词。希腊城邦的这种矛盾现象(希腊人看来忽略了其生存的最基本要素)一般被解释为部分有作品传世的城市男性精英个人的偏颇。"① 把这种现象理解为"个人的偏颇"无疑是极其表象的。古代希腊的这种情况和中国春秋战国时代的情形很类似,它应该理解为希腊本土的农业生产那时已经达到了其技术进步的瓶颈状态,因此不再是精英分子关心的主要问题。

当然,与"荷马史诗"一同传下来的,还有公元前 7 世纪初期赫希俄德以诗歌表达的农书《田功农时》。《田功农时》以诗歌的形式既表现了农业技术的稳定,同时也表现了技术的普及。可以想象,古代希腊人一定要花费相当数量的世纪摸索在那一片土地上生存所需要的各种实用技术与本领。《田功农时》一书中保留的那些知识绝不可能是从来就有的。虽然古希腊的很多技术与知识如冶炼青铜很可能是从埃及或两河流域学习得来的,但古希腊富于特色的本土农业及其技术一定是他们自己长期摸索的结果。在希腊社会埋头探索这些知识和技术的时候,相对于其他早期农业文明如埃及、两河流域和古代中国来说,他们并不惹人注目。对于这一段历史,大致可以肯定的是,大约在公元前 17 世纪,古希腊进入小国林立的"王国"时代。根据考古出土与历史传说,公元前 17 世纪前后的迈锡尼文明是王国的典型。到公元前 13 世纪,古希腊的王国时代开始没落。到公元前 11 世纪前后,考古

---

① 保罗·卡特里奇主编:《剑桥插图古希腊史》,郭小凌等译,山东画报出版社,2005 年,第 33 页。

显示的各处宫殿遗址都遭到严重毁坏,居住遗址大为减少,墓葬显示的物质财富急剧缩减,文字消失,希腊进入历史家们所说的"黑暗时期"。这种状况要到公元前8世纪才开始重新得到改善,从那时起,古希腊进入让西方人无比骄傲的城邦时代,又称"古典时代"。

人们之所以把公元前8世纪作为古希腊历史的分水岭,其根据是从那时开始"希腊贤哲如云",尤其是"荷马史诗"的诞生。"荷马史诗"的主题是歌颂战争、勇敢与牺牲精神。人们通常认为,史诗反映了公元前12世纪到公元前9世纪的社会生活。但是,"并非只是一些持怀疑态度的历史学家——对持续不断的考古发掘努力(某种程度上仍然受到希望证明'荷马史诗'真实性的激励)不屑一顾——认为特洛伊战争,或者荷马笔下的特洛伊战争,不过是水中月,镜中花,是后来渴望看到自己光辉历史映象(被扭曲的)的希腊人心目中的一面镜子"①。另一种可能的情形是,史诗是古希腊人对"黑暗时代"战争记忆的浓缩和改编。它以那一时段或更早的某些历史人物与事件作为引子,对黑暗时代的战争记忆进行了某种价值导向性整理,从而对塑造从公元前8世纪开始的城邦时代的价值观念作出了伟大贡献。

考古发掘暗示我们,黑暗时代的到来应该同时意味着希腊本土各地区即王国之间发生过长期而且激烈的战争。按照中国农业社会的历史经验来推测,这一时期战争的目的应该是为了在希腊本土结束小国林立的状态,建立更大范围的统一王朝或早期帝国,这是在农业社会的技术进步进入瓶颈时期前后通常出现的情形。但是,希腊社会战争的结果并没有导致大范围统一帝国的出现,而是整个社会进入黑暗时代。这意味着希腊社会内部没有一个王国强大到能够实现希腊本土的统一,因为古代希腊文明本身缺乏实现统一的强有力手段。"希腊地区没有丰富的自然资源,也找不到肥沃的大河流域和广阔的平原,而具备这些天然条件,并合理地开发和利用,是供养如中东、印度和中国所建立的那种复杂的帝国组织所必需的。"②"荷马史

---

① 保罗·卡特里奇主编:《剑桥插图古希腊史》,郭小凌等译,第64页。
② 斯塔夫里阿诺斯:《全球通史——1500年以前的世界》,吴象婴、梁赤民译,上海社会科学院出版社,1999年,第202页。斯塔夫里阿诺斯这里虽然指称的是古典时代希腊社会的情形,但对黑暗时代同样适用。

诗"应该是在战争废墟中苏醒过来的希腊人对此前战争岁月集体记忆的某种改编。很难想象荷马或他同时代的人会完全无中生有地编造出那些"宏大"的战争故事。但是，如果荷马只是简单地叙述了一个哪怕真实的历史故事，"荷马史诗"对于古典时代的希腊社会就不会有如此重要的文化意义。史诗的重要性应该根源于它对于人们过去战争记忆的某种方向性整理或改编。过去本土王国之间发生的战争没有胜利者，而且导致了普遍的失败与黑暗，似乎没有什么值得歌颂和称道的。荷马却把实际上发生在本土王国之间的战争故意改编为一场发生在希腊与外部世界之间的战争，而且战争的主题——为了争夺一个传说中的旷世美女——极富个人英雄主义色彩，虽然不是非常可信，但至少谈不上卑劣[①]，尤其是史诗赞美的个人勇敢与牺牲精神，无疑是从公元前 8 世纪开始诞生的希腊城邦社会最为需要的精神品格。正是由于荷马的这种改编迎合了城邦时代社会生活的需要，或者反过来，城邦时代社会生活的需要导致了荷马们对古代战争记忆的这种改编，"荷马史诗"才会在那个特定的时代广为传诵，并成为古希腊民族精神的标志。

因此，公元前 8 世纪开始的古希腊文明——它被合适地称为西方文明的轴心时代——也是在物质生产技术达于瓶颈状态后开始的。不过，与其他文明相比较，古希腊文明的特殊性在于，它在光辉的古典文明之前有一段长达几个世纪的黑暗时代。黑暗时代的真相很可能是，希腊本土世界在生产发展和技术进步不再现实的情况下，发起的一次类似于其他农业文明在这一发展阶段通常都会发生的进入高级文明状态的努力。其他农业文明，如中国、埃及、两河流域、印度等，都基本成功地建立了某种形式的统一帝国，为什么希腊却以失败而告终？这主要缘于希腊社会的经济生活具有非自足性，即希腊在前轴心时代的技术进步与生产发展不足以让他们依靠本土的农业资源过上一种稳定、自足的生活。希腊经济生活的非自足性是由那里的气候与作物结构决定的。希腊的作物结构（橄榄、谷物和葡萄）尤其

[①] 根据有关研究，我们现在看到的《荷马史诗》大致是由希腊化时代亚历山大里亚的学者们最后编定的。为了争夺一个女人而发动战争很有可能是城邦时代的杰作，其目的是美化希腊人。希腊城邦时代发动的战争，即使按照那些编者们的价值观念，可能过于不正义甚至过于卑鄙。

是希腊的气候导致了生活的不稳定状态。"有些定时炸弹——既有天然的也有人为的——威胁着希腊经济生活和社会生活的稳定。最不利的是气候。地中海气候的一个特点是降雨量逐年变化不定。……一种或多种庄稼歉收是经常发生的事,而其间隔期是无法预测的。"这导致"在希腊社会中,食物短缺现象肯定是周期性的,而且持续发生"①。希腊的食物短缺完全不能通过内部生产的发展得到克服。这就很不同于其他大河流域的古代农业社会,如中国古代的经济生活具有高度的自足性,人们虽然不一定很富裕,但大河平原通常都能保证人们过上温饱稳定的生活。当然,生活在大河平原的农业民族实际上也会经常遇到不可克服的灾荒,但此时,他们完全不可能通过向周边扩张而输出饥饿,因为此时的周边一定同样或更加饥饿。

希腊本土有限的经济发展状况,使希腊世界不可能建立像其他农业社会那样稳定的帝国,黑暗时代的战争暗示了这一点。但是,希腊人碰巧生活在一个可以向外部拓展并保持沟通的环境中。正是由于黑暗时代的历史教训与外部生存空间的存在,到公元前8世纪,当希腊由于战争结束、人口增长导致食物短缺的时候,他们放弃了自相残杀,并且作出了一个伟大的决定,即向外部世界拓展生存空间。对于农业时代的民族来说,这无疑是一个需要极大勇气的决定。经济生活的不稳定性以及决定向外部拓展生存空间的方向性转换,导致了希腊社会一系列的社会组织反应。"古希腊的许多特点——城区居住、个人之间的交换网络和保护关系、城市间的联盟、海外联系与贸易、殖民——都可能与害怕粮食短缺、灾荒与饥馑有关,尽管不是唯一的原因。"②总的来说,此时希腊社会对这种总体上缺乏稳定性的生活状态的集体反应,除了内部的社会关系调整外,对外主要包括进行海外殖民以输出过剩人口、从事海外贸易以输入生活资料以及在条件许可时通过军事打击来扩大和保障其生活供应。其中任何一项事业的正常进行都注定离不开军事力量的保驾护航。正是在这种集体反应的过程中催生了古希腊文明的种种制度创造与思想发明。

---

① 保罗·卡特里奇主编:《剑桥插图古希腊史》,郭小凌等译,第39页。
② 同上书,第43页。

汤因比说，古代希腊社会在公元前8世纪遇到了一个共同问题——由于人口增长而导致生活资料严重不足，对这一共同问题，各城邦开始寻求各自的解决方法。有一些城邦的解决办法是在海外夺取农业土地作为殖民地，"用这种办法建立的希腊殖民地仅仅在地理区域上扩大了希腊社会的疆界，而并没有改变它的生活方式。在另一方面，某些城邦采取了另一些解决办法，其结果改变了他们的生活方式"。斯巴达采用进攻和战胜其希腊邻邦的办法来满足其土地要求，结果是他们复活并适当改变了许多希腊社会里所共有的某些原始的社会制度，生活被迫彻底军事化。雅典的办法是，"使农业生产专业化，使它出口，同时为了输出还开始了制造业，然后又发展了它的政治组织，以便使一些由于这些经济上的新措施所造成的若干新阶级，能够在政治上也占有适当地位。换一句话说，雅典的政治家们由于成功地完成了一次经济上和政治上的革命，便避免了一次社会革命；同时，由于他们自己的问题引使他们发现了这个解决共同问题的办法，他们便附带地还为整个古代希腊社会开辟了一条新的前进途径"[①]。汤因比的说法难免溢美之辞，但历史家很少向壁虚构。

古典时代的到来意味着，人们过去可能偶尔进行过的海外贸易与冒险，开始从少部分人的业余行动——因而完全不具有道德价值，变成整个社会支持的、由精英分子主导的、有组织、有计划的大规模集体行动——因而被赋予崇高的道德价值。对于这种集体行动，战争是必然的，勇敢和牺牲是最重要的品格。不仅"荷马史诗"对战争、勇敢与牺牲的歌颂只有放在殖民、贸易与海外掠夺的背景下才是可以理解的，古希腊的城邦、公民权、哲学、科学和艺术等莫不如此。

古希腊社会的这种集体行动是以城邦为单位来进行的。城邦制度是古希腊文明根据其生存的地理环境而做出的独特制度发明，正确把握城邦的本质是理解古希腊文明的前提和基础。表面看来，每一个城邦都以一个城市、市场或集会场所为中心，连带其周围的一片或大或小的农村而组成，但城邦绝不简单地是一个城市与一片乡村组成的"城市国家"。关于城邦，当

[①] 参见汤因比：《历史研究》（上册），曹未风等译，上海人民出版社，1959年，第5—6页。

第七章　中国道路及其世界历史意义

修昔底德在《伯罗奔尼撒战争史》中借尼西阿斯之口说"男人就是城邦"时，他明确表示，作为公民社会或精神共同体，城邦是部分男性组成的社会实体。亚里士多德在其《政治学》中这样讲到城邦："城邦作为自然物而存在，并且先于个人。当个人被隔离开时他就不再是自足的；个体如此之多，而且都是平等地依靠整体（而只有在此时才能够形成自足）。那些与世隔绝的人，就不是城邦的一部分，他们要么不能享受政治共同体带来的好处，要么因为自足而无此需要，他们肯定不是野兽就是神。"①（如果把亚里士多德这里所说的个人换成家庭，就无疑更正确。）当代历史家则有这样的评论："城邦并不是像'国家'那样抽象的概念，而是一个活生生的、会呼吸的、由人构成的实体——一个公民的社会。正是希腊人享有某种公认的公共的与私人的特权与责任，这种特权与责任使他们作为一个强有力的政治共同体突显出来。……希腊城邦是一个含有性别与国籍双重意义的排他性团体。"②所有这些观点都有一个共识，即认为城邦是一种政治共同体。亚里士多德则以其世代大哲的犀利眼光洞察到这种政治共同体与自足性之间的关系。

实际上，城邦正是古希腊人发明的生存共同体。城邦出现的历史前提，首先是由地理、气候等决定的经济结构使古代希腊社会不可能通过自身的努力整合成为一个统一的民族国家或古代帝国，希腊社会注定要分裂为众多相互独立的地区性实体；其次，这些相互独立的地区性实体也由于地理、气候决定的经济结构而不能成为自足性的生存单位，那里人们的持续生存必须经常依赖外部世界的生活资源作为补充；再次，这些必不可少的补充性生活资源不能仅仅或主要通过希腊世界内部各地区间的相互调剂或支援（通过战争或和平的方式）而得到满足。因此，向希腊世界以外拓展是集体生存所必需的。（这里所说的"希腊世界"在古典时代是一个不断展开和膨胀的地理空间，它开始只是希腊本土及其附近的少数岛屿，到古典时代结束，它就包括整个地中海周边世界。）城邦就是古希腊人应对这种生存境遇而创造出来的独特组织与制度形式。

---

① 亚里士多德：《政治学》，高书文译，中国社会科学出版社，2009年，第7页。
② 保罗·卡特里奇主编：《剑桥插图古希腊史》，郭小凌等译，第134页。

任何一个城邦都包括一个某种意义上的城市或集会中心及其周围的一片乡村，但城乡之间并不是相互对立的，而是紧密地相互依存。乡村是城邦的主要经济依托，但那一片乡村完全不足以保证城邦的自足性生存，城邦还必须以某种方式获得外部世界的生活资源。也许乡村的农作可以通过家庭经济的形式而完成[1]，但是城邦所必需的外部生活资源则是任何家庭不能单独获得的，它必须建立在城邦集体行动的基础上。在这种集体行动的过程中，或者为了更好地完成这种行动，城邦——以雅典为代表——逐步分化或分工为两大集团：一个是以本土农业为主的农民与传统土地贵族集团；一个是以海外贸易、殖民、掠夺为主的新兴工商市民与"资本"贵族集团。但是，他们之间的共同利益要远远大于他们的利益分歧，而且纯粹的土地贵族很快就消失了，他们主动且迫切地加入新兴工商集团，因为工商集团不仅有可能收益更加丰厚，而且更加光荣。乡村农业经济基本上是由人力之外的因素决定的，不需要精英分子太多的操心，城邦的总体生存状况更多地取决于人们向外部拓展取得的成就。

向外部世界拓展——无论是贸易、殖民还是对外掠夺（西方人故意说是抵御侵略，其实古老的东方农业社会向来对他们那块地方没有兴趣）——注定是一项高风险的事业，不是任何人都能胜任的。它需要对集体的忠诚、勇敢和牺牲精神。女人即使勇敢作用也有限，外邦人（更不用说从外部掠夺来的奴隶）则不一定可靠，只有世代生活在那里的男性才天然地具有这些品格，他们因此当然地是城邦的砥柱和脊梁。由于每一个本土男性的积极参与是城邦外部事业——这对于城邦的集体生存具有至关重要的意义——获得成功的基本保证，所以他们被赋予广泛的公共与私人特权，这就是希腊社会的公民权。在享受这些特权的同时，他们也就相应地承担城邦外部事业的责任、义务和风险——包括金钱甚至个人的生命。雅典的公民权可以作

---

[1] 在古代希腊，家庭小农经济在农业生产领域也是占主导地位的。"德谟"中的劳动主要是家庭劳动，奴隶要么干家务，要么集中在工业，因为这些领域才方便管理和监督。本土农业所提供的食物也许在数量上占城邦生活的大部分，但这部分食物的获得基本没有外部风险，这就使得在古代希腊，踏实勤奋的农业劳作不会受到主流社会的表扬。只有需要承受巨大风险的补充生活资源的获得才受到主流社会的表扬。

为希腊公民权的一个样板。雅典公民不仅有免于沦为债务奴隶的权力——这意味着如果公民借钱不还,你不能把他怎么样,而且整个城邦的公共权力即内部管理都由公民把持,每个公民都有参与行政、立法、司法的权力。当然,只有具有一定数量财富的人才可以担任相应的社会公职,因为担任公职是没有薪水的,而公民参加公民大会可以享受津贴。这就是让当代大多数人称道却被当时的很多智者们鄙薄的希腊"民主"制度。

这种民主制度与农业社会早期曾经通行的原始民主制度(选贤制)相比有一个重大差别,那就是选贤制是为了促进生产与技术进步,古希腊的民主制度则完全与生产或技术进步无关。它的目标主要是为了保证城邦的外部事业获得成功。希腊民主制度通过给予本土男子以基本平等的各项特权,来换取他们对城邦外部事业的忠诚,只要城邦有外部斗争的需要,每个公民都应该随时准备为城邦奉献金钱甚至生命——考虑到外邦人不一定忠诚,他们只有出钱的资格。公民所享有的各项特权尤其是管理城邦内部事务的权力实际上是对他们为城邦英勇战斗而给予的补偿或"奖励"。由全体本土男性组成的城邦公民本质上是一个武装军事集团,所以古希腊城邦政治实际上是一种"先军政治"。只不过古希腊各个城邦由于人口和财力的限制,没有常备军的设置,因而让我们看不出其军人统治的真相。希腊城邦社会普遍采用了"寓兵于民(公民)、全民(公民)皆兵"的先军政治模式,这种模式在斯巴达城邦得到了最为充分的体现。以这种体制追求城邦的集体生存可能非常有效,但以之管理城邦的内部事务,就会有明显的欠缺。以战争或战备的名义进行敲诈勒索是公开的,这直接导致了雅典富人的放荡与及时行乐。尤其是,苏格拉底实际上是被一帮军人判处死刑的,这应该是很多思想家经常把希腊"民主"政治视为"暴民"统治的理由。

以海外事业为主导不仅催生了希腊的"民主"政治或先军政治,而且同时强化了大土地所有制与大生产方式。平均分配给每个公民一块大小合适(即通常能够养家活口)的土地对于城邦既不具有现实性,而且让每个公民专注于家庭生产对于城邦的集体外部事业显然是有害无益的。在工商业发达的雅典,土地与财富的集中尤其突出。根据相关研究,在雅典的大约 20 万人口中,有公民权的大约为 3 万人,这 3 万人中不到 10% 的有产富人拥有可耕地的三分之一以上,其中能够定期为公共事务提供捐赠的可能有 1 000 人(包括大土地所有者与工商资本家),能够承担临时战争税(足够数目的现金)的富人(包括在雅典生活但没有公民权的外邦人)可能有 1 000—4 000 人,其余绝大部分是小土地所有者或无地的雇佣级公民——从事农业雇佣劳动、手工业、商业或海外贸易等。政治家尼西阿斯拥有的采矿奴隶则多达 1 000 名[①]。雅典公民之间的财富无疑有极大的差别,但这种差别似乎并没有导致公民对城邦忠诚度的相应差别。这应该是由于个人财富并不具有神圣性的缘故。富人必须无偿地承担城邦内外公共事务的所有开支,而雅典公民的主要活动可能都与公共活动有关。从公民占人口数量的比重,再考虑到奴隶可以买卖和雅典的强大,推测雅典的大部分生产活动尤其是繁重体力劳动应该都是由奴隶或外邦人完成的。斯巴达可以作为这种推测的一个旁证。斯巴达是一个以农业为主的城邦,工商业远不如雅典发达,它依靠武力掠夺了大量土地和奴隶。为了防止由于贫富差别和农业劳动对于斯巴达武士精神的污染,斯巴达把掠夺来的土地和奴隶平分给每个斯巴达公民,斯巴达公民因此自称"平等者"。斯巴达的所有生产活动都由奴隶完成,斯巴达公民除了监督他们劳动之外,就是进行体育、军事、音乐及各种竞技技能的训练。

希腊人以海外事业为主导的城邦生活方式直接产生了他们的知识和思想,或者反过来说,希腊的知识和思想直接根源于其城邦生活方式,是其城邦生活的直接或委婉地反映和回响。我们现在把希腊人的知识称为哲学,对于希腊人来说,哲学是知识的总称。哲学作为知识并不是专属于思想家的奇思妙想,而是大众尤其是公民应该具有的修养和智慧,就像中国经典中包含的历史典故与道德教条并不是道德家们的奇货,而是所有君子必备的素养一样。苏格拉底及与之讨论哲学问题的人都是一些市井小民或普通公民。希腊哲学或知识的一个显著特点是很接近我们现在意义上的"科学",他们对于外部世界"到底"是怎么样的问题很执着[②],但这种执着又完全不是

[①] 保罗·卡特里奇主编:《剑桥插图古希腊史》,郭小凌等译,第 99—101 页。
[②] 这体现为希腊哲学家创立的世界(宇宙)本原学说:伊奥尼亚的自然哲学学派的代表泰勒斯提出"水是万物的始基";其学生阿那克西曼德认为"无限"是始基;阿那克西米尼认为"气"是始基;赫拉克利特认为"火"是世界的本原。以上四种学说都试图寻找一种单一的宇宙物质作为外部世界的本原。

出于生产或实用技术的考虑。相反,希腊哲学家非常明确地反对把知识技术化。在希腊人看来,似乎从来就有两个世界:一个是人们生活于其中的现实世界,它是一个变动不居、不具有确定性的世界;一个是在这个世界背后的永恒不变的真实世界。知识或哲学的任务就是发现存在于现实世界背后的比现实世界更加具有真实性的永恒不变的世界或真理。即便是早期的经验主义哲学家,如泰勒斯,也会利用对现实世界的经验观察来证明他们关于世界"真正"是什么的观点。这种知识习惯发展到柏拉图那里导致了一种精致而且真正意义上的"哲学"理论,即雅斯贝斯所说的"体验绝对"。柏拉图认为,现实世界只是一个处于不断变化运动之中的表象世界,因此是一个不真实的世界。在这个现象世界背后存在一个永恒不变的超验世界,它是一个更真实、更完美的世界,现实世界只是超验世界的一个摹本,超验世界则是现实世界的母本或本相。这就是著名的相论或理念论。柏拉图把真实、永恒的理念世界与变幻易逝的现实世界完全分离开来,同时又让理念世界赋予后者以秩序。由于柏拉图的哲学理论存在难以克服的逻辑困难,他最有名的学生亚里士多德试图把知识的真实性与永恒性重新置于现实世界之中。亚里士多德区分了"形式"与"质料",认为所有的物质实体都是形式与质料的结合。但是,两者之中,形式居于优先地位,形式才是我们所要掌握的真实、永恒的知识。而且,尘世之外天际间由"以太"构成的天体才是形式与质料唯一永恒的结合形式,因而是比尘世更完美、更永恒的世界。最永恒、最完美的是不包含任何质料的纯形式,它是"不移动的动者",是宇宙千变万化的最终解释。

  古希腊哲学这种对于现实世界真实性从来就具有的保留态度因而追求"超越"与"体验绝对"的思想倾向,无疑是对希腊生活世界不稳定性的一种曲折而深刻的理论回响。自足性农业社会的生活世界是一个高度确定、极少发生变化的世界。在古代中国,人们认为外部生活世界是如此确定,以至于完全不需要考虑它会发生变化,思想或知识的任务就是发现适合这个稳定世界的生活智慧,这就是"天不变,道亦不变"。对于严重依赖外部世界的古希腊城邦社会来说,他们的生活世界完全不具有确定性。希腊城邦时代的历史同时也是遥远、陌生、变幻不定的外部世界对希腊人持续展开的历史。正是这种变动不居的外部世界的持续展开,激起人们对世界"到底"是怎么样的不断追寻,这就是希腊哲学、知识或科学的根源。早期希腊哲学关于世界本原是水、不定者的讨论中,主要表达了人们对生活世界变动不居本性的认识。随着城邦生活世界的展开,哲学家们越来越倾向于把现实生活世界归结为某种抽象和超验的本质,如存在、原子、理念、形式与质料。

这些对于生活世界"究竟"是什么的思考就是"爱知识",它被认为是当代哲学与科学的源头。这些思考或知识虽然与生产或技术无关——因为那些是奴隶们的事业,不是公民们应该关心的,但是,如果把"爱知识"当作是"为知识而知识""为科学而科学",认为这表现了希腊人热爱真理的天性,就明显过于表象。人类到现在为止似乎还没有来得及发展出这种天性,更不应该期待生活在一个充满变动和不确定生活世界的希腊民族有那样的雅致,虽然进行这些思考的人通常都不缺乏悠闲——古希腊的公民除了战争时期通常都很悠闲。希腊人的"爱知识"无疑是为了把握那个他们生活于其中、在他们看来变动不居、难于琢磨的生活世界的真相。这种努力虽然与生产技术无关,但对于城邦时代希腊人的生存却具有比生产更加重要与紧迫的意义。需要说明的是,希腊生活世界的不确定性,不仅指地理意义上城邦生活世界的不断展开,同时也指城邦生活方式本身所具有的巨大不确定性。这些不确定性包括海上航行随时可能遇到的自然风险、海盗、与外部交易中的讨价还价与价格波动、各个城邦之间尤其是希腊世界与外部强敌之间的军事角力等。这种现实生活世界的变动不居与不确定性不能让人们的心灵感到安稳,不断上演的悲喜剧既是艺术家们对变幻莫测尘世生活的艺术写照,也是他们对处于这种生活状态人们的心灵安慰与麻醉。哲学家们则努力探寻这个变动不居生活世界的真相,试图在这个不确定的尘世生活世界之外或之上发现一个真实、理想和永恒的世界。他们这么做完全不是出于纯粹的思想好奇,而是为了帮助人们找到应对生活世界不确定性的生活智慧,同时抚慰人们渴望稳定生活的心灵。希腊哲学的这种状况印证了马克思的一句名言:"凡是把理论引向神秘主义的神秘东西,都能在人的实践中以及对这种实践的理解中得到合理的解决。"①

与中国先秦诸子思想一样,希腊哲学是古希腊人对他们生活于其中的"天"与"道"的独特领悟。这些领悟都不是出于生产方面的考虑,所以伦理—政治学是他们的共同归宿。不过,由于古代希腊的"天"(生活世界)长期处于变化之中,希腊的贤哲们要花费相当的精力来了解"天"的本性,然后才能阐明"天道"。哲学史告诉我们,公元前5世纪中叶,希腊哲学思考的主题从世界本身究竟是什么的问题转向对社会与个人权利、义务方面的伦理—政治学思考。智者派对什么是道德的思考开启了这种转向。智者派关于道德的看法可能与雅典的公民思想格格不入,很可能由于他们感到这些思想会带来危险,他们后来转向对辩论形式与技巧的关注,从而给他们带来了诡辩派的恶名。与智者派一样,苏格拉底也主要关心人的伦理道德问题。但他没有像智者们那样宣称他知道什么是美德,而是证明智者和他一样对什么是美德一无所知。苏格拉底和学生们讨论的目的是让他的学生们抛弃原先认为自己知道美德是什么的想法,从而引导他们去寻求真实和永恒的美德。他的学生柏拉图则对城邦社会所需要的伦理道德进行了一些建设性的思考。柏拉图把灵魂分成三部分:最优秀的部分是智慧,最恶劣的部分是欲望,介于两者之间的是激情。对于一个完善的城邦来说,这三部分都不可缺少。任何人都需要吃喝,所以城邦必须有一部分人生产生活必需品,这就是奴隶代表的欲望。如果城邦没有士气昂扬的士兵,就不能捍卫自由,抵御入侵,这就是公民代表的激情。但是,听任激情不能实现城邦的正义,激情应该得到智慧的引领和协调,并与欲望保持距离。亚里士多德虽然有系统的伦理学著作,但其伦理思想的创造性似乎没有超出他的老师。

苏格拉底说他完全不知道什么是美德,实际上是对城邦公民道德观念的委婉批评,这也许是希腊公民政权把他判处死刑的真正原因,虽然他没有像柏拉图那样明确把传统公民道德称为激情。柏拉图主张,应该由智慧来统率激情才能实现城邦的正义,这是他反对公民政权(实际上是先军政治)、青睐君主或贵族制的委婉学术表达。他却没有因此受到迫害,说明希腊民

---

① 《马克思恩格斯选集》第3版第1卷,人民出版社,2012年,第135—136页。

主制度已经日暮途穷。柏拉图晚年设想过一种理想的国家,赋予法律或理性以至高无上的权力,统治者也必须遵守。苏格拉底、柏拉图对于城邦传统公民道德的批判,意味着城邦制度正在走向没落。柏拉图死后不久,城邦时代就结束了。

这样一来,我们所能看到的希腊伦理思想,主要都是以对城邦传统公民道德(城邦认同的价值观与行为规范)进行反思或批判的方式表现出来的,而城邦公民道德的具体内容似乎完全失落了。这应该不是由于保存那些内容的文献统统意外失踪的缘故,而很可能是因为后来整理希腊文献的学者们,有意把那部分内容忽略了。他们之所以故意进行这种忽略,应该是因为他们觉得那些所谓公民道德与他们自己信守的道德信条过于冲突的缘故。在他们看来,公民道德可能过于不道德,所以他们要么不相信而予以删节,要么进行适当改编。这就像中国先秦时代《尚书》中的很多篇章,由于与儒家的主张或想象不一致,因而被故意散逸一样。

柏拉图最具建设性的思想是主张用智慧来统领激情,赋予理性或法律以权威。这透露出传统城邦公民道德的情绪化与非道德性。如果听任本质上是为了向外部世界拓展①的军事集团即公民大会按照一人一票的民主原则来治理城邦,道德和正义的确是永远不可能的,这无疑是柏拉图在感同身受之后的真知灼见。美德和正义只有在可以预期的具有确定性的生存环境下才是可能的,城邦生活本质上与个人美德相违背。城邦公民道德的非道德性是完全可以想象的。在战时,富人的财产完全不具有神圣性,虽然史书上把这说成是富人的"捐赠",由于任何人不可以拒绝"捐赠",其实就是被部分无偿征集、没收或勒索。在和平时期,由于生产主要不是他们的任务,公民们大多是游手好闲的人,他们于是组织各种性质的休闲和集体活动,高尚的包括辩论、看戏、竞技等,最有名的是奥林匹克运动会。不高尚的显然更多也更经常,雅典公民典型的夜生活是饮宴。酒会上当然有可能讨论哲学,

---

① 在柏拉图的著作中它被说成是抵御侵略,实际上是为了侵略别人。城邦时代的历史实际上是希腊世界不断向地中海周边扩张的历史,而东方古老的农业民族从来不会有主动向希腊军事进取的意图,希腊与波斯的军事冲突完全是因为希腊人的海外殖民导致的。

但更多的是无原则的性交①。考古出土的遗物中没有看到讨论哲学的情景，但有很多表现饮宴时杂乱性交的实物。希腊神话中对于偷情、乱伦的赞美与宽容是希腊人现实生活的一面镜子②。即使是亚里士多德，也认同"奴隶是会说话的工具"③。由这些野性、好斗、不务正业——传世文献则称之为"勇敢"和"热爱自由"——的公民按大多数人的意见处理城邦内部事务，你永远不可能看到城邦的美德和正义。这应该是苏格拉底只能"谦虚"地承认他完全不知道什么是美德的原因，因为他完全看不出城邦有什么美德，也不敢说出城邦的恶德。柏拉图实际上也没有告诉人们什么是美德，他只是认为激情需要理性的匡正，但他也没有指出一条在城邦时代如何达至理性的道路。与中国古代的先哲们把人们应该信守的各种道德教条直接宣示出来完全不同（虽然先哲们之间也小有分歧），古希腊虽然"贤哲如云"，但他们基本上没有直接告诉人们什么是美德——"勇敢"除外。这从根本上是因为希腊生活的不确定性，不确定的生活状态难以产生确定性的生活智慧，所以一切都要经过权衡，这是西方伦理思想极其强调"理性"的根本原因。亚里士多德说，合于理性的生活就是道德的生活。这对于西方人来说也许是合适的，他们也只能这样说。但是，中国的哲人决不会说得这么含糊。对于中国人来说，道德可以细化为日常生活的守则，而且是天经地义、恒久不变的。

从苏格拉底开始的对城邦道德的反思和批判意味着城邦时代的没落。

---

① 从以下这句话，我们能够一窥希腊宴会的喧闹景象："狄奥尼索斯的祭司叫我来邀请你。动作快点！宴会为你耽搁许久了。其他的一切全准备就绪：躺椅、餐桌、靠垫、毛毡，花冠、油膏、甜食、妓女、麦片粥、奶饼、芝麻糕、蜜饼，还有行酒令的美丽歌女。你快去吧，快点！"这是阿里斯托芬在《阿卡奈人》中对希腊宴会的简要描述，位置是第1 086—1 093行。上文为罗念生译文，参见《罗念生全集》第四卷，上海人民出版社，2004年。
② 徐葆耕在其《西方文学：心灵的历史》一书中指出："以宙斯为中心的俄林波斯众神中，男的大多贪杯好色，女的则嫉妒同性、追求虚荣。他们为了欲望的满足可以奋不顾身，犹如飞蛾扑火，一旦获得就欣喜发狂；失落了，又如孩子般丧魂落魄、嚎陶大哭。"详细可参见徐葆耕：《西方文学：心灵的历史》，清华大学出版社，1990年；斯威布：《古希腊神话与传说》，高中甫等译，北京燕山出版社，2005年。
③ "奴隶是会说话的工具"(instrumenti genus vocale in quo suntservi)，这句话流传广泛，不仅仅是亚里士多德一人的论调。瓦罗在《论农业》中更是对农具进行分类时将奴隶归为能讲话的农具，此乃"奴隶是会说话的工具"之表达的滥觞，对后世意识形态产生了深远影响。参见M. T. 瓦罗：《论农业》，王家绶译，商务印书馆，1981年，第48页。

民主政权在肉体上消灭了苏格拉底,苏格拉底则在思想上预告了民主政权的灭亡。但是,在此之前城邦已经经历了数百年的蓬勃发展。在这数百年间,城邦及其"道德"不仅使希腊民族从狭小的爱琴海地区遍布到整个地中海世界,而且取得了辉煌的文明成就。因此,城邦公民道德一定有其深刻的历史合理性。从苏格拉底开始的公民道德批判,其立足点是城邦的内部生活缺乏正义和美德——它本质上以家庭生活为立足点。但是,城邦的使命和价值是为了家庭之上的更大范围的生存共同体即城邦,在不稳定外部世界中的集体生存,城邦的价值观以城邦集体生存为立足点。城邦是茫茫大海上唯一能够给族群的每个成员提供安全和保护的航船,它需要每个男性公民做它的水手。对于它的前途和方向,没有人能给予确定的保证。所以,王权至上的观念没有根基,精英集体决策(贵族政体)或更大范围的公民政体是城邦政治的常态。为了城邦即族群的总体利益,每个公民都应该慷慨付出、不怕牺牲。生命比金钱无疑更加宝贵,而且对城邦生存的意义也更加重大,这是城邦慷慨地给予其所有本土成年男子而不只是极少数富裕精英以广泛特权的根本原因。雅典和斯巴达对公民权的吝啬与世袭制度实际上是一种高度自觉的族群意识。

因此,苏格拉底和柏拉图批评的传统公民道德,实际上是一种族群集体生存至上的伦理信念。族群生存至上无疑是人口生产中最神圣、最崇高的原则。只要是为了族群生存,任何恶劣、卑鄙甚至暴行都是道德的。为了族群的总体生存而勇敢牺牲,在任何时候、任何地方都一定会被赋予最高的道德价值。只不过对于自足性稳定的农业社会来说,比如中国,人们极少有为国牺牲的机会和必要,所以民族大义、为国捐躯虽然也被赋予最高的道德价值,但民族英雄的价值观不是道德价值的主流。古希腊社会由于其独特的生存境遇,族群生存至上的伦理原则得到了最充分的彰显。在城邦时代,家庭虽然是人口生产的基本单位,甚至也完全可以是物质生产的基本单位,但家庭生活完全不具有自足性,家庭生活的正常实现离不开城邦的庇护。因而,家庭生活的原则完全不具有神圣性。不仅家庭的财产要随时准备捐赠给城邦,家庭的优秀分子也要随时准备为城邦而牺牲。实际上,城邦正是在每个家庭让渡的优秀成员的基础上组成的实体。在族群生存存在危机或不确定性的情况下,古希腊社会以族群生存至上的城邦伦理原则作为社会生活的首要原则与最高的善,无疑是一种极其伟大的制度创造与思想发明。

因此,古希腊城邦时代文化的特点也是伦理化。只是这种伦理化是在生产发展存在先天不足,即技术进步达至瓶颈的生产仍然不能满足族群总体稳定生存的情况下发生的。此时社会伦理化的意图不是像古代中国社会那样,用人口生产中家庭生活的伦理原则来调和、限制物质生产领域的社会纷争,而是用人口生产中族群生存至上的伦理原则来重新组织社会,以克服本土生产先天性不足经常导致的族群生存危机,用集体的力量向外部求生存。在这种伦理原则下,任何有损于集体生存的思想和行为——哪怕是潜在的——都应该及时得到扼杀。苏格拉底的死就是因为其思想被认为具有蛊惑性。为了集体利益而慷慨、勇敢和牺牲具有崇高的道德价值。但是,牺牲总是不得已的无奈,这导致古希腊人对现实生活世界具有一种深刻的幻灭和不真实感,追求超越、体验绝对和永恒于是成为一种独特的终极人文关怀。

城邦制度作为特定历史条件的产物,它必然要走向灭亡。城邦制度没落的根本原因,在于通过数百年的海外扩张,地中海周边可以供希腊人殖民的小块有人或无人的土地基本使用完毕,而且在这一过程中,不论是有意还是无意,他们必然要遭遇到东方古老农业大国波斯并损害其利益,双方的战争因此在所难免。但是,任何一个城邦要与一个古老的农业大国发生冲突肯定是危险的,这就要求原来各自为政的城邦要么联合起来共同对敌,要么在战争中大量雇佣外人。无论希腊人如何选择,这两者都必然导致城邦的没落。让人感慨的是,希腊的各个城邦之间此时仍然没有能够通过自己的努力(无论是和平的结盟还是相互的战争)实现稳定的联合或统一。他们养成了一个对城邦来说极其致命的坏毛病,那就是依赖雇佣军作战。公元前5世纪末4世纪初,雇佣军开始大量出现在战场上。德摩斯提尼曾经绝望地呼吁他的公民同胞们"亲自参战"。雇佣军的出现,意味着公民权利合法性的丧失。如果公民不再愿意为城邦而牺牲,他们就从城邦的战神变成了城邦的瘟神。

希波战争只是日后东西方大规模战争的预演。希波战争之后,希腊世界内部发生了持续数十年的伯罗奔尼撒战争。但是,战争没有导致分裂而好战的希腊世界的统一。其后经过一连串的合纵连横,希腊本土被马其顿王腓力和亚历山大父子暂时平服。之后,亚历山大挥师东进,在10年左右的时间内,他率领的马其顿军团在小亚细亚、巴勒斯坦、埃及、波斯和波克特里亚取得了一系列惊人的军事胜利。但是,他的帝国随着他的早逝而分崩离析,从此开始了西方人所说的希腊化时代。亚历山大向亚洲的进军及随之而来的希腊化时代,意味着地中海周边的零散小型化殖民地已经不能满足西方世界的扩张主义胃口,对东方世界的大规模军事占领第一次成为西方世界的现实目标。这是西方(现在仅指地中海的希腊地区)对东方即中东在经济生活上依赖之必然结果。之所以用"依赖"这个词,是为了表明此时的东西方关系对各自具有完全不同的意义。对东方来说,与西方的关系是外在的,尽管东方在此前很早就达到了高度的文明,但东方既没有和西方进行贸易的强烈愿望,也没有征服西方的冲动。东方表现出了强烈的自足性。但是,西方就完全不一样。从考古学上说,西部文明可能起源于东方民族的西迁①。当西迁的民族还处于土著化时期即无力与外部尤其是东部建立直接联系时,西部文明是微不足道的。只有当他们走出西部,和东方建立起直接的大规模联系,他们才走出"黑暗",踏上"古典文明"的坦途。西部的经济生活具有天然的非自足性,它必须吸附在东方的机体上才能茁壮地成长,无论是海外贸易还是对外征服都是其经济生活的非自足性使然。

如果亚历山大的进军是西方对东方一次不太成功的军事占领,那么两个多世纪以后的罗马帝国则是西方世界发起的另一次更大规模、更成功的军事占领。罗马帝国不仅囊括了亚历山大征服过的所有东方区域,而且把帝国的西北边疆推进到欧洲腹地。和亚历山大的短命帝国不一样,罗马帝国繁荣地存续了好几个世纪。罗马帝国的长期繁荣首先要归根于罗马本身具有陆上农业强国的传统,所以它不像希腊化时代的统治者那样受到城邦传统的束缚,能很有效率地统治新占领的东部富饶的各个农业行省。

---

① 关于这一观点的详细阐述可以参见约翰·霍布森:《西方文明的东方起源》,孙建党译,山东画报出版社,2009年。

但是,罗马帝国仍然不可避免地灭亡了。一个帝国的灭亡本来不会让人有什么诧异,因为没有不灭的帝国。让人奇怪的首先是帝国一分为二,即东、西罗马帝国。更让人诧异的是,首先灭亡而且再也没有复生的是传统帝国的核心部分即西罗马帝国。公元 3 世纪末,坚强而能干的皇帝戴克里先(284—305 年在位)为挽救帝国日益恶化的经济状况将国土一分为二,东半部归他自己管辖,西半部由他新任命的皇帝分掌。稍后,当君士坦丁大帝(312—317 年在位)把古希腊殖民城市拜占庭扩建为一个新都君士坦丁堡时,这一划分进一步强固了。但是,他们在各个领域巨大而顽强的努力只是延缓而不能避免帝国的灭亡。帝国的分治意味着帝国重心的东移,这无可挽回地导致了帝国西半部的衰落和灭亡。

帝国的兴亡表明,只有当经济上不自足的西方通过军事征服和富庶的东方紧密地联系在一起,或者说,当西方能够通过武力持续得到东方的巨大财富时,西方才能保持稳定和繁荣。但是,西方经济的落后在当时根本无法改变,帝国的西部越来越成为整个帝国不堪忍受的重负。这是可以想象的:那里是帝国的祖地和政治中心,光罗马城就有 100 万左右的人口,那是一个穷奢极欲的消费性城市,也是一个财富的黑洞,而它消费的巨额财富主要来源于遥远的东部行省。在当时的运输和生产力水平下,罗马城的繁荣注定是不可持续的。昔日帝国的根基和祖地现在成了帝国的累赘,这就是戴克里先决定分治的原因。东西分治使经济落后的西部丧失了东方的物质财富,于是罗马的陷落就不可避免了。在失去东部的物质财富即帝国赖以存在的物质基础之后,西部开始沉入"黑暗"的中世纪。

罗马帝国是西方文明在农业时代创造的无上光荣。罗马帝国一个最重要的副产品是孕育了基督教。基督教首先是作为东部民族反对西方统治者的精神武器而诞生的。作为基督教母体的犹太教是东方农业区域内一个长期受到打压、处于无根状态的犹太民族的宗教。由于犹太人这种苦大仇深的历史与生存状况,与东部发达农业区域的其他宗教相比,犹太教显得好斗而狭隘,它在东方并不是占主导地位的宗教。当东方世界在罗马帝国时期受到西方异族势力的剥削压迫时,东部民族在帝国的地位就像犹太民族过去在东部世界的地位一样。于是,一心想重建家国的犹太教开始突破犹太民族的局限,成为东方民族反对西部统治者的精神武器——基督教早期的使徒都是东方人。为此,早期基督教受到帝国的无情镇压,耶稣也被帝国钉上十字架。但是,早期基督教为帝国的分治打下了思想基础,随着帝国的分治与分裂成为现实,基督教正式被帝国接纳。东部地区的基督教日益成为东部帝国的官方意识形态,只有被抛弃的西部地区的基督教才真正继承了早期基督教的仇恨与偏执,这也是东西教会分裂的根本原因。当东部教会成为帝国的官方意识形态之后,东方通过好战的沙漠民族阿拉伯贝都因人,以犹太教为母体,创造了另一个以驱逐来自西方的东罗马帝国统治者为目的的新的世界宗教——伊斯兰教。伊斯兰教在文化与军事上都取得了巨大的成功,它不仅实现了东方各个传统农业区域之间的文化整合,使整个中东地区统一在伊斯兰教的新月旗下,而且建立了疆域广阔的强大帝国,包围、压缩并最终灭亡了东罗马帝国。强大的伊斯兰帝国对西方世界构成了陆上包围与封锁,不仅使经济上非自足的西方世界不能继续依赖与剥削东方,而且阻断了西方与外部世界的直接经济联系——虽然其间西方多次发动过十字军东征,但都以失败而告终,这是西方在中世纪长期处于黑暗状态的根本原因。

  基督教与伊斯兰教在古代的长期对峙,是地中海东西部自足性农业区域与非自足性农业区域之间依赖与反依赖、剥削与反剥削民族斗争的结果。西方虽然无法继续依赖与征服中东自足性农业区域,而且阿拉伯帝国成为束缚西方的锁链,但西方突破阿拉伯帝国封锁,打通与外部世界尤其是他们听说或想象中的印度、中国与香料岛的经济联系的努力从来没有停止过。西方人这种百折不回的努力最终结出了意料之外的硕果。他们不仅找到了绕过阿拉伯帝国直接通往印度的航线,而且在这一过程中意外地发现了美洲大陆。他们在美洲遇到了比他们落后很多的印第安文明。经过最初很短一段时间的小心翼翼,他们发现,屠杀与抢劫在那里不仅比贸易更能直接获得财富,而且是现实可行的。于是,西方人在美洲上演了一场人类历史上最大规模也最"成功"的种族灭绝运动。不过,这种方法在印度完全行不通,很长一段时间,他们在印度都只能规规矩矩地做生意。但西方人根本拿不出像样的东西与印度人交换,除了在美洲由大量黑奴用生命开采出来的白银

第七章 中国道路及其世界历史意义

之外。以印度为据点和中转,同样凭借美洲白银,西方人稍后开始了与中国的大规模贸易。美洲的白银是有限的,亚洲的印度与中国既不适于屠杀与抢劫,而且即使罗马帝国式的武装占领也决非轻而易举。遥远的海外殖民地与庞大海外市场的存在,这一客观情势刺激了西方本土的军事工业与制造业,使西方重新走上侵略扩张的帝国主义道路。

但是,这一次西方的帝国主义与希腊—罗马时代的帝国主义不完全一样。主要由于西方现在的殖民地或海外市场与本土的距离过于遥远,完全建立在人力与畜力之上的征服、交通与通讯都无法满足新时代的需求。人力驱动的三列桨战舰既经不起大洋的狂风巨浪,也负载不了驱动它的人力所需要的食品到达大洋彼岸。即使最有耐力的马拉松选手也无法承担远涉重洋的通信任务。而要远渡重洋战胜幅员广阔的先进农业文明,没有更先进的军事武器更是痴人说梦。另外,巨大海外市场的客观存在也要求西方人大量生产出更加物美价廉的商品。这就迫使西方人不仅必须发明出各种先进的技术,尤其是军事、交通及通讯技术,而且要建立一种以商品生产为目的的生产组织形式。通过企业生产形式实现的资本与技术的结合是西方人因应时代需要而进行的伟大制度创造,正是这一创造导致了工业时代的到来。如果古希腊—罗马时代的西方人(公民)只表现为战士或强盗,他们因为战争而得到财富与权力,那么新时代的西方殖民者虽然一开始也只是战士或强盗,但新形势要求他们同时成为资本家和技术发明家。正是由于他们具有的这种新身份,他们才成为世界历史时代的开创者,创造出新的文明,成为当之无愧的世界历史民族。

如果西方经济生活的非自足性导致了工业时代的到来,那么企业形式下资本与技术的结合则使西方从非自足型经济变成不知足型经济。如果西方经济生活的非自足性在古希腊—罗马时代可以通过对地中海东部农业区域的贸易与武装占领而得到克服,罗马帝国的建立是西方克服其非自足性的最高形式,那么工业时代永不知足的西方经济就将以征服整个世界来满足其经济贪欲。如果非自足的西方农业经济在古希腊—罗马时代由于没有实现科学的技术化,所以还只表现为西方人对东方人的侵略与奴役,那么不知足的西方工业文明由于有了科技的利器,就以对包括人与自然在内的整个世界的双重侵略与奴役作为目标。

正是在不知足的西方工业文明的胁迫之下,人类文明实现了从农业时代到工业时代的历史跨越,也正是由于从西方发端的工业文明内在具有的不知足性,使整个当代文明都必定要传染其侵略性与奴役性。西方工业文明的不知足性是一种能自我复制、功能强大的文明病毒,传统的农业文明除非能迅速获得并适应这种病毒,不然就要遭受奴役或灭亡的命运。整个工业文明的历史既是西方文明侵略、奴役其他农业民族的历史,也是其他农业民族在遭受西方侵略与奴役的过程中不断走向工业时代的历史。不过,由于历史条件的局限,非西方的农业民族很少有机会真正侵略其他民族,其侵略性更多地表现为对内部的剥削和对自然的掠夺式开发。

二、中国文明道路及其和平主义品格

我们当然不应该把西方文化的扩张主义归结为他们在生物学意义上的种族特征,那将意味着西方人的帝国主义性格永远得不到革除。西方人的帝国主义毋宁说是个伪命题,西方文化的帝国主义传统才是我们真正需要认真思考和审视的文化特征。就像西方文明的侵略性与帝国主义不是根源于西方人的种族特点一样,中国传统文明的和平主义也不是根源于中国人的种族特点。中国传统文明的和平主义性格是由中国经济生活的自足性及其社会发展阶段所决定的。正如西方经济生活的非自足性是由西方人生活于其中的地理因素决定的一样,中国经济生活的自足性也由中国人生活于其中的地理因素所给定。华夏民族生活在一个地理相对封闭而又幅员辽阔、适于农作的大河平原流域。作物种类齐全,雨水与生长期一致的温带季风气候尤其有利于作物生长,虽然局部性自然灾害时有发生,例如华北地区的干旱,但农作基本上都会有不错的收获。尤其是灌溉事业从春秋战国开始大兴以后,偶然的大饥荒虽然不可避免,但传统时代的中国人通常能够过上一种稳定安康的生活。正是这种相对富裕的自足性经济生活使华夏民族安土重迁,对故土充满依恋,对自己的一切感到满足和自豪,对外部世界既缺乏远足的好奇,也不会产生羡慕、嫉妒而诉诸武力,从而造就了中国文明的和平主义品格。中国帝国时代的漫长历史,通常是一幅平静自足的田园生活画卷。外部世界的财富在传统时代从来不会激起中国人真正的兴趣和向往。在漫长丝绸之路上缓慢行进的商队虽然满载着中国出产的货物,但商队的主人极少是中国人。自足性经济生活使传统时代的中国人极少有兴趣远涉异乡追求财富。只有闽粤地区由于多山贫瘠,生活难以自足,才会有海外贸易或南洋谋生的传统。但是,他们的行动很少得到主流社会的认同与保护。

好战的民族并不是天性顽劣,战争的背后通常都有经济利益的现实考虑。在农业时代,族群战争大多与饥荒有关。如果华夏民族遭遇大规模饥荒,那通常是由于这样两个方面的原因。其一是遇到了大范围持续自然灾害。比如,华北地区连年不雨,导致赤地千里。但是,这种自然灾害极其罕见,而且不可以克服。如果西方世界常态性的饥饿可以通过殖民、贸易及海外征服予以缓解,那是由于西方毗邻东方富饶的农业区域。但是,中国自身就是富饶的农业区域,其周边地区比中国要贫瘠得多。中国周边没有能够承载中国大规模饥饿人口的发达农业区域,因而中国偶然的饥荒不可能通过对外战争得到输出和有效缓解。不仅如此,历史的情形通常是,由于地理方面的连带关系,中原农业区域与中原以北草原民族的饥荒发生具有高度相关性,如果中国发生饥荒,中国以北地区的饥荒通常会更严重。此时,中国会受到草原民族为输出饥荒而发动战争的双重压力。其二是吏治腐败导致小农经济大量破产,这种情形通常发生在王朝末期。如果帝国政府不能有效抑制土地兼并,使土地大量集中到官僚地主手中,大量农民失地之后被迫依附于地主或成为流民,加之每到王朝末年,承平日久使人口大规模增长,那么,此时即使不发生大的自然灾害,也有可能出现大范围的饥荒。这种饥荒通常会导致政权更迭。政权更迭之时,战争当然难以避免,但这种战争不损害中国文明的和平主义品格。

虽然导致中国农业文明经济生活的自足性即中国文明和平主义性格的地理环境是华夏文明的先天性财富,但中国的自足性经济生活并不是从来就有的,它是中国农业文明发展到特定历史阶段的产物。如果地理因素为中国经济生活的自足性提供了可能,那么自足性经济生活的实现则是经过华夏民族长期艰苦努力和伟大思想创造之后才取得的文明成就。自足性经济生活的实现首先取决于人们对他们生活于其中的自然环境的认识与合理利用的程度,换句话说,取决于技术进步的水平。大自然为中国先民提供了各种适于种植的植物与可以驯化的禽兽,但把植物栽培成作物,把禽兽驯化为家禽和家兽,无疑要经过长期的努力。这种成就无疑是在文明的采集与狩猎阶段取得的,所以还只是文明的初期成果。把大河冲积而成的荒芜泥淖的低地沼泽开发成为适于居住和种植的平原沃野更需要勤劳和智慧。鲧作城和大禹治水的传说,曲折地反映了华夏先民如何把黄河漫流冲积而成的华北低地沼泽开发成为平原沃野的艰辛历程和伟大创举。开发低地使先民们从山坡来到平地,只有当先民们从山坡来到平原,他们才开始尝试着创造一种真正类似于后世帝国时代农夫的生活。华北平原上的农耕生活千头万绪,但最重要的是农作的收成。长期以来,那里农作的最大障碍一直是降水不足,于是人们苦苦探寻让上天适时下雨的法门,这就是祭祀。各式考究的青铜礼器主要是人们煞费苦心祭祀求雨的法器。求雨虽然无果,但人们在求雨的过程中逐步认识了那里天道季候变化的自然法则,这是中国文明在夏商时代取得的最重大文明成就。到西周,当人们最终意识到求雨无补,人们就开始利用地表水以弥补降水的不足,这就是灌溉事业的发端。到春秋战国,灌溉事业大兴以后,华北农作生活的各种障碍就基本上被克服了。到那时,我们才可以说,环境给予华夏民族的自足性经济生活才在技术上得以最后实现。自足性经济生活的**技术性实现**意味着技术进步现实性的消失,整个社会从此不再把技术进步作为基本追求。这是生产的静态化,亦即人与自然的和平主义。

自足性经济生活并不是技术进步的必然结果,自足性经济生活的实现还需要相应的制度建设与之配套。"春种一粒粟,秋收万颗籽。四海无闲田,农夫犹饿死。"诗人虽不免夸张些,但好的收成并不一定导致好的生活却是实情。在夏商时代,劳作是以族群为单位集体进行的,土地与收获也归集体所有。甲骨文时代已经有精确的数量意识,却完全没有对土地面积进行计量的单位,这应该是由于土地是族群集体所有,不存在进行所有权或使用权意义上的分割,所以不需要计量。集体制度在当时有明显的优越性,可以用团体的力量开垦更多的田园,用集体的智慧应对生产或生活中遇到的技术难题。但是,小国寡民时代的集体主义通常会导致好斗的品格。当出现灾荒和饥饿,集体通常会通过族群战争的方式输出饥饿。甲骨文中最重要的两个主题:一是求雨;二是战争。甲骨文中"武"字的创意,从趾从戈,即挥戈进军之意。那时地广人稀,族群之间兵戎相见,如果不是为了食物,实在想不出更好的理由。到西周时期,根深蒂固的集体主义制度开始瓦解。虽然天子名义上是天下所有土地的主人,但土地的实际所有权被诸侯、卿大夫等世袭贵族层层分割,而且出现了土地交易。土地由少数贵族世袭仍然很容易导致战争。春秋战国时期是中国历史上战争最频繁的时期,战争的目的最主要是各世袭贵族(诸侯与卿大夫)为了争夺土地与人口。但是,战争的结果是世袭贵族大量被消灭,反而为土地国有、分田到户的家庭小农经济开辟了道路。孟子及其同时代的众多思想家都非常明确地意识到小农经济与自足性经济生活的直接关联。他们规划的小农家庭经济正是日后帝国时代家庭经济的样板。要到这个时候,帝国时代的思想先驱们才开始产生和平主义的思想,把"武"字的创意由挥戈征讨改编为止戈为武。到秦汉一统,小农经济成为中国自足性经济的标准样式,并以帝国制度作为其守望者。帝国时代的自耕农相当于现代工业国家的中产阶级,他们是社会稳定的中坚力量。在帝国强大与稳固的时期,自耕农一定是占主导地位的社会力量。正是由于自耕农占主导这一社会特点,使和平主义成为中华帝国的文化传统。如果帝国的土地被少数地主大规模兼并,王朝统治的合法性就消失了,大规模战争必定随之而来,伟大的战略家们此时一定会以"耕者有其田"作为发动民众的口号,战争的结果通常以消灭大土地所有者、恢复家庭小农经济的主导地位而告结束。以守护小农经济为职责的帝国制度及与之相应的思想观念的形成与巩固是自足性经济生活的制度性实现,它意味着家庭经济在帝国经济生活的主导地位。这是生活的静态化,亦即人与人的和平主义。

因此,中国文化的和平主义精神包括对人与自然的双重和平主义态度,其产生与传承也依赖于这样两个相互关联的基本前提。其一是技术进步的现实性消失;其二是小农家庭生活的持续性实现。这就是中国农业时代的家庭型伦理社会发展阶段。这个社会发展阶段的根本特点是停滞。正如赫尔德所说：中华帝国"拿欧洲人的标准来衡量，这个民族在科学上建树甚微。几千年来，他们始终停滞不前……这个帝国是一具木乃伊，它周身涂有防腐香料、描绘有象形文字，并且以丝绸包裹起来"[①]。其实，不妨借用一下当代流行的学术语言，它意味着农业文明的"可持续发展阶段"。这个社会发展阶段即中国农业文明的伦理化时代——由于中国农业文明的伦理化时代特别强调家庭的实体性地位，我们又把它特别称之为家庭型伦理社会——是此前长期技术进步的结果，因此，我们把此前的社会发展阶段称为中国农业文明的技术化时代。

就像只有曾经沧海的个人才能保持宁静淡泊的雅致一样，中国农业文明只是在其可持续发展阶段即家庭型伦理社会时期才形成其和平主义的品格与传统。如果一个人汲汲于名利，你就不要指望他会恪守道德方面的教条，而且一旦失意他通常会性情暴戾。如果一个文明（也就是一群人）整天想着如何提高效率或增加财富，它就一定是一个性情偏执、富于进攻性的文明。中国夏商时代的神——神是人的影子，其性情变幻无常、贪得无厌让我们后世的中国人都感到陌生和吃惊。只有当人们意识到财富增长的有限性，才能确立起一种节制欲望的理性主义生活态度。小农经济就是这种理性主义生活态度在传统时代的外在表现形式。这种理性主义生活态度使人们在树立对自然资源的持续利用态度的同时，形塑出对人与人关系的和平主义理解。

三、中国道路的可能路径

上面的讨论告诉我们：一方面，从西方发端的现代工业文明的根本特点是其经济生活的不知足性，即认为技术进步与财富增长是无限的，因而可以而且应该不断追求；另一方面，中国传统文明的基本特点是基于对技术进

[①] 赫尔德：《中国》，载夏瑞春编：《德国思想家论中国》，陈爱政等译，江苏人民出版社，1989年，第89页。

第七章 中国道路及其世界历史意义

步有限性的认识,认为财富不可能无限增长,所以主张"正其谊不谋其利,明其道不计其功"(董仲舒语),反对对自然进行海德格尔所说的"压榨"和"拷打",对世上万物和他人采取一种随和与宽容的和平主义态度,即张载所说的"民胞物与"①。正是这种显而易见的文化差别使近代中国人遭遇现代化问题时长期争论不休。留恋传统的人主张"中体西用",认为可以而且应该在保守中国文化传统的前提下,通过学习西方的技术使中国走向现代化。激进主义者主张全盘西化,认为只有彻底剪断和抛弃传统,效法西方,中国才有可能达致现代化。这种讨论的最大合理性似乎首先在于让人们形成了这样一种共识,即现代化是必须的。

青山遮不住,毕竟东流去。现实的生活实践总是把理论的设定不断抛在后面。当中国经过半个多世纪的努力,尤其是经过最近40多年改革开放的现代化进程,在经济领域已经成为世界第二大经济体时,现实的问题就转变为,一个正在走向现代化的中国能否坚持其和平主义的道路与传统。这个问题不仅是指向未来的,即中国是否会像其他现代化国家那样,在现代化过程中走向对外扩张的帝国主义道路,而且同时是面向历史的,即中国和平主义的文化传统在中国现代化过程中的历史地位与命运。对此,有两点需要说明。第一,中国强大文化传统的积极意义首先集中表现在这样两个貌似无关甚至相反的重大历史事实上。第一个重大历史事实是,地球上所有古老的农业文明都在西方工业文明的攻击之下,要么灭绝,要么中断或沦为西方的附庸,但中国——而且只有中国——抵御了西方工业文明的持续攻击,既没有在这种攻击中完全倒下,也没有发生文明中断。第二个重大历史事实是,虽然工业文明的浪潮席卷全球,但至少到目前为止,在西方世界之外,只有在中国文明哺育之下成长起来因而长期自认为而且被认为是东亚儒家文化圈当然一员的日本,最早、最成功地走上了西方工业文明的道路——而且完全没有经过基督教的教化。虽然这两个历史事实的意义还有待进一步的呈现与澄清,但它们都与中国文化传统有关,这应该不是出于巧合。第二,如果日本应该被正确地视为儒家文化圈的一员,那么日本军国主

---

① 张载《西铭》:"民吾同胞,物吾与也。"

义的历史说明,中国和平主义的文化传统在现代工业文明的建制之下将是软弱无力的。现代工业文明的逻辑是强制进步的,它必然意味着不可遏制的发展要求,这种不可遏制的发展要求一定会导致对外扩张与帝国主义。

人们常常认为,集体主义与帝国主义可能具有内在的关联。根据通常的经验,势单力孤的个体通常不会惹是生非,但如果这个个体加入某个雄心勃勃的集体,他就可能会成为一个勇敢的战士。于是,我们马上面临这样的问题:如果集体主义与帝国主义具有内在关联,那么,如何理解西方文化所宣示的个人主义与其扩张主义的关系,又如何理解中国的和平主义传统与中国"有限的个体意识"之间的关系。要回答这样的问题,任何深奥玄妙的从概念到概念的空谈都注定无益,我们必须回到中西文明本身。

古希腊是西方文明的源头,也是西方个人主义文化传统的源头。但是,亚里士多德在其《政治学》一书中开宗明义所讲的并不是个人而是城邦:城邦是最高层次的社会共同体,并且明确指出了城邦对于生活自足的意义。"当多个村落为了满足生活需要时,就会结成一个最终和最完美的共同体形式——城邦,这种形式就已经能够达到很高水平的自足了。或者更准确地说,城邦这种共同体的形成仅仅是为了满足生活需要的缘故。""尽管个人或家庭在实践顺序上先于城邦,但是城邦在本性上先于家庭和个人",因此,人是城邦的动物,并因而是政治的动物[①]。而城邦是特定地域本土男性的集合,是由经过严格认定的各个本土家庭让渡的最优秀成员(一定年龄段的男性)组成的以对外战争为主要任务的武装集团,是希腊世界为了克服经济生活的不自足性而进行的制度创造。可见,古希腊的个人主义是城邦基础上的个人主义。鼓励一部分个人即公民为了城邦的利益而不是家庭的利益慷慨解囊和勇敢牺牲,这就是古希腊时代的个人主义。古代希腊的殖民扩张与帝国主义全部通过这种个人主义而得以实现。再让我们来看看西方工业时代以来的个人主义。工业时代以来社会生活最重要的实体是工厂或企业,它们也是由社会的各个家庭让渡的优秀成员组成的实体。成为企业的员工与成为希腊城邦公民最大的区别:一是不需要经过古希腊时代那样严

[①] 见亚里士多德:《政治学》,高书文译,第5—6页。

格的资格审查;二是后天的个人素质得到更多讲求。相应地,企业员工也没有希腊公民那样的待遇与特权。鼓励一部分个人即员工为了企业的价值目标即经济利益而奋斗——哪怕因此损害其家庭利益,这就是工业时代的个人主义。这两种"个人主义"的共同特点,都是通过赋予家庭之外的某种社会实体以更重要的社会价值,从而使人们更多地通过这种社会实体的活动来表现其社会活动。

之所以要赋予家庭之外的其他实体以更重要的意义,是因为家庭在当时的历史条件下不是个人生活实现的源泉。家庭是所有文明社会人口生产的基本单位,在农业文明的伦理化时代,家庭通常也是物质生产的基本单位。但是,古希腊的地理条件决定家庭生产不能导致自足性的经济生活。为了能够持续地生存或克服家庭生活的不自足性,一定形式的对外拓展(贸易、殖民或掠夺)是所有家庭的正常生活所必需的。但是,任何形式的对外拓展都不可能依靠单个家庭的力量而得以完成,只有城邦才能帮助家庭实现生活的自足。所以,城邦对希腊人的生存具有最高的善。在工业时代,家庭只保留了人口生产与生活消费的功能,企业取代家庭成为生产的基本单位,个人的生存直接依赖于企业而不是家庭,所以企业成为社会生活最重要的实体,因而具有更高的社会价值。

但是,无论是城邦还是企业,都只接纳社会的一部分人作为其成员,这是由城邦或企业自身的价值目标所决定的。城邦的价值目标是通过公民组成的武装团体从城邦之外获取物质利益,它需要每个成员的勇敢和忠诚,所以只有本土成年男子即部分个人才能成为公民。企业的价值目标是通过员工组成的生产经营团体向外部追求最大化的经济利益,它需要每个成员的体力、知识或技能,所以也只有具有相应体力或文化素质的部分个人才能成为员工。显然,城邦和企业的价值目标都具有外向与扩张性。因此,为了实现某种外向扩张与进攻性的价值目标而对社会成员实施选择性接纳与区别对待,是所有个人主义社会的根本特征。正是这种选择性接纳与区别对待,既造就了所谓"原子个人"与"自我意识",也必然造成家庭与社会的紧张。只有在对家庭生活的离析——城邦或企业通过攫取每个家庭的优秀成员——这种意义上,古代希腊与工业时代的个人主义才是真实的。

我们依稀可以在中国春秋战国时代"士"的身上看到这种个人主义的影子。虽然每个"士"都有家庭,但只有当士为他服务的主人或集团而不是他个人的家庭奋斗或牺牲时,他才会得到表扬(如子路和荆轲的死①)。士也正是那一时代战争最有力的支持者与发动机。在中国的和平主义时代,家庭一定是社会生活中具有最高道德价值的实体,家庭不仅是人口生产的基本单位,而且直接是物质生产的基本形式。家庭为每个人提供了基本的生活自足性。虽然国家作为一种更高的社会实体对于家庭生活的实现不可缺少,但国家只在维护家庭生活的自主性即防止他人对家庭生活的侵犯这个消极的意义上才是真正必需的。国家是家庭生活的守望者,国家对于中国传统家庭的意义迥异于城邦对于希腊家庭的意义。在传统时代,每个人(而不是部分人)都被鼓励围绕家庭的价值目标而努力。社会的每个成员,无论其年龄、性别、贤愚不肖,都几乎是先天性地被整合到各自的家庭之中。虽然家庭一定存在着利益追求,但小农家庭经济的有限性使物质利益从来就不可能成为家庭的首要价值目标。家庭也从来不会因为它的某个成员在经济能力方面的欠缺而剥夺其成员资格。除非极端的情况,没有人会被家庭生活所遗弃。家庭的目标是和谐与幸福,家庭的原则是夫妻之爱与代际之善,也即我们通常所说的家庭伦理。为了追求家庭生活的和谐,慈孝、谦让、宽容、随和是家庭生活的美德,它们也是中国君子的基本德行。自足性家庭生活的基本特征是保守和稳定,与进攻和扩张的城邦或企业生活形成对照。家庭伦理特别强调成员间的相爱与一致,以至于以消除家庭成员之间各自独立的经济利益为手段来造成家庭成员的实体性结合。这大概就是人们常

---

① 仲由,字子路,公元前542年—前480年,春秋时期鲁国人,孔门十哲之一,二十四孝中为亲负米的主角。后任卫国大夫孔悝之蒲邑宰,公元前480年,孔悝被胁迫把当时的废太子蒯聩迎回卫国当国君(也就是卫后庄公)。仲由为了救孔悝而与蒯聩的家臣战斗,在战斗中被敌方用戈将系"冠"的带子割断了,子路因此停止战斗,弯下身,捡起冠来,系上带子,结果因此被趁虚打败并杀害,年六十三,死后受醢刑(即剁成肉酱)。见《史记·卫康叔世家第七》。
荆轲,?—前227年,战国末期卫国人,是春秋时期齐国大夫庆封的后代。受燕太子丹之托入刺秦王,因为被夏无且的药囊击中,行刺失败,被秦王拔剑所杀,秦王杀他时连刺八下才停手。见《史记·刺客列传·荆轲》。

说的中国传统社会的"集体主义"或"有限的个体意识"①。这种"有限的个体意识"本质上是家庭至上的伦理主义。而家庭生活的伦理主义直接就是中国传统的和平主义。只有在对家庭的实体性予以充分强调这种意义上,中国传统社会的集体主义才是真实存在的。

如果强大的和平主义传统与社会主义(集体主义)道路都不足以甚至不是中国现代化诉求的和平主义品格的保证,那么,我们应该如何理解中国和平发展的必然性。实际上,中国和平发展的必然性是由中国现代化的现实历史条件与实践和工业文明即将到来的历史发展阶段共同决定的。

中华民族并不是主动提出其现代化任务的,中国的现代化运动是在中国遭到西方列强持续猛烈的打击之下,为了使自身免于灭亡而进行反击的过程中开始其历史进程的。中华帝国是一个雍容悠闲的东方绅士,忽然受到一群手执利刃的西方豺狼的攻击,当他意识到大度宽容之类的道德感召终将于事无补时,他开始反击了。他反击的第一步是试图拥有与其攻击者同样锋利的兵刃。虽然东方绅士与西方攻击者之间的差别绝不仅仅在于是否同样拥有一件削铁如泥的利器,更重要的差别在于他们之间迥然不同的性情,即他们是否具有攻击性,但是无论如何,正是通过洋务运动使古老的中华帝国至少有了手执利器的架式。尽管帝国其实极其虚弱,但帝国硕大的身躯与手执兵刃的架式仍然吓阻了西方豺狼在他处曾经多次得手的血淋淋的殖民与瓜分。之后,中华民族开始了对中国发展道路的独特思考与艰苦探索。

中国的一部分先进分子在"五四运动"中以科学与民主为口号,对中国和平主义的文化传统进行了痛心疾首的清理、反省与批判。如果科学意味着不断追求技术进步,那么民主就直接意味着通过对传统家庭伦理观念的打压以重新组织社会。之所以要打压传统家庭,无非是要与传统柔弱保守的和平主义生活态度彻底决裂,以便造就一种追求进步亦即进攻性的个人主义国民性或人格。就"五四"新文化运动的进步文学都不仅抽象地鼓励革

---

① 这一概念出自凯泽林:《一位哲学家的旅行日记》,载何兆武等主编:《中国印象——世界名人论中国文化》(上册),广西师范大学出版社,2001年,第290页。

命,而且直接地以反对传统家庭为起点而言,文学似乎更能把握西方民主的真谛。"五四运动"是部分中国先进分子试图剪断传统、全盘西化而实现现代化的一次伟大思想运动,它从另一个侧面表明部分中国人已经直觉到现代工业文明的进步与进攻的秉性,并高度自觉地希望占有这种秉性。"五四运动"的积极意义在于通过对中西文明本性的探讨和比照,为中国现代化运动的实践领袖们启示了道路。但是,"五四运动"本身所指向的是一条传统西方资本主义的现代化道路,它并没有在日后中国的现代化运动中得到真正的践履。

以毛泽东为代表的第一代中国共产党人没有选择"五四运动"的思想领袖们所指引的资本主义现代化道路,换句话说,历史没有选择主张走资本主义道路的国民党人,而选择了走社会主义道路的共产党人来领导中国的现代化事业,应该不是偶然的。仔细审视当时的国际国内形势,贫困积弱的中国在强敌环伺之际不可能通过外向扩张的方式实现现代化,"自力更生、艰苦奋斗"的社会主义道路无疑是现实而明智的策略选择。新中国前30年的"集体主义"道路通过国家对社会的全面控制,把社会的每个家庭都整合到体制之内,在避免社会分裂的前提下高效率地实现了落后国家现代化建设所必需的"原始积累"。虽然为了实现这个目标,每个小家庭都付出了相应的牺牲,但它为中国社会实现从农业社会向工业社会的转变奠定了坚实的物质基础。在相当程度上,可以说新中国前30年的集体主义道路本质上是中国农业时代的家庭伦理主义在工业时代的创造性运用。

但是,就像悠然的儿童学步车不能代替争先恐后的铁甲车一样,大家庭式的集体主义经济无法让中国真正实现"现代化"。这种以家庭伦理主义为价值取向的集体主义经济可以让中国的现代化事业很快草创家园、初具规模,但也同时压抑了人们不断进行技术创新与追求财富的内在冲动。为了把中国变成一个现代化的国家——这是中国人100多年以来的梦想,中国必须首先把自身尽可能变成一个现代国家,即创建一套鼓励差异、强制进步的现代化或西方化的社会体制。以西方化为借鉴或价值取向而进行各项制度——主要是经济制度——的创建与引进是改革开放40多年来的基本经验。经过40多年的改革,中国的经济体制在相当程度上使过去徒具企业形式的工厂具有了现代企业的基本特征。主要通过对企业逐利性与扩张性的制度性建设与重置，中国的改革开放取得了举世瞩目的经济成就。

虽然改革开放导致了非常强烈的民主冲动，但中国在政治体制没有发生大的变化的情况下实现了经济体制的转轨并取得重大成就。这很可能表明，西方当代的形式化民主并不是后发国家走向现代化的必备要素。只有在社会前进的目标不明朗，或达至目标的方法与道路不确定，或需要不断创新技术的情况下，才需要通过民主即协商的办法以达成关于社会发展前途与道路的共识，或通过对个人创造力的鼓励实现重大技术创新。对于中国目前的现代化运动而言，中国社会前进的目标与方法都极其明确，现代化的先行者们即发达国家已经现成地为我们树立了榜样。发展是硬道理，关于这一点的任何讨论都是多余的。发展的路径是市场化，这也是被西方的现代化历史所证实的。至于中国经济发展所需要的绝大部分技术，发达国家也已经先行地发明出来了，我们在有意义地谈论创新技术之前，首先是学习和掌握他人已经发明的技术。也就是说，中国社会在过去甚至未来相当一段历史时期内的经济发展目标、路径与技术支撑，大致上都是明确而既定的，因而用不着通过民主化的方式予以讨论或重新发明。

当然，现代化并不只是经济增长，人的自由不仅是现代化的应有之义，也是文明进步的最高价值指向，而政治民主是自由的最高和最集中的表现。可以看到，中国的政治民主化进程正有序推进。

虽然中国在今后相当一段时间内都将以学习西方发达国家的成功经验作为现实目标，但是，如果中国的现代化运动只局限于西方工业文明或西方人所开创的现代文明的既定范式之内，那么，中国最多能够成为一个后起的现代国家，也就谈不上对人类文明的创造性贡献。工业文明当下的特殊历史境遇和中国农业时代家庭伦理化道路的独特历史经验，很可能使中国的现代化运动在学习西方的同时，结合自身的历史传统，开创出一条新的文明发展道路，也连带地为工业文明的未来指明方向。换言之，如果中国的现代化运动能够把中国文明的和平主义与可持续发展的传统植入现代文明，克服现代文明与生俱来的扩张、攫取和不知足的病毒，确立一种健康、节制、可持续的新型发展模式，那将是中国文明对人类的新的伟大贡献。

工业文明已经发展到当下这样的阶段。首先，任何一个发达国家，更不要说中国这样的发展中国家，无论其本身经济发展的扩张、攫取和不知足性积累到何种程度，它都不可能沿用旧式殖民主义和大规模对外战争的办法来满足其扩张与侵略的渴望，因为那极有可能导致核战争和人类文明的灭亡。这是人类经过两次惨烈的世界大战——它们都是工业国家在现代性的驱使之下发动的——之后得出的沉痛教训。其次，支撑工业文明在最近几个世纪以来得以飞速发展的各种不可再生的自然资源即将被耗尽，各种可再生资源也由于工业文明的过度摄取而受到毁灭性破坏，行将或早已达到其使用的极限。当然，不可再生性资源的耗尽并不值得人类特别惋惜，那不过是造物主不知道是出于善意还是恶意留给人类的一笔横财。只有那些长期被人们所忽视或者虽然口头上重视而实际上不太在意的可再生性资源，如水、动植物、土壤和空气，才是人类的生存真正世代需要而且须臾不可或缺的。工业文明通过对这些资源的"拷打"与"榨取"，实现了巨大的技术进步与财富增长，从而使人类从农业时代跃迁至工业时代。正是以不断升级的新技术为手段，对这些资源的大规模掠夺式开发与利用，造成了财富可以无限增长的幻觉。但是，随着不可再生性资源的枯竭与可再生性资源的急骤萎缩，财富增长的极限马上就要到来——如果不是已经到来的话。增长极限的到来在当下已经成为一个不需要经过任何思想的批判就能一目了然的真理。增长的拐点将成为工业时代的转折点。无论是马克思对资本主义的经典批判，还是斯宾格勒关于"西方没落"的预言[1]，以及整个20世纪对工业文明的各种批判，都将由于这个拐点的历史性到来而得到积极的回应。

增长拐点的到来将意味着，以经济生活的不知足性为特征的现代工业文明的终结。其终结的方式有这样两种可能的情形。一种情形是，人类无法消除这种不知足经济生活的病毒，当毒性长期积聚而最后发作，人类为争夺最后的资源而互相残杀，那将意味着人类文明的灭亡。这无疑是有几千年文明史而且以理性自诩的人类文明应该努力避免的悲观主义结果。另外一种乐观主义的情形是，人类将克服现代文明经济生活不知足的病毒，在扬

---

[1] 见奥斯瓦尔德·斯宾格勒：《西方的没落》第1卷，吴琼译，上海三联书店，2006年，第36页。

弃工业文明对人与自然的双重奴役与驱迫的同时,对工业时代人类创造的全部积极文明成果予以继承,建立一种在更高的形式与水平上——相对于传统农业时代来说——主要依靠对可再生性资源进行永续利用的生活方式,从而进入一个新的文明发展阶段。这个新的社会发展阶段由于主要建立在对可再生性资源的永续利用的基础上,它对一切自然资源的利用一定是有节制的,即在利用自然资源的同时保证自然资源的重生和更新。因此,它既不追求经济增长,除非这种增长建立在自然资源的同步复活与更新的基础上,它也不鼓励技术进步,除非这种新技术更有利于自然的复活。相反,任何有损于自然复活的经济增长都是为富不仁,任何不利于自然更生的技术发明都是奇技淫巧,都要受到道德的谴责和法律的制裁。由于确立了对自然资源永续利用的节制态度,它也必然同时具有强烈的和平主义品格。这个社会由于确立了对人与自然的双重伦理态度,我们可以把这个即将到来的新社会称之为伦理化工业社会或工业社会的伦理化时代。在此之前的工业社会即现代文明由于主要以技术进步和财富增长为追求,可称之为技术化工业社会或工业社会的技术化时代。伦理化工业社会的脚步让我们油然地想起马克思100多年前在对资本主义进行深刻批判后,对未来社会做出的天才断言:这个"社会是人同自然界的完成了的本质的统一,是**自然界的真正复活**,是**人的实现了的自然主义**和**自然界的实现了的人道主义**"①。

如果人类能够顺利实现从技术化工业社会到伦理化工业社会的过渡与转型,那么中国农业时代活着的强大历史传统一定会在这一历史转折实现的过程中发挥至关重要的作用。虽然所有的农业文明都经历了从技术化时代向伦理化时代的转型,但并不是所有的伦理化农业文明都具有经济生活的自足性。虽然中东与印度的伦理化农业文明具有经济生活的自足性,但由于地缘因素的关系,中东很早就在非自足性西方农业文明的打扰与侵略之下丧失了其和平主义品格,其标志是伊斯兰教与伊斯兰帝国的诞生。虽然古希腊—罗马时代,西方对印度没有产生实质性影响,但印度首先在穆斯林突厥的攻击之下伊斯兰化(莫卧儿王朝),随后又长期沦为英国殖民地。

---

① 见《马克思恩格斯全集》第42卷,人民出版社,1979年,第122页。黑体是笔者所加。

只有中国的自足性伦理化农业社会即使在遭到北方草原民族入侵和长期占领之后，仍然保持了自身文化属性的统一与连续，甚至西方工业文明——一种更高级的文明形态——也没有将中国伦理化农业社会完全击倒。可以说，中国传统家庭型伦理社会是所有伦理化农业文明中最有生命力、得到最完好传承的文明形式。直到近代，它仍然以其完备的形式投身到世界现代化的洪流之中。然而，当中华民族——一个"具有非凡社会才能"（凯泽林语）和伟大文化传统而且极具理性与批判精神的民族——开始其现代化进程的时候，现代文明已经显露出暮气。由于现代文明的所有优点和缺点都在中华民族开始其现代化进程的时候得到充分展露，所以中国虽然是在现代文明的驱使下自觉而且急切地开启自身的现代化进程，但中华民族从来就没有对现代文明采取不加分辨、毫无保留、照单全收的态度，而是始终以理性和批判的眼光对现代文明的成果仔细加以审视，然后自主性、选择性、创造性地予以接受和吸纳。中国一个多世纪以来的现代化思考与实践是对这一判断的初步注脚。

正是由于中华民族——而且只有中华民族——完整地保存了人类自足性伦理化农业文明的优良文化传统，由于保存了这一优良文化传统一切积极成果的中华民族在开始其现代化进程的时候，建立在对各种自然资源进行掠夺式开发之上（它必然同时意味着对拥有自然资源的他人进行侵略与奴役），即以技术进步和侵略扩张为主要特征的现代工业文明，已经显露出其强弩之末的暮气，从而内在地具有从技术化时代向伦理化时代过渡的迫切要求①，所以，中华民族——而且只有中华民族——应该而且有能力担负起从思想上和行动上引领人类从危机四伏、凶险密布的技术化工业时代走向健康、和平、可持续发展的伦理化工业时代的重任。当罗素因为各种无休止的战争而指证"西方文明的失败"②，当汤因比用"人类集体自杀之路"来表

---

① 当然，此前的理论家对这种要求都不具有明确的自觉意识，因而不能清楚地意识到通向未来的正确方向与道路。实际上，在马克思之后，对工业资本主义的批判似有每况愈下之势。
② 袁刚、孙家祥、任丙强编：《中国到自由之路——罗素在华讲演集》，北京大学出版社，2004年，第300—301、251—257页。

示现代西方文明的穷途末路时[①],他们都热切地期许世界的和平与统一,而且他们又都把这种重建和平主义的期许特别地指派给中国。因为在他们看来,只有中国的和平主义传统才意味着希望,才意味着积极建设的可能性。罗素和汤因比都直觉到中国和平主义传统的伟大意义,但是只有进一步明确指出现代工业文明即将到来的伦理化未来,他们的和平主义期待才不会沦为浪漫主义和空想。

如果人类文明正处于从技术化工业时代向伦理化工业时代过渡的转折时期,区域性农业文明正在向全球化工业文明演进,那就预示着人类文明在不太遥远将来的统一。虽然工业时代的一个重大政治现象是民族国家不断被强化,但政治上的民族国家观念类似于经济上的产权明晰思想,这两者都应该视为全球化运动得以展开的有力推手,而不是全球化运动的绊脚石。

回顾农业时代的历史,在区域性统一帝国出现之前,通常都伴随着大规模、长时期的战争,如中国历史上的春秋战国。同样,工业时代的理论家也预言了文明的冲突。可以断言,文明的冲突将为文明的统一开辟道路,如果文明不在冲突中总体灭亡的话。

因此,正在开创与探索之中的"中国道路",只有当它同时具有"世界历史道路"的性质与品格,即不仅能够使中华民族成功走向未来,而且同时也为其他"世界历史民族"提供启示与借鉴时,它才是现实与可能的。

虽然对未来社会具体情节的详细设想往往大多成为空想,但是理论家们仍然会情不自禁地根据其理论逻辑展开对未来社会的猜想。根据对文明发展道路的两种生产理解以及对中国农业时代历史经验的考察,笔者对工业文明的未来有以下四点推测。

第一,当代的大多数工商业城市将走向消亡。

正如为大规模开发大河平原而兴起的古城运动是农业文明的先锋一样,工业文明的兴起也伴随着声势浩大的城市化运动,城市化水平一直被作为衡量一个国家或地区工业化或现代化的重要指标。城市化显然是为了组

---

① 汤因比、池田大佐:《展望二十一世纪——汤因比与池田大作对话录》,荀春生等译,国际文化出版公司,1985年,第295页。

织社会化大生产,从而提高生产效率、改进生产技术。城市化是与社会化大生产同时代的产物,是与工业文明技术化时代同步出现的历史现象。

但是,城市化需要高昂的成本。城市化需要大量消耗能源。这些能源目前都是不可再生性能源。不可再生性能源的大量集中使用不仅会带来环境破坏和污染,而且不可持续。随着不可再生性能源的枯竭,维持城市运转所必需的巨大能源消耗将难以为继。除了能源消耗,巨型城市还会带来巨大的管理成本。现代城市生活的一个基本特点是居住与工作的分离,即在一起工作的人不在一起居住,在一起居住的人不在一起工作。不仅人们的工作要经常与陌生人打交道,尤其是人们始终居住在一个"陌生人"的环境中。现代的都市居住真正造就了"话语之声相闻,老死不相往来"的局面。城市生活的"陌生人"特点不仅需要公共权力建立强大的人际交往救济保障体系,即各种法律制度与设施,而维持这些弥补性的制度与设施的运转需要高昂的经济和社会成本,而且城市生活造成了当代社会难以克服的巨大心理孤独。同时,家庭生活与工作的分离必然导致对家庭生活的巨大损害。人们为了生存,奔走于陌生之途。当代城市生活使家庭的很多传统职能弱化或社会化,这在相当程度上动摇了家庭生活的根基,家庭的温暖与稳定性也因而受到损伤。

可以预期,随着不可再生性资源的耗尽,尤其是支撑城市生活合理性的经济增长与技术进步的现实性消失,城市作为工业文明先锋的历史使命也将走到尽头。那时,人们将抛弃城市集中居住的生活方式,重新散居原野。当然,这并不是说城市将完全消失,正如农业时代的人们放弃古城之后产生了政治或政—商一体性城市一样,工业时代的城市化运动退潮之后,政—商一体性城市仍将会得到保留,但其规模和数量都将大幅萎缩。

但工业时代的政治家和理论家们对这一点普遍缺乏洞察。虽然很多人已经深刻意识到城市化生活的弊病,但大部分人更愿意相信,工业文明必然是与高度城市化相伴随的。甚至有极端的理论家预言,人类在某个不是很遥远的未来会全部集中居住于城市,这当然是缺乏历史眼光的缘故。我们可以合理预测,逆城市化运动将在总体上超过城市化,从而使工业文明步入城市消亡期。

第二,工业时代的技术总体上将进入停滞状态。这是由工业时代技术的性质与目标决定的。

如果说农业时代的技术总体上可以认定为区域性的技术,其目标是解决人们在特定地理环境下生产生活的核心技术问题,因而农业时代最终实现的也是各个相对稳定的区域性文明,当各个区域性文明的物质生产进入家庭化之后,技术就开始停滞不前,那么,工业时代的技术在本质上就可以归结为一种全球化的技术。首先,工业时代技术进步的历史起点是人类文明的地理视野,从区域性地理视野经由地理大发现第一次上升为全球性地理视野。显然是由于地理大发现所导致的这一全新而巨大的地理视野,使西方人在传统时代所掌握的各种区域性技术尤其是交通、通信与军事技术显得捉襟见肘,从而迫使他们率先开启新一轮技术进步运动。正是由于全球化是工业时代技术进步的历史与地理起点,因而工业时代的所有技术发明都具有深刻的全球化禀性。不同于农业时代人们主要利用或适应区域性的地理、气候及由之导致的作物、工具与牲畜等,工业时代的技术无不以全球化为指向,通用是所有工业机器的基本特征,"科学无国界"则是对技术全球化性质的最深刻表达。

工业时代技术的这一全球化背景与性质也决定了全球化背景下人类生活的需要将构成这一轮技术进步的外部或地理边界。如果一种技术已经满足了全球化时代社会生活的需要,其标志是这种技术已经充分实现家庭化普及,那么这种技术就有可能率先进入停滞或稳定状态。根据现在的情势,汽车、手机、电脑很可能已经接近技术进步的边界。

技术进步的颓势似乎已经有明显的征兆。近一个世纪以来,物理学家的总数增加了大约100倍,发表的论文数增加了1 000倍,但类似相对论、细胞学说、量子力学这样的伟大发现,类似于无线电、半导体、激光、核反应堆这样的伟大发明现在已经非常罕见。过去50年,火箭动力只增加了百分之五十,电池储能密度增加不到百分之五十,汽车(飞机)发动机、发电机和50年前相比,基本没有变化。唯一有突破的是集成电路(芯片)、软件APP,给人们带来科技仍然在飞速进步的错觉。

而且机器的家庭化在最近50年已经有了很好的开端,虽然主要还停留于生活方面的家用电器。可以推断,当代占主导地位的大机器很可能只是机器的早期与粗糙形式,未来技术进步的方向应该是发明各种适合家庭生产使用的小机器。随着技术的集成度不断提高,机器的小型化或家庭化不断得到加强,技术将最终走向全面停滞。当技术进步趋于停滞之际,人们对技术进步的态度也将发生重大转变,技术进步将不再得到往日的赞美,当代以追求技术进步为主旨的科学技术教育也将大幅度衰退,理工类教育将主要在"人文教育"的意义上得到有限的保留。

第三,当代建立在高度社会分工基础上、以市场为依托的社会化大生产将被一种新的家庭小生产所取代。

当代经济生活的首要特征是分工与市场化,即每个生产单位都不是为了自己使用而生产,而是为了交换而生产。为了在市场交换中处于优势地位,每个生产单位都有不断革新生产技术和扩大生产规模的冲动,从而不仅使生产技术不断进步,而且使整个社会的物质生产表现为社会化大生产。市场化大生产的突出优点是通过鼓励全面竞争从而极大地激发了人们的积极性和创造性,实现了前所未有的生产高效率。市场化大生产虽然能够在特定条件下激发效率,但它的弊病也是与生俱来的。市场化大生产的第一个显而易见的弊病是其盲目性,由于这种盲目性,市场经济必然导致大量的资源浪费和周期性的经济危机。这一点很早就已经为马克思所洞察。市场化大生产的另一个显著缺点是生产资料的支配权集中在少数人手中(无论这少数人是资本家及其代理人还是由政府任命的企业管理官员),这少数人就既拥有了在生产中对多数人的支配与控制权,也同时拥有了对社会剩余产品分配的主导权,这是当代社会不自由与不平等的主要经济根源。它的另外一个缺点是其掠夺与欺骗性。交换的本意是调剂余缺、互通有无。当人们迫切需要另外一种自己不具有的某种使用价值时,交换显然是比偷盗和抢劫(战争)更文明的办法,也通常更经济。虽然在所有的市场交易中,我们完全不可能在各种不同的物品之间确立一个交易双方都心悦诚服的量化标准——即使是最精明的算术家与最伟大的道德家联手,也不可能在木材、粮食、金属或其他任何物品之间计算并确立一个公认的交换数量比例——但是,交换的目的主要并不是为了得到所谓的公正,而是为了得到另外一种使用价值。如果交换不是强迫的——强迫进行的交换实际上是抢劫,而且通过交换,双方都得到了自己想要的物品,交换就增进了人们的福利。因此,如果交换双方都以使用价值为目标,虽然在交换中也必然存在不公(欺骗或掠夺),但市场的掠夺与欺骗性会被控制在最低限度。在当代经济生活中,市场成为所有经济活动的前提或基础,即不仅所有的生产都首先需要交换,而且所有的生产都主要是为了交换,生产下降为交换的一个环节,而不是相反,交换则从经济生活的补充上升为经济生活的枢纽。由于交换偏离了它的本来目标,欺骗与掠夺就经常被鼓励或放纵,这就使物质生产的价值观与人口生产的善发生不可调和的价值冲突,正是这种价值观的冲突使当代文明陷入普遍的精神与价值分裂。

因此,市场化大生产这种经济组织形式只有在经济增长与技术进步具有现实性的社会发展阶段即技术化时代才具有合理性。随着经济增长的现实性消失,技术进步不再得到表扬,尤其是技术进步停滞之后的技术普及的实现,经济生活中的全面竞争也将不再得到鼓励,由少数人集中支配生产资料的社会化大生产形式将被历史所抛弃,一种以家庭为基本生产单位、吸纳了工业文明一切先进技术的家庭小生产形式将重新走上历史的前台。在这种经济形式下,家庭将实现大部分生活必需品的自主生产,家庭不能自主生产的少部分生活必需品则由少数热爱工商业的私人或公共权力举办的企业按照需要定量生产。这些企业以特定地域的固定人群为服务对象,生产规模不会有无限扩大的趋势,产品的更新也会极其缓慢。在这种生产形式下,由于技术普及导致的产品同质化,使得大规模、远距离的物品与人员流动就显得完全没有必要。随着经济生活的市场化特征趋于消失,商业活动也将重新回到调剂余缺的地位,不再成为经济生活的中枢。

在这种小生产经济形式下,由于人们普遍意识到需要和财富的有限性,节制与某种意义的禁欲主义将受到鼓励,当下铺张浪费的消费主义生活方式将受到谴责并在总体上得到克服。那时的劳动也许仍然很辛苦,财富也不巨大丰富,但人们的劳动是自主的,财富的分布也很均匀。那是一种稳定而踏实的生活,那种生活将是农业时代田园生活在更高水平上的复活,是海德格尔所期盼的"诗意的栖居"。

第四,社会政治生活的伦理化或实质性民主化。

当代社会生活的特点是技术化,技术化必然导致对人与自然的双重帝国主义态度。它既鼓励拷打自然,也公然表扬人对人的压迫。随着技术化时代的远去,伦理化必将重新回归。在工业时代确立了一种对自然资源进行永续利用的生活方式之后,人类也将重新以人口生产的伦理原则来重塑人际关系与社会秩序,使善或道德成为社会生活的首要关怀,并且使社会实现更高水平的公平与正义。在即将到来的工业文明的伦理化时代,由于技术停滞与普及导致各地域生活方式的差异大幅缩小甚至基本消失,人类各族群之间将普遍确立一种基本共同的价值观,即对当下与未来生活的共同理解,以及基于这种共同理解基础上的对这种生活的共同珍惜与守护。这种价值观就是真正的人类历史意识。由于人类历史意识或人类生活确定性的确立,政治生活中对于当下与未来发展方向的协商讨论将成为多余,建立在这种普适性价值观基础上并以守护这种价值观为责任的道德政治或集权政治将重新走到历史的前台。在这种集权政治下,个人的平等(在起点与结果的双重意义上)与自由将得到最大限度的彰显。它除了要求人们遵守某种公认、确定因而也是道德的生活方式(按照温斯普罗的说法,即自由)之外,它什么也不要求。它不仅让每个人都更大可能地自主生存,而且给予每个人实质性平等的参与或监督公共生活的机会。它完全不排斥当代的民主形式,它以某种合适的方式更公开透明地选举那些能够模范践履那种道德生活方式的人来管理社会。它将使2000多年前中国古人的"大同"理想即"大道之行也,天下为公。选贤与能,讲信修睦"在最大限度上成为现实。简言之,一种更高水平的实质性民主将取代当下很多时候有些口是心非的形式化民主。

关于未来政治生活的具体情形,现在的联合国经过重大改造之后可能将履行未来"世界联合政府"的职能。改造的方式主要是通过现代各民族国家的权力让度使它获得更高、更明确的权威。它将以具体化的人类历史意识即表现为各种具体生活方式与行为准则的《人类公约》为执政纲领,确保人类对自然资源的永续利用与最大限度的社会公正。由于有这种共同的价值观,和平主义将成为人类文明的基本品格,地球将真正成为获得共识之后人类生活的共同家园。根据人类人口生产的现实与历史状况及由之决定的人类伦理化思想资源,在即将到来的工业文明伦理化时代,家庭伦理将成为文明核心价值体系的基础与主导。

可以预期,在未来日益趋向统一和稳定的人类文明格局中,对工业技术化时代技术体系的某种伦理化改造与运用将构成其技术系统的主体,对中国传统时代家庭伦理思想的某种合乎时代需要的创造性复活将构成其价值体系的核心。因此,中、西文明就成为未来人类文明的父精母血。正是在这个意义上,我们可以期待古老中华文明在21世纪的伟大复兴。

# 后　记

修订版在原版的基础上有不少的改动和增益,原版的导言部分经过相当的扩充,成了现在的上卷。

其中最重要的思想改变,是放弃了原来对社会生活的集权制度的肯定,并认为近代西方确立的"主权在民"原则以及建立在这一原则基础上的民主制度,是对人类文明具有永恒意义的思想发明与制度创造。虽然家庭生活表现了人类最高的善,而家庭生活的原则总体上并不是民主的,更接近于集权与寡头政治,但家庭生活的集权模式始终具有强大的生命力,很少受到理论与实际的质疑,这主要是因为家庭生活绝大多数时候都建立在真正的爱与善的基础上,家庭生活的集权很少影响家庭生活的温暖。但人类的社会生活就很不一样,社会生活与家庭生活只是在形式上具有同构性,本质上始终是两种异质性的社会存在,两者之间的根本差别,是家庭生活的善完全可以信赖与依靠,但社会生活的善就不一定,虽然集权时代的统治者都自诩仁民爱物,以父权自居,但更多的却表现为程度不同的暴政。儒家主张打通家庭与社会,认为可以把家庭生活的原则移植到社会生活中,理想很丰满,现实很骨感。中国文化的先贤对此实际上已有洞察,中国文化对于社会生活的最高向往是"天下一家",即把社会生活建设得像家庭生活一样温暖。但是,中国文化理想的"大同"社会并不是集权的家长制,而是"选贤与能"的民主制。

修订版的面世得到复旦大学出版社的大力支持,尤其要感谢黄丹女士作出的诸多创造性的贡献。

2019 年 10 月 28 日于琅嬛堂

图书在版编目(CIP)数据

中国的诞生/中和著. —2版(修订本). —上海：复旦大学出版社，2020.1
ISBN 978-7-309-14740-7

Ⅰ.①中… Ⅱ.①中… Ⅲ.①中国历史-研究 Ⅳ.①K207

中国版本图书馆 CIP 数据核字(2020)第 005375 号

中国的诞生(修订版)
中　和　著
责任编辑/黄　丹

复旦大学出版社有限公司出版发行
上海市国权路 579 号　邮编：200433
网址：fupnet@ fudanpress.com　http：//www.fudanpress.com
门市零售：86-21-65102580　团体订购：86-21-65104505
外埠邮购：86-21-65642846　出版部电话：86-21-65642845
上海四维数字图文有限公司

开本 787×1092　1/16　印张 19.25　字数 271 千
2020 年 1 月第 2 版第 1 次印刷

ISBN 978-7-309-14740-7/K・716
定价：58.00 元

如有印装质量问题，请向复旦大学出版社有限公司出版部调换。
版权所有　侵权必究